区域国别研究人才培养

创新赛事案例研究

谌华侨◎主编

人民日报出版社

北京

图书在版编目（CIP）数据

区域国别研究人才培养：创新赛事案例研究 / 谌华侨
主编. —北京：人民日报出版社，2023.4
ISBN 978-7-5115-7655-2

Ⅰ.①区… Ⅱ.①谌… Ⅲ.①国际关系－人才培养－
研究 Ⅳ.①D81

中国国家版本馆CIP数据核字（2023）第001501号

书　　名：区域国别研究人才培养：创新赛事案例研究
　　　　　QUYU GUOBIE YANJIU RENCAI PEIYANG: CHUANGXIN SAISHI
　　　　　ANLI YANJIU
主　　编：谌华侨

出 版 人：刘华新
责任编辑：刘天一　　吴婷婷
封面设计：中尚图

出版发行：人民日报出版社
社　　址：北京金台西路2号
邮政编码：100733
发行热线：（010）65369509　65363527　65369846　65369828
邮购热线：（010）65369530　65363527
编辑热线：（010）65369844
网　　址：www.peopledailypress.com
经　　销：新华书店
法律顾问：北京科宇律师事务所　（010）83622312
印　　刷：天津中印联印务有限公司

开　　本：710mm×1000mm　1/16
字　　数：230千字
印　　张：15.5
版次印次：2023年4月第1版　2023年4月第1次印刷

书　　号：ISBN 978-7-5115-7655-2
定　　价：59.00元

本书是国家社科基金冷门"绝学"和国别史等研究专项——中国与巴西关系史研究（项目编号：2018VJX096）——人才培养部分阶段性研究成果。

目　录

省级地方政府外事机构设置与对外交往态势研究

——以重庆为例

郝楠*

一、选题缘起

"省级地方政府外事机构设置与对外交往态势研究——以重庆为例"是项目团队于本科二年级开始的大学生创新训练项目。如今回望，该项目的缘起应当颇具代表性，即以学生科研热忱为基础，同时辅以导师学术兴趣的引领。

学生层面，项目团队成员均为四川外国语大学国际关系学院 2012 级的学生，专业分别为英语（国际关系）和英语（公共外交）。带有专业方向的英语专业是四川外国语大学国际关系学院的一大特色，旨在融合语言技能与知识专业。2012 年入学以后，截至着手申请课题的大二下学期，团队成员在学习英语语言文化的同时，也相继学习国际关系史、国际政治概论、公共外交导论等专业课程，对于国际关系、外交等有了初步的了解，也由此被激发出浓厚的学术研究兴趣。

因为当时的一些契机，项目负责人参与到重庆市人民政府外事办公室的一些外事活动中，对于地方政府的对外交往产生了兴趣。项目负责人观察到，无论是老百姓还是学者，大多对中国外交及中央层面的外交机构有所了解、饶有兴趣。但由于中国的改革开放，地方层面的外事活动在数量上和频次上早已是活跃主体，更直接影响着中国的社会经济发展。沿着这一路径，项目负责人咨询了课题导师。在导师的引导下，团队将研究问题锁定在中国地方

---

* 郝楠，毕业于新加坡国立大学李光耀公共政策学院，任职于国际组织。

政府的外事机构对于其外交态势是否有影响、有何影响、如何影响上。

导师层面，课题导师当时入校执教国际关系方面专业课程不久，学术背景包括工商管理与国际政治。在其主攻的巴西国别研究之外，课题导师也对中国外交、地方外事等抱有兴趣，且因为课题研究、邀请供稿等契机与重庆市人民政府外事办公室有较多的接触。

课题导师注意到，中央层面，外交机构设置完善，不同部门处理不同领域的事务。非专职外交部门设有对外机构，与专职外交部门协调处理其对外事务。专职外交部门会因为外交事务本身的跨领域性质，和其他部门进行协调。这方面，有较多的学者进行研究，各方面的进展也颇为充分。然而，在日益频繁和庞杂的外事活动的地方层面，学界对其研究和了解则并不充分，需要补充。课题导师在得知团队的选题方向后，也就顺理成章地与团队共同确定了地方政府外事机构设置与地方对外交往态势的课题，并进一步帮助团队将研究选题确定为省级地方政府。

最终，课题的研究缘起正如申报书中所阐述的：

中国的地方政府对外交往在现实中同时承受着中国外交日益频繁化、多轨化、多层化的"推力"与全球化中多国际行为体密切交往的"拉力"。面对新的形势，地方政府外事机构设置情况如何？同级地方政府外事机构的设置情况是否一致？地方政府的对外交往态势如何？是否仍沿袭改革开放前30年的服务地方经济发展为中心的职能设置？如是，是否应当有所转变？进一步来说，地方政府的外事机构设置与其对外交往态势呈何种关系？

本课题即希望通过以中国省级地方政府为例，研究其对外机构设置与对外交往态势及其二者关系，回答上述问题，形成理论框架与分析路径，以资分析重庆直辖以来的外事机构设置与对外交往态势的情况与二者关系，为重庆的对外交往与综合发展贡献理论思考与政策建议，并尝试基于重庆的经验，为新时期中国中央政府与地方政府对外交往的协同发展提供新的理论视角。

二、项目申报

2014 年 4 月 2 日，四川外国语大学教务处印发《关于 2014 年校级大学生创新创业训练计划项目申报工作的通知》（教务处〔2014〕15 号）。与课题导师达成意向后，项目负责人组建了团队，并正式开始着手课题申报工作。

在课题导师的指导下，团队先是学习了国家社科基金的成功申报书案例，并经过反复讨论，形成了课题研究及建设的框架。该课题首先在校内层面成功获得立项，随后被推荐至重庆市教委，而后又成功立项为市级大学生创新训练项目（如下表）。

四川外国语大学 2014 年市级大学生创新创业训练项目推荐名单（部分）*

序号	项目名称	项目类型	负责人	所在院系	成员	指导教师
1	最受欢迎教师的积极品质与教学效果的关系研究	创新训练		国际商学院		
2	"微时代"的创业新模式探究——以微信为研究对象	创新训练		国际商学院		
3	重庆市农家乐旅游经营模式研究	创新训练		国际商学院		
4	时间都去哪儿了？——大学生时间管理倾向现状及其对策研究	创新训练		国际商学院		
5	金砖国家的主要智库及其动态跟踪研究	创新训练		国际关系学院		
6	省级地方政府外事机构设置与对外交往态势研究——以重庆为例	创新训练	郝楠	国际关系学院	阳天天、苏锐、栾笑	谌华侨

---

* 名单隐去了涉及个人隐私的信息，仅保留院系。

（一）校级大学生创新训练计划项目申报书 *

1. 基本情况

项目名称	省级地方政府外事机构设置与对外交往态势研究——以重庆为例				
所属学科	政治学、管理学				
申请金额	3000元	起止年月	2014年5月至2015年5月		
主持人姓名	郝楠	性别		民族	出生年月
学号		联系电话			
指导教师	谌华侨	联系电话			
主持人曾经参与科研的情况					
指导教师承担科研课题情况					
项目组主要成员	姓名	学号	专业班级	所在学院	项目中的分工
	阳天天				数据分析，论文撰写
	苏锐				资料收集，论文撰写
	栾笑				数据分析，论文撰写

2. 立项依据

（一）研究目的

伴随着中国的和平发展与全球化的不断深入，中国的地方政府对外交往在现实中同时承受着中国外交日益频繁化、多轨化、多层化的"推力"与全球化中多国际行为体密切交往的"拉力"。面对新的形势，地方政府外事机构设置情况如何？同级地方政府外事机构的设置情况是否一致？地方政府的对外交往态势如何？是否仍沿袭改革开放前30年的服务地方经济发展为中心的职能设置？如是，是否应当有所转变？进一步来说，地方政府的外事机构设置与其对外交往态势呈何种关系？

本课题即希望通过以中国省级地方政府为例，研究其对外机构设置与对外交往态势及二者关系，回答上述问题，形成理论框架与分析路径，以资分析重庆直辖以来的外事机构设置与对外交往态势的情况与二者关系，为重庆本土的对外交

---

* 申报书隐去了涉及个人隐私的信息。

往与综合发展贡献理论思考与政策建议，并尝试基于重庆的经验，为新时期中国中央政府与地方政府对外交往的协同发展提供新的理论视角。

（二）研究内容

本研究以中国省级地方政府的外事机构设置与对外交往态势及二者关系为研究对象，并基于此分析重庆直辖以来外事机构设置与对外交往态势及二者关系，以贡献理论思考与政策建议。按照研究过程的逻辑顺序，本研究将在过程中采取纵向与横向，一般与典型相结合以分析地方政府对外交往问题。

1. 中国省级地方政府外事机构设置研究

本部分将收集整理中国大陆 31 个省级行政区政府现行的外事机构的机构设置情况，分析其机构设置的共性与个性，概括其外事机构设置的基本态势与特征。结合各省（区、市）实际情况，研究其机构设置的原因与职能定位。

2. 中国省级地方政府对外交往态势研究

1997 年，国家提出"引进来"与"走出去"相结合的战略，省级地方政府因而获得了更大的对外交往机遇与空间。本部分将梳理各省级地方政府 1997 年以来对外交往态势的情况。根据友好城市、姐妹城市等对外交往情况的调研，着力对其对外交往的价值诉求、交往对象、内容、频次、强度等内容进行文本解读、个案分析、比较分析和回归分析，力求客观、全面地掌握地方政府对外交往现状，把握当今中国地方政府对外交往的态势，分析其所呈现的特性和趋势。

3. 中国省级地方政府外事机构设置与对外交往态势关系研究

本部分将根据已得出的理论视角，分析现行的省级政府外事机构设置与对外交往态势，建构起一个省级政府外事机构设置影响其对外交往的解释框架，进而形成一套解释省级地方政府外事机构设置影响其对外交往的新理论。

4. 案例研究：重庆外事机构设置与对外交往态势研究

本部分将利用本课题研究得出的理论框架，选取同样是 1997 年直辖的重庆作为典型案例进行针对性研究。以《重庆日报》的外事新闻报道、重庆外办相关信息等作为事实与数据来源，研究其直辖以来，外事机构设置与对外交往态势的情况，以及其外事机构设置对其对外交往态势的影响，从而紧密联系重庆本土的发展，为重庆的发展贡献理论思考与政策建议。

5. 中国中央政府与地方政府对外交往协同发展的理论研究

本部分将根据已得出的理论框架与重庆案例的分析路径，尝试为新时期中国中央政府与地方政府对外交往的协同发展提供新的理论视角。

（三）国内外研究现状和发展（创业项目的动态行业现状、发展趋势）

本研究主要涉及两方面内容，地方政府外事机构设置与地方政府对外交往态势。针对这两个方面的研究已有一定研究成果。

1. 地方政府外事机构设置方面

从研究内容上看，当前专门性的文献资料论述这一方面的理论较为缺乏。更多的是论述一般的行政组织机构设置理论或政府对内机构设置。从研究方法上看，当前的研究仍局限在传统的行政组织学视角思考对内行政组织的问题。

2. 地方政府对外交往态势方面

从研究内容上看，由于地方政府对外交往这一范畴首先由西方人提出，称之为次国家政府外交，但主要集中于美国等联邦制国家或西方发达国家，且外事工作的实务操作较多，理论建设不足。对于中国这样的单一制国家以及特殊国情研究相对欠缺。国内陈志敏教授的《次国家政府与对外事务》，填补了国内研究次国家政治与国际政治间互动关系的空白，此后一些学者开始从不同的视野研究地方政府的对外交往，如王逸舟提出了中国"次中央单位"，方长平提出将中国的对外政策的国内政治列入议程，郑焕禹阐述地方政府推动下的对外经济交流扩大和国家凝聚力的关系等。从研究方法上看，多数学者采用的是历史学、行政学、政策性研究，而从外事机构的设置视角切入分析地方政府对外交往态势的研究较为少见。

3. 未来研究方向

从研究内容上看，关注地方政府外事机构设置与对外交往的现状，分析其内在关系，丰富文献资料，加强理论建设，探索出适合重庆本土的对外交往与综合发展的理论模式与政策建议。从研究方法上看,综合运用多学科的学术方法与分析视角,采用时间纵轴和横向面板数据结合,合理运用文本解读、个案分析、比较分析和回归分析等方法,多角度、多层次、多样化地分析地方政府外事机构的设置及对外交往态势的文献资料和统计数据,形成思考框架,分析具体案例。

（四）创新点与项目特色

1. 创新性的研究领域

针对目前已有的研究成果来看,地方政府的对外交往研究（西方研究界称为"次国家政府外交"）首先是集中于联邦制国家的地方政府,对中国这样的单一制国家的地方政府对外交往研究相对不足;其次是集中于西方发达国家,对中国这样的特殊国情和中国地方政府的研究相对薄弱;最后是集中于外事工作的实务操作,理论色彩略显不足。本研究将有力补充这些方面的不足。

2. 独特化的研究视角

本研究着眼于新时期中国外交多轨化、多层化的现实脉搏与外交战略发展调整的时代机遇,从省级政府对外交往的主要职能单位——外事机构的设置情况这一独特的视角切入,研究省级地方政府对外交往的态势以及外事机构的设置对其对外交往态势的影响,并形成理论框架,分析具体案例,为中国省级政府的对外交往贡献理论思考与政策建议。

3. 跨学科的研究视野

本研究将跨越政治学、管理学、统计学等学科,综合运用各学科的学术方法与分析视角,力图客观真实地反映省级政府外事机构设置与对外交往态势的情况,做出科学客观的解读与分析,并在此基础上提出理论思考与政策建议。

4. 创新性的研究方法

（1）纵横结合,全面掌握事实。针对省级地方政府外事机构设置与对外交往态势的情况,以1997年以来的时间纵向轴与中国大陆31个省级行政的横向面板数据结合,运用文本解读、个案分析、比较分析和回归分析等方法,力求客观、全面地掌握省级政府外事机构设置与对外交往态势的情况。

（2）面点结合,理论联系实际。根据中国大陆31个省级行政区的调研数据与事实依据,得出理论框架,并着力分析典型案例重庆的外事机构设置与对外交往态势。理论结合实际,并提出政策性建议。

5. 开放性的理论框架

本研究的理论将是基于中国大陆31个省级行政区的调研数据与事实依据而得出的。因此具有开放性与广泛性的适用范围。本研究虽然选取了重庆作为个案进行分析，但并不代表本理论框架仅适用于重庆一地。

6. 本土化的现实关怀

本研究得出的开放性与广泛性的理论框架将选取重庆作为典型案例进行系统分析，从而为重庆的对外交往与地区发展贡献理论思考与政策建议，服务重庆的地方经济与社会发展。

（五）技术路线、拟解决的问题及预期成果（创业项目的市场分析、可行性分析、经营策略和财务分析等）

技术路线

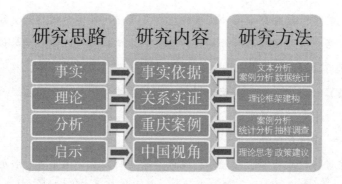

拟解决的问题

（1）地方政府外事机构设置情况如何？同级地方政府的外事机构的设置情况是否一致？

（2）地方政府的对外交往态势如何？是否仍沿袭改革开放前30年的服务地方经济发展为中心的职能设置？如是，是否应当有所转变？如何转变？

（3）地方政府的外事机构设置与其对外交往态势呈何种关系？省级政府外事机构设置对其对外交往态势有无影响？

（4）重庆的外事机构设置与对外交往态势情况如何？呈何种关系？这种关系对于重庆对外交往态势的作用如何？

（5）中国省级地方政府如何与中央政府的外交总体战略相协调？

预期成果

本课题通过以上技术路线解决提出的问题，所得到的成果将以调查报告、学术论文和成果运用的形式展现出来：

调查报告：《省级政府外事机构设置现状研究》《省级政府对外交往态势研究》

学术论文：《省级地方政府外事机构设置与对外交往态势研究——以重庆为例》

成果运用：根据研究成果，向重庆市相关部门提出相关政策性建议，服务重庆本土的对外交往发展。

（六）项目研究进度安排

1. 资料收集（2014.5—2014.8）

该阶段主要是收集整理现行中国省级地方政府外事机构设置情况。

2. 拟定调研方案（2014.8—2014.9）

该阶段主要是拟定地方政府对外交往态势的调研方案。

3. 数据收集（2014.9—2014.11）

该阶段主要是课题组对已收集到的数据进行详细分析整理。

4. 理论建构（2014.11—2015.1）

根据资料收集获得的理论成果和数据收集获得的现实经验，归纳其中的要点和问题，并由此提炼出基本理论框架。

5. 案例检验（2015.1—2015.3）

提出新的解释框架后，选取典型案例进行反事实的逻辑推理，并进行数字检验，以不断修正既有理论，使其不断完善。

6. 报告与论文撰写（2015.3—2015.5）

在前期研究的基础上，进行专题报告和学术论文的撰写，并不断修正上述步骤。

（七）已有基础

1. 与本项目有关的研究积累和已取得的成绩

（1）本课题的指导老师先后发表了《地方政府双重竞争与国家间地方政府引导企业合作：以重庆与巴西的合作为例》《拉美黄皮书：拉丁美洲和加勒比发展报告（2013—2014）》《国家结构形式差异与中巴地方政府合作》，并参加中国—巴西经贸合作国际学术研讨会。

（2）本课题的指导老师自2012年开始主持杂志"涉外知识与地方政府对外交往"专栏，每月定期向杂志供稿，专事研究地方政府对外行为，已经积累了大量素材。

（3）本小组在前期的调研和学习中，已经收集了部分省、市和县级对外交往的资料，积累了大量的事实数据信息。

（4）本小组已经收集了大量次国家行为体对外交往的理论文献。

（5）本小组所在研究机构与中央和地方的政府外事部门建立了良好的合作关系，为本研究提供了必要的支持。

2. 已具备的条件、尚缺少的条件及解决方法

（1）已具备的条件

①本课题指导老师的初步研究成果与大量的事实积累；

②本小组成员基本都拥有学术科研的经验与能力，前期已有初步成果，并在课程学习中参与课题的事实数据收集与整理。

（2）尚缺少的条件

①个案时间研究尚短，仍需进一步深入推进；

②此类大型课题项目的合作经验较少。

（3）解决方法

①加强案例研究方法论层面的学习与研究；

②加强与指导老师和团队内部成员的沟通与学习。

3. 经费预算

开支科目	预算经费（元）	主要用途	阶段下达经费计划（元）	
			前半阶段	后半阶段
预算经费总额		整个科研项目的完成		
图书资料费		购买相关图书		
数据采集费		收集所需数据		
咨询费		向地方政府外事机构、学者咨询		
调研差旅费		课题调研的交通、住宿等		
劳务费		雇请人员协助收集资料和实地调研		

开支科目	预算经费（元）	主要用途	阶段下达经费计划（元）	
			前半阶段	后半阶段
印刷费		印刷所需的文本资料		
设备购买和使用费		购买或租赁调研课题所需的设备		
学校批准经费				

（二）重庆市级大学生创新训练计划项目申报书

项目名称		省级地方政府外事机构设置与对外交往态势研究——以重庆为例				
起止时间		2014年5月至2015年5月				
负责人	姓名	年级	学院	学号	联系电话	E-mail
	郝楠					
项目组成员	阳天天					
	苏锐					
	栾笑					
指导教师	姓名	谌华侨		职务/职称		副教授
	所在单位	四川外国语大学国际关系学院				
	联系电话		E-mail			
校外导师	姓名		职务/职称			
	所在单位					
	联系电话		E-mail			

一、项目简介（200字左右）

中国的和平发展使得外交外事活动日益频繁化、多轨化，但也呈现出中央吃力—地方乏力的对外交往态势与中央齐全—地方单薄的外事机构设置情况。二者是否相关？即地方政府对外交往态势与外事机构设置是否相关？其作用机制如何？本课题即研究省级地方政府外事机构设置对其对外交往态势影响与作用机制，并以重庆为典型案例。

综观文献，现有外事机构设置研究梳理细致但理论不足，本课题能对此进行补充；地方政府对外交往态势研究国际热络但国内冷清，本课题能在此项研究上拓宽中国视野；二者内在关系研究则几近空白但现实意义深远，本课题能探索其作用机制，为地方对外交往态势研究贡献全新思路，为重庆对外交往发展贡献理论思考与政策建议。

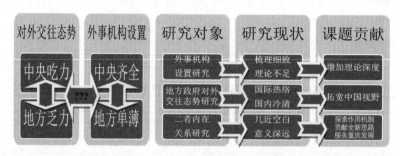

二、申请理由（包括自身 / 团队具备的知识、条件、特长、兴趣、前期准备等）

（一）前期准备与条件

本团队已收集并分析了全国各省级政府外事机构设置情况与其对外交往态势的原始资料，并正尝试分析关系与作用机制。本团队所在研究机构与中央和地方政府外事部门建立了良好的合作关系，为本研究提供了必要的支持。本团队成员均拥有丰富的学术科研经验与较强的学术能力。

（二）指导老师情况

（略）

（三）团队情况

（略）

三、项目方案（研究计划、技术路线、人员分工等）

（一）研究计划

本课题以中国省级地方政府的外事机构设置与对外交往态势关系为研究对象，关于研究对象的核心问题是两者关系如何，前者对后者有无影响？衍生问题是省级政府外事机构设置与对外交往态势各自情况如何？

为解决上述问题，本课题从研究设计的情况调研、理论建构、案例分析着手（见图1），同时按照研究设计的逻辑顺序（见图2），具体分析省级政府外事机构设置与对外交往态势的关系与作用机制，在此基础上深度剖析重庆案例，希冀为重庆本土对外交往发展贡献理论思考，提出政策建议。

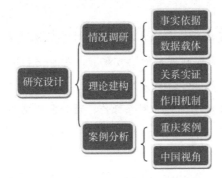

图 1　研究设计

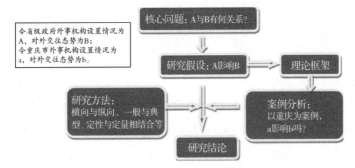

图 2　研究设计的逻辑顺序

（二）技术路线

（三）人员分工

四、项目特色与创新点

1. 创新性的研究领域

从目前已有的研究成果来看，地方政府的对外交往研究（西方称"次国家政府外交"）首先集中于联邦制国家的地方政府，对单一制国家如中国的地方政府对外交往研究不足；其次集中于西方发达国家，对特殊国情下的中国地方政府的研究薄弱；最后集中于外事工作的实务操作，理论色彩略显不足。本研究将有力补充这三个方面的不足。

2. 独特化的研究视角

本文着眼于从省级政府对外交往的主要职能单位——外事机构的设置情况这一独特的视角切入，研究省级地方政府外事机构设置对其对外交往态势的影响，并形成理论框架，分析具体案例，为中国省级政府的对外交往贡献理论思考与政策建议。

3. 突破性的研究方法

（1）纵横结合，全面掌握事实。本课题以1997年以来的时间纵向轴与中国大陆31个省级行政区的横向面板数据为数据来源，力求客观、全面地掌握省级政府外事机构设置与对外交往态势的情况。

（2）面点结合，理论联系实际。根据中国大陆31个省级行政区的调研数据与事实依据，得出理论框架，并着力分析典型案例——重庆的外事机构设置与对外交往态势。理论结合实际，进一步提出政策性建议。

（3）回归分析，定性结合定量。本课题拟运用定量分析、回归分析等方法证明变量之间的关系，并做机制性探索。

4. 开放性的理论框架

本研究的理论将是基于中国大陆31个省级行政区的调研数据域事实依据而得出的，因此具有开放性与广泛性的适用范围。

5. 本土化的现实关怀

本研究得出的开放性的理论框架选取了重庆作为典型案例进行系统分析，为重庆的对外交往与地区发展贡献理论思考与政策建议，以服务重庆的地方经济与社会发展。

五、项目进度安排

1. 资料收集（2014.5—2014.8）

该阶段主要是收集整理现行中国省级地方政府外事机构设置情况。

2. 拟定调研方案（2014.8—2014.9）

该阶段主要是拟定地方政府对外交往态势的调研方案。

3. 数据收集（2014.9—2014.11）

该阶段主要是课题组对已收集到的数据进行详细分析整理。

4. 理论建构（2014.12—2015.1）

根据资料收集获得的理论成果和数据收集获得的现实经验，归纳其中的要点和问题，并由此提炼出基本理论框架。

5. 案例检验（2015.2—2015.3）

提出新的解释框架后，选取典型案例进行反事实的逻辑推理，并进行数字检验，以不断修正既有理论，使其不断完善。

6. 报告与论文撰写（2015.3—2015.5）

在前期研究的基础上，进行专题报告和学术论文的撰写，并不断修正上述步骤。

六、项目经费使用计划（要求说明项目经费）

开支科目	预算经费（元）	主要用途	阶段下达经费计划（元）	
			前半阶段	后半阶段
预算经费总额		整个科研项目的完成		
图书资料费		购买相关图书		
数据采集费		收集所需数据		
咨询费		向地方政府外事机构、学者咨询		
调研差旅费		课题调研的交通等		
劳务费		雇请人员协助收集资料和实地调研		
印刷费		印刷所需的文本资料		
设备购买和使用费		购买或租赁调研课题所需的设备		
学校批准经费				

七、项目完成预期成果（论文级别、专利、设计、产品、服务；创新实践项目需说明公司规模、营业额等）

调查报告：

《省级政府外事机构设置现状研究》《省级政府对外交往态势研究》

学术论文：

《省级政府与中央政府外事机构设置现状研究及比较》

《省级政府与中央政府对外交往态势研究及比较》

《省级地方政府外事机构设置与对外交往态势研究——以重庆为例》

成果运用：

根据研究成果，向重庆市相关部门提出相关政策性建议，服务重庆本土的对外交往发展。

三、项目建设

参加本次大学生创新创业训练计划项目，是团队成员第一次严格意义上的科研经历。在课题导师的安排下，团队成员在建设项目的同时也接受了导师的科研训练。四川外国语大学国际关系学院也为立项课题团队召开了研讨会，促进了交流学习，也带动了学院更大范围内师生科研互动。

（一）科研训练

科研训练分为两部分，即研究设计与申报书规范。

1. 研究设计

团队成员先是在课题导师的指导下就研究设计进行学习。团队成员各自研读国际关系领域国内外顶尖学者的规范性论文和科研方法论方面的研究，各自摘录相关内容，形成研读笔记，最终整合成近 80 页的报告。

报告分为三大部分：研究设计概论、研究设计构成及研究设计分类。研究设计概论部分从研究活动本身以及研究设计两个方面，就定义、属性、功能（作用）、历程、相关文献、典型案例进行了梳理；研究设计构成部分，同样也从定义等几个角度，就研究设计的几个组成方面进行了如下图的检视；研究设计分类部分，团队从一般类型、学科类型、问题导向、方法导向四个维度进行了分类。

研究设计构成	标题	定义	属性	分类	发展	文献	案例	
	事实	定义	属性	分类	发展	文献	案例	
	问题	定义	属性	分类	形式	发展	文献	案例
	观点	定义	属性	分类	路径	形式	文献	案例
	文献综述	定义	属性	分类	操作	形式	文献	案例
	理论框架	定义	属性	功能	生成	构成	文献	案例
	分析	定义	属性	分类	趋势	文献	案例	
	结论	定义	属性	分类	趋势	文献	案例	

2. 申报书规范

团队成员随后在课题导师的指导下就成功的申报书进行研读，针对申报书的结构、逻辑等形成研读笔记与感悟。同时，团队也就已提交的申报书进行批判性分析，探讨是否能进一步改进。

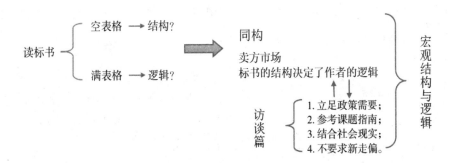

团队成员首先批判性地回顾已提交的申报书，梳理申报书的宏观结构与逻辑，并尝试与成熟的论文规范进行对比和迁移。探索中，团队发现，申报书的结构与逻辑基本上与论文的结构与逻辑、研究设计的结构与逻辑一致。

微观结构与逻辑

表格现象	理性反思	结构总结	论文结构		研究设计
申报题目	申报题目	申报题目	题目	题目	论文标题
国内外研究现状述评，选题的价值和意义	为什么值得做？ 吸收能力 论文选题	主要内容	事实	引言	研究对象
		研究述评	问题		核心问题
本课题研究的主要内容、基本观点、研究思路、研究方法、创新之处	你要怎么做？ 建构能力 论文主体	基本观点	观点		核心观点
		前期成果	综述	文献综述	学科综述
		研究思路	理论	分析框架	理论视角
前期相关研究成果，开展本课题研究的主要参考文献	你已做了什么？ 营销能力 论文注释	研究方法	方法	案例分析	研究方法
		创新之处	结论	结论	研究结论
申报表的课题论证与论证活页本身的结构即为论文结构、研究设计的逻辑，二者同构					

在共性之外，申报书的规范也有许多特性。比如与论文规范、研究设计横向比较来看，申报书侧重于研究述评、研究主体、研究基础三大方面。纵向对比来看，申报书在表达上重图表，一目了然，逻辑清晰；在研究上重范式呈现，从而明确表明其在当前研究中的坐标；在述评上重国际研究，追逐前沿；在视野上重跨学科，积极融入当前的学术潮流，也主动应对当前社会科学所面临的更为复杂的研究问题。

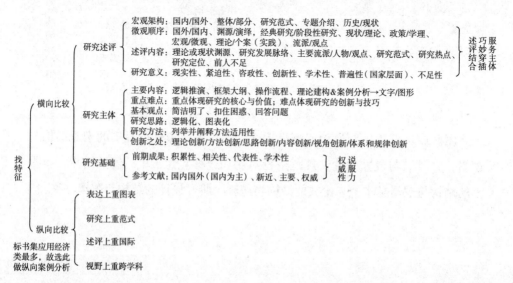

3.学院支持

学院对大学生创新训练项目立项团队在实践周举办研讨会，邀请学院科研突出的老师给予指导。本项目团队也受邀参加并就研究规范、研究设计等进行交流。

（二）项目实施

1.研究思路

经过师生讨论，项目团队认识到课题实质上研究的是两个概念的关系问题，需要将两个概念明确定义、析出要素、建立指标，并将指标操作化后得出量化的指数，最后求证两个指数的相关性。

秉持上述思路，团队初步明确三步走的研究思路：

研究阶段	研究内容	预期成果
事实性研究	省级政府外事机构设置现状 省级政府对外交往态势	省级政府外事机构设置现状调研报告 省级政府对外交往态势调研报告
解释性研究	省级政府外事机构设置对其外交态势的影响	建立指标体系，得出省级政府外事机构设置指数、省级政府对外交往态势指数，并求证二者相关性
探索性研究	省级政府外事机构设置对其外交态势的影响机制	尝试识别出影响要素，建立因果机制，进而从机制出发为重庆的外事提供政策建议

（1）事实性研究

团队首先确定了想要研究的时间阶段，考虑到本研究是服务重庆外事发展的性质，我们的时间起点选取重庆直辖以来的 1997 年。巧合的是，正是在 1997 年，国家提出"引进来"与"走出去"相结合的战略，省级地方政府因而获得更大的对外交往机遇与空间。终止年份选为 2012 年。因为各省市的统计信息发布往往有 1 年多的延迟，在团队启动研究的 2014 年，个别省份 2013 年的统计信息尚未发布。

随后，我们对两大概念进行事实性的调研。就省级政府外事机构设置现状，我们尝试联系了各省外办，浏览了各省外办的网站，翻阅了各省的年鉴、统计信息等资料，掌握了地方外办的概念内涵、发展历程和工作特征，并进一步调研了地方外办的工作职责、内设机构、人员队伍和重庆外办的具体情况。最后，我们将依据各方面特征分为沿海地区、内陆地区和沿边地区三类。

基于对基本情况的了解，团队提出外事机构组织度（Foreign Institution Organization）的指标体系，包括衡量组织的三个要素，即职能、架构和人员三个维度，并进一步细化为主要职责数量、内设机构数量和人员编制、部门领导与处级干部数量三个指标。随后，团队依据各项指标的重要性进行了权重分配，公式为：机构组织度 = 主要职责数量 × 30%+ 内设机构数量 × 25%+ 人员编制数量 × 25%+ 部门领导数量 × 10%+ 处级干部数量 × 10%。据此，我们得出中国大陆 31 个省级行政区外办的外事机构组织度。

外事机构组织度指标体系		
维度	职能	架构	人员
指标	主要职责数量	内设机构数量	人员编制、部门领导与处级干部数量

就省级政府对外交往态势，为了测量各地方省级政府的对外交往态势，团队设计了中国省级行政区对外经济交往活跃度指标体系，包含国际旅游活跃度（International Tourism Liveness）、国际友好城市交往活跃度（International Friendship City Contact Liveness）、对外贸易活跃度（Foreign Trade Liveness），用以综合衡量各省级行政区的对外经济交往活跃度。

对外经济交往活跃度		
维度	人员	机构	物资
指标	国际旅游活跃度	国际友好城市交往活跃度	对外贸易活跃度

国际旅游活跃度基于接待国际游客人数，即接待入境过夜的国际游客人数，是旅游业的一个重要指标，可以广泛地反映某个区域的对外人员交往态势。团队依据这一指标建构了国际旅游活跃度，即某地区某年接待国际游客人数占当年全国总数的比例的若干年的平均数，用以测量人员维度的对外经济交往活跃度。

国际友好城市交往活跃度基于国际友好城市（International Friendship City）。国际友好城市又称姐妹城市（Sister City）或双胞城市（Twin City），是世界各国地方政府之间通过协议形式建立起来的一种国际联谊与合作关系。

最初是用以消弭战后城市间人民敌对情绪的感情型交往。在全球化过程中，这种交往形式逐渐转变为重视经济、社会实际利益的实务型交往。由于友好城市往往是双方交往到一定程度的结果的认证，因此是衡量次国家行为体对外交往的重要指标。本文通过赋值法，依据友好城市行政级别进行相应赋值，即省级 3 分，副省级 2.5 分，地市级 2 分，县级市 1.5 分，区县级 1 分。由此，团队建构出国际友好城市交往活跃度，即某地区某年赋值后数值占当年全国总数的比例的若干年的平均数，用以测量机构维度的对外经济交往活跃度。

对外贸易活跃度基于对外贸易依存度。该指标是指一国的进出口总额占该国国民生产总值或国内生产总值的比重，反映了一国对国际市场的依赖程度，是衡量一国对外开放程度的重要指标。团队依据这一指标建构了对外贸易活跃度，即某地区某年进出口总额占当年全国总数的比例的若干年的平均数，用以测量物资维度的对外经济交往活跃度。

（2）解释性研究

得出两大概念的可操作的指标体系后，我们可以得出两大概念的量化的数字指数，之后我们再利用统计软件求证省级地方政府外事机构设置对其对外交往态势的影响系数。

如果该系数具有统计学的显著意义，且为正数，则说明省级地方政府外事机构设置对其对外交往态势有促进作用，且数值越大，则促进作用越大。我们可以据此进一步探索其影响机制，进而提出相应的政策建议，促进地方外事发展，进而促进地方社会经济发展。这一情况也是本课题的研究假设。

如果该系数具有统计学的显著意义，但为负数，则说明省级地方政府外事机构设置对其对外交往态势有削弱作用，且数值越大，则削弱作用越大。这一结论不符合常识，但如果得出，则可以进一步探究其影响机制，进而因势利导，革故鼎新。

如果该系数不具有统计学的显著意义，则说明省级地方政府外事机构设置对其对外交往态势并无显著影响。这一情况并不是本课题希望看到的研究结果，但一旦出现，则课题组面临两个选择，其一是改善指标体系，重新求证；其二是确认研究结果，并寻找地方对外交往态势的其他影响要素。

（3）探索性研究

如上所述，如果系数具有统计学的显著意义，无论正相关还是负相关，团队皆可以进一步尝试探索其影响机制，甚至探索出省级地方政府外事机构设置对其对外交往态势影响的因果机制。这样，团队就可以进一步就各省外办提出现实的政策建议，进而促进其取得相应改善。

2. 研究过程

时间	过程记录
第1周	1.拟定课题总体研究计划，初步将课题研究内容分为三大部分，分别是：省级行政区对外交往态势研究、省级地方外事机构设置研究以及省级地方政府外事机构设置与对外交往态势研究。 2.初步拟定采用课题第一部分的研究方案，即省级外事机构设置情况的研究方案。 项目记录人：阳天天　　　　2014年5月9日
第2周	1.收集资料：将中国大陆31个省级行政区按沿海、沿边和内陆的特征分为三类，小组成员在各省的外事办官网收集外事办的机构设置信息。 2.整理资料：将中国大陆31个省级行政区的外事办信息进行归类分析。 项目记录人：阳天天　　　　2014年5月16日
第3周	1.处理数据：将上周收集的大数据按照建构的指标体系进行处理分析。 2.阅读文献：收集与地方外事机构、地方外事办相关的文献，并进行阅读分析，同时做好阅读笔记。 项目记录人：阳天天　　　　2014年5月23日
第4周	1.拟定写作提纲：综合分析前三周的数据和资料，结合文献信息，初步定下省级外事机构设置情况研究的写作提纲。 2.开始撰写论文：依循提纲思路，开始写论文。 项目记录人：阳天天　　　　2014年5月30日
第5周	撰写省级外事机构设置情况的论文，并与指导老师沟通论文写作过程中遇到的困惑。 项目记录人：阳天天　　　　2014年6月6日

续表

时间	过程记录
第6周	1.修改论文：论文写完后，继续查阅相关文献，与指导老师沟通，进一步完善论文。 2.团队总结：团队成员根据上一个月研究进程的操作情况，分享彼此的困惑和心得，并为下一阶段的研究提出建设性的意见。 项目记录人：阳天天　　　　2014年6月13日
第7周	1.拟订新阶段的研究方案：本阶段将着手研究31个省级行政区的对外交往态势。 2.与导师沟通：将研究团队拟订的研究方案交与导师，并在导师的指导下，进一步完善研究方案。 项目记录人：阳天天　　　　2014年6月20日
第8周	1.收集资料：将31个省级行政区按沿海、沿边和内陆的特征分为三类，小组成员利用国家统计局官网、各省的统计年鉴，收集省级行政区的对外交往态势信息。 2.整理资料：将31个省级行政区的对外交往态势信息进行归类分析。 项目记录人：阳天天　　　　2014年6月27日
第9周	1.处理数据：将上周收集的大数据按照建构的指标体系进行处理分析。 2.阅读文献：收集与地方对外交往态势相关的文献，并进行阅读分析，同时做好阅读笔记。 项目记录人：阳天天　　　　2014年7月4日
第10周	1.拟定写作提纲：综合分析前三周的数据和资料，结合文献信息，初步定下省级行政区对外交往态势研究的写作提纲。 2.开始撰写论文：依循提纲思路，开始写论文。 项目记录人：阳天天　　　　2014年7月11日
第11周	撰写中国省级行政区对外交往态势的论文，并与指导老师沟通论文写作过程中遇到的困惑。 项目记录人：阳天天　　　　2014年7月18日
第12周	1.修改论文：论文写完后，继续查阅相关文献，与指导老师沟通，进一步完善论文。 2.团队总结：团队成员根据上一个月研究进程的操作情况，分享彼此的困惑和心得，并为下一阶段的研究提出建设性的意见。 项目记录人：阳天天　　　　2014年7月25日

时间	过程记录
第13周	1.拟定新阶段的研究方案：本阶段将着手研究31个省级行政区的外事机构设置与对外交往态势之间的关系。 2. 与导师沟通：将研究团队拟定的研究方案交与导师，并在导师的指导下，进一步完善研究方案。 项目记录人：阳天天　　　2014年8月1日
第14周	1.收集资料：结合之前的研究结果，进一步收集31个省级行政区的外事机构设置情况和对外交往情况。 2.整理资料：将31个省的外事机构设置情况和对外交往情况按照构建的指标体系进行分类处理，并系统性分析资料。 项目记录人：阳天天　　　2014年8月8日
第15周	1. 收集资料：结合之前的研究结果，进一步收集31个省级行政区的外事机构设置情况和对外交往情况。 2. 整理资料：将31个省级行政区的外事机构设置情况和对外交往情况按照构建的指标体系进行分类处理。 项目记录人：阳天天　　　2014年8月15日
第16周	1. 处理数据：将上两周收集的大数据按照建构的指标体系进行处理分析。 2. 阅读文献：收集外事机构设置情况和与地方对外交往态势相关的文献，并进行阅读分析，同时做好阅读笔记。 项目记录人：阳天天　　　2014年8月22日
第17周	1. 处理数据：将前几周收集的大数据按照建构的指标体系进行处理分析。 2. 阅读文献：收集外事机构设置情况和与地方对外交往态势相关的文献，并进行阅读分析，同时做好阅读笔记。 项目记录人：阳天天　　　2014年8月29日
第18周	1. 处理数据：继续将收集的大数据按照建构的指标体系进行处理分析。 2. 阅读文献：收集外事机构设置情况和与地方对外交往态势相关的文献，并进行阅读分析，同时做好阅读笔记。 项目记录人：阳天天　　　2014年9月5日

时间	过程记录
第19周	1. 拟定写作提纲：综合分析之前的数据和资料，结合相关的文献信息，初步定下省级行政区对外交往态势研究的写作提纲。 2. 开始撰写论文：依循提纲思路，开始写论文。 项目记录人：阳天天　　　　2014年9月10日
第20周	1.撰写中国省级行政区对外交往态势的论文。 2.就论文写作中的困惑与难题，及时与指导老师沟通，在他的建议下重新架构了论文思路。 项目记录人：阳天天　　　　2014年9月16日
第21周	1. 撰写中国省级行政区对外交往态势的论文。 2. 就论文写作中的困惑与难题，及时与指导老师沟通。 项目记录人：阳天天　　　　2014年9月27日
第22周	1. 撰写中国省级行政区对外交往态势的论文。 2. 就论文写作中的困惑与难题，及时与指导老师沟通。 项目记录人：阳天天　　　　2014年10月8日
第23周	1. 修改论文：论文写完后，继续查阅相关文献，与指导老师沟通，进一步完善省级地方外事机构设置与对外交往态势研究的论文。 2. 团队总结：团队成员根据该阶段研究进程的操作情况，分享彼此的困惑和心得，并为下一阶段的研究提出建设性的意见。 项目记录人：阳天天　　　　2014年10月26日
第24周	1. 拟订新阶段的研究方案：本阶段将着手研究地方对外交往中的活跃主体——国际友好城市。 2. 与导师沟通：将研究团队拟订的研究方案交与导师，并在导师的指导下，进一步完善研究方案。 项目记录人：阳天天　　　　2014年11月10日
第25周	1. 收集资料：从各省的外事办官网、国际友好城市联合会官网、各省统计年鉴收集各省的国际友好城市发展状况。 2. 整理资料：将各省的国际友好城市按地区进行整理。 项目记录人：阳天天　　　　2014年11月25日

续表

时间	过程记录
第26周	1. 收集资料：从各省的外事办官网、国际友好城市联合会官网、各省统计年鉴收集各省的国际友好城市发展状况。 2. 整理资料：将各省的国际友好城市按地区进行整理。 项目记录人：阳天天　　　2014年12月4日
第27周	1. 处理数据：将上两周收集的大数据按照建构的指标体系进行处理分析。 2. 阅读文献：收集与中国的国际友好城市相关的文献，并进行阅读分析，同时做好阅读笔记。 项目记录人：阳天天　　　2014年12月19日
第28周	1.阅读文献：继续阅读与中国的国际友好城市相关的图书和论文，做好阅读笔记。 2.建构机制：根据资料收集获得的理论成果和数据收集获得的现实经验，归纳其中的要点和问题，并由此提炼出中国国际友好城市发展的一般机制。 项目记录人：阳天天　　　2014年12月27日
第29周	1. 阅读文献：继续阅读与中国的国际友好城市相关的图书和论文，做好阅读笔记。 2. 建构机制：根据资料收集获得的理论成果和数据收集获得的现实经验，归纳其中的要点和问题，并由此提炼出中国的国际友好城市发展的一般机制。 项目记录人：阳天天　　　2015年1月4日
第30周	1.机制检验：提出新的解释框架后，选取典型案例进行反事实的逻辑推理，并进行数字检验，以不断修正既有理论，使其不断完善。 2.检验方案：以中国和以色列的友好城市为案例分析的对象，初步制定接下来的研究方案。 项目记录人：阳天天　　　2014年1月15日
第31周	1.收集资料：从各省的外事办官网、国际友好城市联合会官网、各省统计年鉴收集中以友好城市交往的资料。 2.整理资料：将收集到的资料划分为友城数据类、交往史实类。 项目记录人：阳天天　　　2014年1月26日
第32周	1. 收集资料：从各省的外事办官网、国际友好城市联合会官网、各省统计年鉴收集中以友好城市交往的资料。 2. 整理资料：将收集到的资料划分为友城数据类、交往史实类。 项目记录人：阳天天　　　2014年2月9日

续表

时间	过程记录
第33周	1. 收集资料：从各省的外事办官网、国际友好城市联合会官网、各省统计年鉴收集中以友好城市交往的资料。 2. 整理资料：将收集到的资料划分为友城数据类、交往史实类。 项目记录人：阳天天　　　　2014年2月16日
第34周	1. 处理数据：将前三周收集的大数据按照建构的指标体系进行处理分析。 2. 阅读文献：收集与中以友好城市相关的论文、图书和新闻，并进行阅读分析，同时做好阅读笔记。 项目记录人：阳天天　　　　2014年2月25日
第35周	1. 处理资料：将前面收集的数据和资料按照建构的框架进行处理分析。 2. 阅读文献：收集与中以友好城市相关的论文、图书和新闻，并进行阅读分析，同时做好阅读笔记。 项目记录人：阳天天　　　　2014年3月7日
第36周	1. 拟定写作提纲：综合分析之前的数据和资料，结合相关的文献信息，初步定下国际友好城市机制分析的写作提纲。 2. 开始撰写论文：依循提纲思路，开始写论文。 项目记录人：阳天天　　　　2015年3月15日
第37周	1. 撰写中国的国际友好城市机制分析的论文。 2. 就论文写作中的困惑与难题，及时与指导老师沟通。 项目记录人：阳天天　　　　2015年3月31日
第38周	1. 撰写中国的国际友好城市机制分析的论文。 2. 就论文写作中的困惑与难题，及时与指导老师沟通。 项目记录人：阳天天　　　　2015年4月7日
第39周	1. 修改论文：论文写完后，继续查阅相关文献，与指导老师沟通，进一步完善中国的国际友好城市机制分析的研究论文。 2. 团队总结：团队成员根据该阶段研究进程的操作情况，分享彼此的困惑和心得，并为下一阶段的研究提出建设性的意见。 项目记录人：阳天天　　　　2015年4月14日

续表

时间	过程记录
第40周	汇总并继续完善研究成果：将《中国省级行政区对外交往态势研究：基于省级面板数据的实证分析》《中国省级外事机构设置情况研究报告——以省级外办为例》《省级地方政府外事机构设置与对外交往态势研究》《国际友好城市机制分析——以中以友好城市为例》重新梳理，并在导师的指导下，进一步修正研究成果。 项目记录人：阳天天　　　2015年4月23日
第41周	汇总并继续完善研究成果：将《中国省级行政区对外交往态势研究：基于省级面板数据的实证分析》《中国省级外事机构设置情况研究报告——以省级外办为例》《省级地方政府外事机构设置与对外交往态势研究》《国际友好城市机制分析——以中以友好城市为例》重新梳理，并在导师的指导下，进一步修正了研究成果。 项目记录人：阳天天　　　2015年4月30日
第42周	汇总并继续完善研究成果：将《中国省级行政区对外交往态势研究：基于省级面板数据的实证分析》《中国省级外事机构设置情况研究报告——以省级外办为例》《省级地方政府外事机构设置与对外交往态势研究》《国际友好城市机制分析——以中以友好城市为例》重新梳理，并在导师的指导下，进一步修正了研究成果。 项目记录人：阳天天　　　2015年5月7日
第43周	1.将所有课题成果交与导师，与导师交流课题进展、研究心得，并在导师的指导下，修正国际友好城市机制研究的论文内容。 2.向重庆外事办咨询课题研究成果中有关外事办机构设置与地方对外交往情况的内容，从而验证研究结论的有效性和准确性。 项目记录人：阳天天　　　2015年5月14日
第44周	1.梳理研究：将一年的研究过程重新梳理，总结研究的收获与成长。 2.填写结题材料：整理之前的过程记录。 项目记录人：阳天天　　　2015年5月21日
第45周	填写结题材料：整理之前的研究笔记，填写大学生创新训练项目的结题报告。 项目记录人：阳天天　　　2015年5月25日

四、项目结项

（一）结题报告

1. 基本情况

项目名称	省级地方政府外事机构设置与对外交往态势研究——以重庆为例			
成果形式	论文、研究报告	立项时间	2014年5月15日	
完成时间	2015年5月20日	鉴定时间	年　月　日	
项目主要研究人员	序号	姓名	学号	专业班级	所在学院	项目分工
	1	郝楠			国际关系学院	综合分析论文撰写
	2	阳天天			国际关系学院	数据分析论文撰写
	3	苏锐			国际关系学院	资料收集论文撰写
	4	栾笑			国际关系学院	数据分析论文撰写

2. 研究过程简介

（一）团队成员分工和合作情况

本团队成员依据各自特长和兴趣进行了如下图所示的分工。在项目准备阶段，四个人均参与了讨论与思考；在项目执行阶段，四个人各自进行了资料收集、数据分析、综合分析等工作，实现了较好的合作和配合；在项目产出阶段，四个人均参与了论文的构思和写作，其中郝楠和阳天天承担了主要的撰写工作。

郝楠	•综合分析、论文撰写
阳天天	•数据分析、论文撰写
栾笑	•数据分析、论文撰写
苏锐	•资料收集、论文撰写

（二）研究日志与研究报告的完整性

本研究团队的研究日志较为完整地记录了本团队在项目操作中的讨论情况和

课题思路，以及文献材料的分析和处理情况。基本按照预定进度执行：

1. 资料收集（2014.5—2014.8）

该阶段主要是收集整理现行中国省级地方政府外事机构设置情况。

2. 拟定调研方案（2014.8—2014.9）

该阶段主要是拟定地方政府对外交往态势的调研方案。

3. 数据收集（2014.9—2014.11）

该阶段主要是课题组对已收集到的数据进行详细分析整理。

4. 理论建构（2014.11—2015.1）

根据资料收集获得的理论成果和数据收集获得的现实经验，归纳其中的要点和问题，并由此提炼出基本理论框架。

5. 案例检验（2015.1—2015.3）

提出新的解释框架后，选取典型案例进行反事实的逻辑推理，并进行数字检验，以不断修正既有理论，使其不断完善。

6. 报告与论文撰写（2015.3—2015.5）

在前期研究的基础上，进行专题报告和学术论文的撰写，并不断修正上述步骤。

研究报告方面，本研究的成果形式中外事机构设置情况是报告形式。该报告从外事机构的历史与现状、内部设置与外部关系方面就调研结果进行了全方位的展现。目录如下：

一、调研前言

（一）地方外事办的概念内涵

（二）地方外事办的发展简述

（三）地方外事管理工作的特征

二、调研内容

（一）省级外事办的职责概述

1. 外事办的工作理念

2. 外事办的基本职责

3. 外事办的特殊职责

4. 外事办的工作现状

5. 外事办的平台效应

（二）省级外事办的内设机构情况

1. 内设机构的个数

2. 内设机构的组成情况

（三）省级外事办的人员队伍

1. 外事办的领导班子

2. 外事办的队伍建设

三、调研小结

（三）项目研究的目的、意义

伴随着中国的和平发展与全球化的不断深入，中国的对外交往局面不断拓展，融入国际社会的深度不断加深，参与国际互动的维度不断增多。

在此背景下，基于新闻报道、人员交往等感性观察，中国各地方政府的对外交往态势也呈现出不同的面貌。首先是对外交往范围不断拓展，不再局限于沿海地区或一些开放城市，而是不断往内陆推进；其次是对外交往的领域不断拓宽，不再局限于经贸领域，而更多呈现出文化交流、旅游留学等新形式；最后是对外交往的层级不断延展，不再局限于特定行业或特殊人群，更多的人能够来到中国或走出国门。那么，我国地方政府的对外交往态势究竟呈现何种面貌便值得做深入考察。

相应地，作为地方政府组成结构中的主要外事机构——外事办公室（简称外办），依据其规定的职能、机构设置和人员编制，理论上其应当在地方政府对外交往日益活跃的趋势中起着重要的促进作用。然而，根据观察与了解，地方外事办公室往往在地方政府的对外交往活动中扮演着并非如我们所熟知的中央层级的外交部一样的重要角色。那么，外事办公室的职能、机构设置和人员编制究竟是怎样的？

进一步而言，作为地方政府中负责外事的外事办公室，在地方政府对外交往活动中，其到底扮演什么样的角色？这样的外事机构设置与对外交往态势是怎样的关系？本研究着力于此。

（四）研究成果的主要内容、重要观点或对策建议

1. 研究成果

本研究成果分为三个层次。

基础研究：

论文：《中国省级行政区对外交往态势研究：基于省级面板数据的实证分析》

报告：《中国省级外事机构设置情况研究报告——以省级外办为例》

核心成果：

论文：《省级地方政府外事机构设置与对外交往态势研究》

拓展研究：

论文：《国际友好城市机制分析——以中以友好城市为例》

2. 重要观点与对策建议

在中国省级行政区对外交往态势研究方面，本研究建构了中国省级行政区对外交往态势指标体系，包含人员、机构和物资三个维度，即国际旅游活跃度（International Tourism Liveness）、国际友好城市交往活跃度（International Friendship City Contact Liveness）、对外贸易活跃度（Foreign Trade Liveness）三个指标，并得出 31 个省级行政区的对外交往活跃度。

对外交往活跃度最高地区		对外交往活跃度较高地区		对外交往活跃度较低地区	
广东	88.62	辽宁	9.05	河北	4.98
江苏	39.14	广西	8.30	江西	4.85
上海	29.03	河南	7.87	海南	4.54
北京	25.00	安徽	7.14	重庆	4.36
浙江	22.37	黑龙江	6.90	甘肃	3.59
山东	20.19	天津	6.87	内蒙古	3.36
福建	14.95	湖北	6.86	吉林	3.00
		云南	6.82	新疆	2.90
		陕西	5.71	山西	2.88
		四川	5.55	宁夏	2.78
		湖南	5.42	贵州	1.32
				青海	0.73
				西藏	0.72

在中国省级外事机构设置方面，本文建构了外事机构组织度这一概念体系，包含职能、架构和人员三个维度，即主要职责数量、内设机构数量和人员编制、部门领导与处级干部数量几个指标，并得出各省级政府外事机构组织度。（下表节选部分省级行政区的数据）

维度	职能	架构	人员			机构组织度
指标	主要职责	内设机构	人员编制	部门领导	处级干部	
海南	20	10	70	4	25	28.9
云南	14	10	77	4	23	28.65
重庆	12	10	69	5	24	26.25
广东	8	9	65	5	25	23.9
河南	12	8	57	4	23	22.55
湖北	12	11	53	4	23	22.3
河北	11	10	55	4	22	22.15
北京	14	8	50	5	20	21.2
贵州	18	10	44	4	15	20.8
陕西	17	8	46	4	17	20.7
四川	15	8	47	4	17	20.35
湖南	18	8	41	4	16	19.65
江西	12	7	38	4	15	16.75
广西	11	6	32	3	13	14.4
青海	9	4	17	3	5	8.75

在外事机构设置情况与对外交往态势关系研究方面，本研究通过外事机构组织度和对外交往活跃度相关性分析得出，二者相关度并不显著，可以理解为不相关。故而本研究认为，当前的地方政府对外交往仍以经贸为主要形式，而在对外经贸方面，作为主导机构的则是对外经贸委员会。该机构的定位是各级政府综合管理本行政区对外经济贸易工作的职能部门，在实际的对外交往活动中，往往存在的现象是外事办公室进行中外关系的沟通和维护，但大多具体合作成果的经济属性使得这部分工作主要由对外经贸委员会负责。

然而，本文认为并不能就此忽视外事办公室这样的主管外事机构的价值。依据社会学的社会资本理论，外事办公室这样的主管外事机构更多具有积累和运用国际社会资本的价值。

在拓展研究中的《国际友好城市机制分析——以中以友好城市为例》一文中，本研究就涉及的国际友好城市现象进行了研究，得出了一个普遍性的国际友好城市机制。

（五）创新特色、实践意义和社会影响

1. 创新性的研究领域

从目前已有的研究成果来看，地方政府的对外交往研究（西方研究界称为"次国家政府外交"）首先是集中于联邦制国家的地方政府，对中国这样的单一制国家的地方政府对外交往研究相对不足；其次是集中于西方发达国家，对中国这样的特殊国情和中国地方政府的研究相对薄弱；最后是集中于外事工作的实务操作，理论色彩略显不足。本研究将有力补充这些方面的不足。

2. 独特的研究视角

本文着眼于新时期中国外交多轨化、多层化的现实脉搏与外交战略发展调整的时代机遇，从省级政府对外交往的主要职能单位——外事机构的设置情况这一独特的视角切入，研究省级地方政府对外交往的态势以及外事机构的设置对其对外交往态势的影响，并形成理论框架，分析具体案例，为中国省级政府的对外交往贡献理论思考与政策建议。

3. 跨学科的研究视野

本研究将跨越政治学、管理学、统计学等学科，综合运用各学科的学术方法与分析视角，力图客观真实地反映省级政府外事机构设置与对外交往态势的情况，并做出科学客观的解读与分析，并在此基础上提出理论思考与政策建议。

4. 创新性的研究方法

（1）量化分析。将外事机构设置情况与对外交往态势均进行量化处理后通过SPSS 软件分析其相关性。

（2）机制建构。本研究着力在研究中抽象出作用机制。

5. 开放性的理论框架

本研究的理论将是基于中国大陆 31 个省级行政区的调研数据域事实依据而得出的。因此具有开放性与广泛性的适用范围。本研究虽然选取了重庆作为个案进行分析，但并不代表本理论框架仅适用于重庆一地。

6. 本土化的现实关怀

本研究得出的开放性与广泛性的理论框架将选取重庆作为典型案例进行系统分析，从而为重庆的对外交往与地区发展贡献理论思考与政策建议，服务重庆的地方经济与社会发展。

（六）发表论文及获得专利情况

论文均在进一步修改中，待刊发。

此外本研究所得到的外事机构组织度与对外交往活跃度不相关的结论也正给本研究提供进一步深化的空间，即探索外事机构作为国际社会资本的主要承载者的价值和作用。

（七）研究过程中财务执行情况

本研究严格执行了项目预算，前期费用均为团队垫付，尚未进行经费报销。

3.研究总结报告

（一）预定计划执行情况

基本按照进度得以执行，并未出现重大意外。

1. 资料收集（2014.5—2014.8）

该阶段主要是收集整理现行中国省级地方政府外事机构设置情况。

2. 拟定调研方案（2014.8—2014.9）

该阶段主要是拟定地方政府对外交往态势的调研方案。

3. 数据收集（2014.9—2014.11）

该阶段主要是课题组对已收集到的数据进行详细分析整理。

4. 理论建构（2014.11—2015.1）

根据资料收集获得的理论成果和数据收集获得的现实经验，归纳其中的要点和问题，并由此提炼出基本理论框架。

5. 案例检验（2015.1—2015.3）

提出新的解释框架后，选取典型案例进行反事实的逻辑推理，并进行数字检验，以不断修正既有理论，使其不断完善。

6. 报告与论文撰写（2015.3—2015.5）

在前期研究的基础上，进行专题报告和学术论文的撰写，并不断修正上述步骤。

（二）项目研究和实践情况

基础研究：

论文：《中国省级行政区对外交往态势研究：基于省级面板数据的实证分析》

报告：《中国省级外事机构设置情况研究报告——以省级外办为例》

核心成果：

论文：《省级地方政府外事机构设置与对外交往态势研究》

拓展研究：

论文：《国际友好城市机制分析——以中以友好城市为例》

（三）研究工作中取得的主要成绩和收获

在中国省级行政区对外交往态势研究方面，本研究建构了中国省级行政区对外交往态势指标体系，包含人员、机构和物资三个维度，即国际旅游活跃度（International Tourism Liveness）、国际友好城市交往活跃度（International Friendship City Contact Liveness）、对外贸易活跃度（Foreign Trade Liveness）三个指标，并最终得出31个省区的对外交往活跃度。

在中国省级外事机构设置方面，本文建构了外事机构组织度这一概念体系，包含职能、架构和人员三个维度，即主要职责数量、内设机构数量和人员编制、部门领导与处级干部数量几个指标，并得出了各省级政府外事机构组织度。

在外事机构设置情况与对外交往态势关系研究方面，本研究通过外事机构组织度和对外交往活跃度相关性分析得出，二者相关度并不显著，可以理解为不相关。故而本研究认为，当前的地方政府对外交往仍以经贸为主要形式，而在对外经贸方面，作为主导机构的则是对外经贸委员会。该机构的定位是各级政府综合管理本行政区对外经济贸易工作的职能部门，在实际的对外交往活动中，往往存在的现象是外事办公室进行中外关系的沟通和维护，但大多具体合作成果的经济属性使得这部分工作主要由对外经贸委员会负责。

然而，本文认为并不能就此忽视外事办公室这样的主管外事机构的价值。依据社会学的社会资本理论，外事办公室这样的主管外事机构更多具有积累和运用国际社会资本的价值。

在拓展研究中的《国际友好城市机制分析——以中以友好城市为例》一文中，本研究就涉及的国际友好城市现象进行了研究，得出了一个普遍性的国际友好城市机制。

（四）研究不足与深化空间

本研究的不足在于外事机构组织度与对外交往活跃度的指标体系仍需进一步地优化，现有的指标体系对于维度的测量还较为粗糙简单，因此在一定程度上影响了测量结果的信度和效度。

而基于本文得出的外事机构组织度与对外交往活跃度不相关的结论，本研究拟引入社会学的社会资本理论，建构出一个国际社会资本理论。而外办这样的外事机构正是国际社会资本的重要承载者，这将打破外办在现行的以经贸为主的对外交往中的不利地位。

（五）研究困难与问题

本研究最大的困难便是数据的获取。一方面，中国国家统计局的数据资源极为有限，而且时间跨度不大，并存在数据缺失的问题；另一方面，各地方政府外办网站上的信息和数据的开放度不高，发送邮件咨询后，大部分均是不予理睬的态度，给研究增加了难度。

此外，在操作过程中，由于缺乏量化分析的必要知识和概念操作的经验，本研究在探索维度、指标和进行量化处理中付出了大量的时间和精力。

4.经费使用情况

开支科目	预算经费（元）	主要用途	阶段下达经费计划（元）	
			前半阶段	后半阶段
预算经费总额		整个科研项目的完成		
图书资料费		购买相关图书		
数据采集费		收集所需数据		
咨询费		向地方政府外事机构、学者咨询		
调研差旅费		课题调研的交通等		
劳务费		雇请人员协助收集资料和实地调研		
印刷费		印刷所需的文本资料		
设备购买和使用费		购买或租赁调研课题所需的设备		
学校批准经费				

（二）成果展示

正如研究思路中所提出的，本研究分为三个研究阶段，即事实性研究、解释性研究、探索性研究。从最终实践来看，第一阶段基本进展良好，但一直缺乏足够的信息来源，导致指标体系不够丰富。这也导致第二阶段的解释性研究在相关性研究中出现了最不理想的状况，即省级地方政府外事机构设置对对外交往态势没有显著影响。由于信息来源有限，指标体系也很难获得实质性的提升，团队不得不接受了这一结果。

研究阶段	研究内容	实现成果
事实性研究	省级政府外事机构设置现状 省级政府对外交往态势	《中国省级外事机构设置情况研究报告——以省级外办为例》 《中国省级行政区对外交往态势研究：基于省级面板数据的实证分析》
解释性研究	省级政府外事机构设置对其外交态势的影响	《省级地方政府外事机构设置与对外交往态势研究》
探索性研究	国际友城交往机制	《国际友好城市机制分析——以中以友好城市为例》

第二阶段的进展不顺利，导致第三阶段的探索性研究难以达成。团队讨论后决定选取指标体系中一个有趣且显著的要素进行机制探索，即国际友好城市的交往机制。

具体研究成果展示如下：

1.调研报告《中国省级外事机构设置情况研究报告——以省级外办为例》

"统一领导、归口管理、分级负责、协调配合"是新时期外事管理模式的原则，也是完善地方外事管理模式的总体目标。作为地方外事管理体系中重要的组成部分、地区外事工作中不可或缺的重要主体，了解和分析省级外事办内部设置的基本情况，归纳和总结其一般模式和特殊补充具有现实指导意义和政策建议价值。

基于已有资料的文本分析、数据分析以及我国的基本国情，团队以沿边地区、沿海开放地区和内陆地区为划分标准，将我国大陆 31 个省份的外事办发展状况分为三大类型。

（1）沿海开放地区的外事办发展状况

改革开放以来，沿海开放地区率先实现发展，这一地区的外事工作也快速全面发展起来，外事活动十分活跃。为了应对越来越繁重的外事管理任务，沿海地区的外事办的机构设置相对齐全、机构职能相对清晰。凭借对外交往领域宽、经济外向度高的优势，该地区外资企业、外国常驻机构多，外国专家、留学生多，来访和出访的党政代表团多，对外友好交往活动多，外国记者采访多，等等。面临着多任务、多事项、多范围的外事工作要求，沿海地区的外事机构除了要做好传统的外事接待、因公出国等管理和服务工作，还要加强涉外事务处理、防止敌对势力颠覆、维护地区安全等社会职能，实现社会协调与管理并重、工作重心下移的目标。

（2）内陆地区外事办的发展状况

内陆地区由于区域经济发展不平衡，其省份之间的对外交往活动有着明显差别，外事工作发展也不平衡，进而导致外事办的内部设置也差别很大。团队选择重庆作为这类地区外事办发展的实践样本。重庆于1997年脱离四川省管辖，成为直辖市后，全市经济社会迅速发展，随着三峡工程建设、库区移民情况的发展，重庆日渐成为世界关注的热点地区，外事活动日益频繁。目前，重庆外事办的内设机构共有17个，位居全国前列，除了一些基本部门外，还包含了经济科技处、亚洲（处东盟）、外国专家和涉外管理处、市友协办公室等部门。在贯彻中央外事工作会议精神中，重庆外事办通过内部机制，统筹、规划、管理着重庆的外事、港澳、侨务事务，加强对基层外事工作的领导，以求维护国家地区安全、推动经济建设、促进社会发展。

（3）沿边地区的外事办发展状况

由于我国沿边省份独特的地理位置及战略意义，这一地区外事工作有别于其他内陆地区的重要特征是，更强调服务国家总体外交，承担着处理边境事务、维护民族团结、保护国家核心利益的职责；而在服务地方经济社会发展方面，其对外交往活动明显少于沿海开放地区。同时，由于这些省份普遍行政面积大、交通条件差，外事办在处理各类突发涉外事件上难度更大、任务更重，只有建立健全的外事机构，才能全面有效地管理该辖区的涉外事务。

2. 论文《中国省级行政区对外交往态势研究：基于省级面板数据的实证分析》

1997年，中国提出"引进来"与"走出去"相结合的战略。作为中国对外开放相互联系的两个方面，"引进来"是利用外资快速发展国内经济和升级产业结构；"走出去"则是适应经济全球化的需要，开展对外投资和跨国经营。此后，"引进来"与"走出去"不断被巩固落实，有力地促进了中国的对外开放，推动了中国各省、自治区的对外交往。本文选取 1997 年至 2012 年为时间段，动态追踪中国大陆 31 个省级行政区的对外交往情况，实证研究各省级行政区的对外交往态势，得出了各省级行政区的对外交往活跃度。

对外交往活跃度最高地区		对外交往活跃度较高地区		对外交往活跃度较低地区	
广东	88.62	辽宁	9.05	河北	4.98
江苏	39.14	广西	8.30	江西	4.85
上海	29.03	河南	7.87	海南	4.54
北京	25.00	安徽	7.14	重庆	4.36
浙江	22.37	黑龙江	6.90	甘肃	3.59
山东	20.19	天津	6.87	内蒙古	3.36
福建	14.95	湖北	6.86	吉林	3.00
		云南	6.82	新疆	2.90
		陕西	5.71	山西	2.88
		四川	5.55	宁夏	2.78
		湖南	5.42	贵州	1.32
				青海	0.73
				西藏	0.72

通过实证主义分析的方法，本文建构出对外交往活跃度的概念及指标体系，包括国际旅游活跃度、国际友好城市交往活跃度、对外贸易活跃度，将之量化，追踪并测量出各省级行政区的对外交往态势，最终得出了中国大陆 31 个省级行政区的对外交往活跃度排名，在一定程度上反映了 1997 年至 2012 年间各省级行政区的对外交往态势。

本文数据分析得出的三个批次不同活跃程度的省级行政区中，第一列为对外交往活跃度最高地区（数值区间为 ≥ 10），第二列为对外交往活跃度较高地区（数值区间为 < 10，≥ 5），第三列为对外交往活跃度较低地区（数值区间为 < 5）。通过观察发现，这一分布基本与我国对于东部、中部、西部地区的划分重合。一般东、中、西三地区，发展程度依次递减，因此对外交往

活跃度应该是与发展程度紧密相关的。

3.论文《省级地方政府外事机构设置与对外交往态势研究》

中国的和平发展与全球化的不断深入，使得中国的对外交往局面不断拓展，融入国际社会的深度不断加深，参与国际互动的维度不断增多，尤其是地方政府对外交往的权限和活跃度不断提升。因此，在新的发展形势下，如下问题被提出并亟待回答：地方政府的对外交往态势如何？其主管外事的外事机构的设置情况如何？以及作为外事主管部门的外事机构对于对外交往态势的作用如何？

为了回答上述问题，本文先后得出中国大陆 31 个省级行政区外事机构组织度排名与相应的对外经济活跃度排名。（下表节选部分数据）

维度	职能	架构	人员			外事机构组织度
指标	主要职责	内设机构	人员编制	部门领导	处级干部	
海南	20	10	70	4	25	28.9
云南	14	10	77	4	23	28.65
重庆	12	10	69	5	24	26.25
广东	8	9	65	5	25	23.9
河南	12	8	57	4	23	22.55
湖北	12	11	53	4	23	22.3
河北	11	10	55	4	22	22.15
北京	14	8	50	5	20	21.2
贵州	18	10	44	4	15	20.8
陕西	17	8	46	4	17	20.7
四川	15	8	47	4	17	20.35
湖南	18	8	41	4	16	19.65
江西	12	7	38	4	15	16.75
广西	11	6	32	3	13	14.4
青海	9	4	17	3	5	8.75

2000—2008年平均数	对外经济活跃度
广东	25
北京	6.22
广西	2.61
河南	2.45
云南	2.07
湖北	2.01
陕西	1.8
湖南	1.61
四川	1.57
海南	1.54
江西	1.24
重庆	1.22
河北	1.17
贵州	0.3
青海	0.24

4.论文《国际友好城市机制分析——以中以友好城市为例》

国际友好城市是对外交往中的重要行为体，日益成为学术研究的热门话题。作者从次国家行为体的理论视角出发，提出本文研究的核心假设——友城交往效率（E）＝动力（P）× 动机（W），构建了一套友好城市交往机制。同时，作者以中国和以色列的友好城市为研究对象，以案例和数据为分析基础，进一步演绎分析了多方主体合成的动力与多方联系构成的动机，细化了机制网络，显现了该机制的普遍性和适用性。本研究对国际友好城市的发展和中国全方位、多层次、多视角的外交战略具有一定的理论创新价值和实践指导意义。

这一研究至少具有以下理论价值：首先是该机制的动力和动机双线体系简明扼要地总结了影响友好交往的核心因素；其次是该机制包容性强，有效组合一般性影响因素和典型性因素；最后是该机制突出了参与主体的重要性，强调了参与主体在友城交往中的主观能动性。

五、后续发展

本项目形成了四项成果。然而，在学术界的惯例中，不显著的相关性研究往往会被默认为不具有发表价值。当然，本项目也的确因种种限制，未能获得进一步的信息以提升指标体系。因此，项目成果未能有很好的发表机会。

然而，对于当时处于本科生阶段的团队成员而言，这次失败的经历仍旧是一次成功的科研训练。在课题导师的指导下，团队勇敢地尝试了量化研究的方法，也初步尝试探索了研究外交学、公共政策、商科的学科交叉领域，为团队成员日后的科研和职场发展奠定了学历积累、思维锻炼和写作训练基础。

六、团队档案

姓名	郝楠	在校信息	四川外国语大学国际关系学院2016届毕业生 在校主修英语（国际关系）、辅修外交学
毕业流向			郝楠毕业后就职于政府间国际组织中国—东盟中心。离职后先后前往泰国清迈大学东盟研究中心、印度外交政策智库观察家基金会访问研究。现在新加坡国立大学李光耀公共政策学院攻读公共政策硕士（获李嘉诚基金会全额奖学金）。他的主要研究领域为东南亚国家政治经济，研究成果发表在察哈尔学会《公共外交季刊》、*China Report ASEAN*，也为新加坡《联合早报》等撰写中国与东盟相关文章。
课题感悟			《省级地方政府外事机构设置与对外交往态势研究——以重庆为例》是本人本科期间第一次严格意义上的课题经历，也是日后追求学术生涯的开端。如今想来，最大的感悟是研究的意义和价值超越研究活动本身。 本科四年是一个年轻人系统接受学术训练和学科知识的起始。如果在这个阶段只是单纯学习某项技能或背诵某一门课程的知识，无疑是对四年时光的浪费，也丧失了日后人生发展的后劲。鉴于中国大部分高校的大部分人文社会科学科系的教学体制仍旧停留在老师口头传授知识的层面，本科期间的研究活动对于实践学术理论、锻炼研究能力、激发学术兴趣和潜能是至关重要的。 很多同学会认为，如果日后不继续读研或学术生涯，这样的研究活动并无意义。其实不然，研究活动的意义和价值是超越研究活动本身的，一方面，研究活动有助于锻炼思维、提升写作能力、增进表达能力，从而成为躺下来能想、坐下来能写、站起来能说、走出去能干的"四能"青年；另一方面，在履历上，研究活动也是个人能力、兴趣和热忱的体现。当今社会经济发展日新月异，读书期间没有足够的学术研究经历和资历，既难以胜任当前职场的要求，也难以有长足发展的潜力和实力。

姓名	苏锐	在校信息	四川外国语大学国际关系学院2016届毕业生 在校主修英语（国际关系）、辅修法语
毕业流向			毕业后就职于安徽省公安出入境管理部门，主要负责外国人停留居留和永久居留管理、国籍管理，牵头协调"三非"（非法入境、非法居留、非法就业）外国人治理和非法移民遣返，承担移民领域国际合作等职责。
课题感悟			能够在本科期间参与《省级地方政府外事机构设置与对外交往态势研究——以重庆为例》课题研究，在课题导师的带领下，与优秀的组员们一道学习研究设计的方法，我倍感庆幸。在课题研究中，我学习了文献检索及整合，经历了研究思路的形成过程，通过各类途径收集数据，利用定量及定性分析的方法总结论据，得到具有建设意义的结论及开放性研究方向。同时，我也将学习到的研究方法运用到学习和生活中，以及对于毕业论文也有很大的帮助。更重要的是，我学会了团队合作，体会到完成一个项目所需要经历的坎坷与坚持，以及感恩于恩师的教导与付出。 外事机构改革与我目前的工作息息相关。国家移民管理局于2018年4月2日组建成立，日后有望成为独立的对内管理外国人的机构；同时，公安对外充分利用双边执法合作机制与警务联络官等资源渠道，初步构建起全方位、立体化、多层次、讲实效的国际执法安全合作工作格局。作为地方部门的外管民警，结合自身语言优势和国际政治视野，有望在未来受益于机构改革，更好地参与国际警务执法合作与维和任务、打击跨国犯罪分子、维护国际社会安全稳定。
姓名	阳天天	在校信息	四川外国语大学国际关系学院2016届毕业生 英语（公共外交）专业
毕业流向			毕业后在人力资源行业担任顾问类角色，先后在国企和外企工作。
课题感悟			《省级地方政府外事机构设置与对外交往态势研究——以重庆为例》课题项目是大学四年科研经历的重要起点，不仅拓展了大学生活的宽度，让学习不再局限于考试、竞赛、社团等，为个人履历添彩；同时增加了专业研究的深度，从只知"What"到培养"What"—"How"—"Why"的"从现象到本质"的研究思路。 从学术角度而言，参与创新训练项目后，可以在专业导师指导下更为系统地接触创新项目的操作流程，学习课题研究的方法论，培养科学研究的思维方式，为之后从事其他类型的大学生创新活动积累可迁移、可复制的宝贵经验。 从职业角度而言，为了更好地适应科研规范以及顺利完成项目，在为期1年的课题项目过程中逐步增强逻辑思维能力、调研能力、资源分配能力、项目管理能力、沟通协调能力、书面表达能力等，为未来走向职场和融入商业社会构建了较为全面的能力素质模型。

续表

姓名	栾笑	在校信息	四川外国语大学国际关系学院2016届毕业生 英语（国际关系）专业
毕业 流向			栾笑本科毕业后前往英国莱斯特大学攻读博物馆学硕士。毕业后在上海就业，参与了在巴黎市立朱勒·瓦莱斯文化中心展览的"中华绣鞋艺术展"的藏品征集及史料研究，以及上海历史博物馆与国家文博基地联合开发的"白色金子·东西瓷都"数字化互动展。
课题 感悟			能够参与到这次的课题研究，幸运又荣幸。在整个研究过程中，我系统地学习了学术研究理论、研究思路，以及文献检索及分析方法等。收集数据的过程以及定量定性的分析方法对我的研究生生涯大有裨益。即使目前已经就业，这套理论及方法也依然适用。并且，这次经历也为我的履历增添了色彩。同时，这样的研究活动使得我了解到团队的分工与合作，使我在以后的学习工作过程中能够很好地处理应对各种问题。很感谢能有这样的经历。

七、导师感悟

本课题是我从教第二年，在学校指导的第一个学生科研项目。课题成员与我一样，都是进入川外的第二年，对于学生科研尚处于探索阶段。

当时学院领导电话告知，新一年度的大创（大学生创新创业训练计划项目的简称）项目即将截止申报，为此特向学校教务处申请，给学院一个星期时间准备，七天后提交相关项目申报书。

因为时间仓促，同学们上午考完专业英语四级后，立即在学院实验室碰头，根据时间倒逼安排工作计划，分解申报书写作和修改进度。在这一个星期内，团队成员先是研读国家社会科学基金申报书范例，然后着手项目申报书写作与修改。虽然时间短、任务重，但大家克服了诸多困难，按期将申报书提交到教务处。

参与课题的四位同学虽然都是英语专业，但参与的积极性很高，提交申报书后，并没有像其他小组那样等待结果公布，而是立即展开了课题相关工作。因为初次做科研项目，团队成员重点是在老师的带领下，按照申报书设计的既定内容，进行地方政府对外交往相关理论的梳理，并对重庆对外交往相关事例进行挖掘，从理论和现实两个层面展开相关工作。

10月课题获批后，课题组严格按照每个星期碰头的惯例，定时检查并商议课题推进事宜，并安排专人详细填写项目记载表，实现过程控制，务实推进每一个项目建设环节。

新年过后，我因为出国访学，离开学校进行个人的海外研修工作。虽然与团队成员分处东西半球，但大家克服时差困难，每周在线碰头商议课题进程，商讨解决办法，在此过程中还探索进行电子笔记法，从大家在线讨论的内容中摘取相关内容用于填写项目记载表。

同时，结合大家的课题开展进度，鼓励有能力的同学单独撰写学术论文，并进行针对性指导，孵化更多的科研成果。

该课题虽然为本人指导的第一个学生科研课题，但因为团队成员勇于探索，大胆实践，逐步凝练出诸多应用于后续学生科研团队的方式与方法，起到了开路先锋的作用。

总体而言，这个学生科研项目给我留下了以下几点深刻的印象：

第一，敢于尝试。作为二年级本科生，本无多少研究的经历，但四位同学敢于进行专业知识的应用尝试。同时，在课题推进的过程中，不断尝试规范研究、定量研究、读书笔记、会议记录等诸多方面的创新，不断将新体会运用于后续的学习和研究进程中。

第二，注重规范学习。科研是一种较为特殊的规范。在课题开始阶段，团队成员克服时间紧、任务重等困难，系统研习多年国家社科基金优秀申报书、学习申报书写作。后续还进行申报书的写作和修改，从书面语言表达、图形绘制、文字排版、PPT制作、课题汇报、会议记录等诸多方面进行规范训练。

第三，乐于写作。科研的重要内容就是写作。从申报书笔记、申报书初稿与修改、课题进程记录、PPT制作、读书笔记、学术论文写作、新闻稿撰写等多方面进行系统的写作训练，弥补此前写作不足的缺憾，从而系统提升阅读、语言表达、逻辑思维等其他方面的能力。通过写作的引领，调动其他方面潜能的开发。

影像史学视角下中国海外机构与人员紧急避险研究

苟青华　孙珮琳　赵赟飞 *

一、选题缘起

作为四川外国语大学国际关系学院的学子，项目组四名同学虽来自不同专业、班级，但一直积极参与学院和学校的各项活动。在学习课本知识的前提下，参与课题研究、强化实践是团队成员共同进步的途径，故而在本科阶段，课题组成员积极参与到全国大学生创新创业训练计划项目中，以期实现对已学知识的活学活用和新知识的吸收。

受益于国际关系学院设置的各类国际关系专业学科知识的熏陶，团队成员对各类国际资讯抱有浓厚兴趣，具备一定的热点洞察力。从大环境上看，全球化进程势不可当，虽有少数逆全球化声音的出现，但总体而言，世界大部分国家、区域间的合作仍在逐年攀升，人员流动量巨大。就我国而言，"一带一路"倡议实施得如火如荼，年度出境总人次数不断攀升，屡创新高，中国公民的足迹遍布全球。但与此同时，诸如"游船侧翻""动物袭击""抢劫店铺"等中国公民与机构海外涉险事件也与日俱增，项目实施后期引起全国人民关注的"章莹颖事件"更是令人扼腕叹息。团队成员注意到，大政方针方面，党中央、国务院高度重视境外中国公民和机构的安全保护工作，但有效避险措施却松散、稀少，造成了我国境外人员安全保障的缺位。针对这一重大问题，为响应中央号召，维护同胞利益，本团队关注我国海外群体，密切注意海外安全事件及其背后的原因，希望充分发挥本专业知识的作用，开

---

* 苟青华，任职于重庆名豪实业（集团）有限公司；孙珮琳，任职于南京市齐武路小学；赵赟飞，任职于上海联影医疗科技有限公司。

发出可行的避险方案，一定程度上实现防患于未然，降低风险。

确定项目方法导向是定题立意的一大难点。经过思考，团队成员归纳出方法论确立的两个关键：其一，先前国际关系领域的研究绝大多数采用传统的文献研究法等方法，材料和研究模式都较为单一，仅运用传统方法显然不适应创新之标准，更不便传播；其二，本项目通过分析事件，提炼经验教训，旨在达成科普知识的目标，而科普对象则是全体普通公民。这就要求我们变"学术文字"为"通俗读物"，从而提升成果的普及性和实用性，实现其现实效益。而作为大众传媒的重要组成部分，电影是我国人民陶冶情操、休闲娱乐的主要方式，近年来看电影亦日益成为我国人民陶冶情操、休闲娱乐的主要方式之一，全国电影总票房由 2014 年的 296 亿元上升至 457 亿元仅用了短短两年时间，《战狼》等系列影片大受欢迎，电影普及率持续走高，想来以影片为载体，探讨问题，寓教于乐，无疑是一种恰当的方式。

出于上述因素的综合考量，本项目研究主体最终尘埃落定。立意后，项目具体定题并没有在第一时间确定下来，主要原因有二：一方面，本项目涉及的研究问题、研究对象等并没有成形，可引用的专有定义在该研究领域采用影像史学的方法论则更是不多见——如何在体现项目特色的情况下合理地展示项目的研究内容，须团队人员自行展开构造与融合，这对学术新手来说有一定的难度；另一方面，合理定题通常建立在深入了解项目研究对象和内核的基础上，为避免仓促定题可能造成的不严谨，团队成员一致认为，须先行对研究材料展开梳理，待对主题有透彻的理解后再决定具体文字。故而，团队成员在整理了学术脉络，综合处理了几个案例后，在指导老师的协助下认识了影像史学这一新兴研究门类，确定了研究受众以人和物作为区分，方才提炼出"影像史学视角下中国海外机构与人员紧急避险研究"这一课题。

二、项目申报

2017 年 5 月 9 日，四川外国语大学教务处印发《关于 2017 年校级大学生创新创业训练计划项目申报工作的通知》（教务处〔2017〕31 号）。与课题导师达成意向后，项目负责人组建了团队，并正式着手课题申报工作。

在课题导师的指导下，团队先是学习了国家社科基金的成功申报书案例，并经过反复讨论，形成了课题研究及建设的框架。该课题首先在校内层面成功获得立项，被推荐到重庆市教委后又成功立项为国家级大学生创新训练项目。

（一）校级大学生创新训练计划项目申报书 *

一、基本情况

项目名称	影像史学视角下中国海外机构与人员紧急避险研究					
所属学科	历史学、外交学、传播学					
申请金额	10000元		起止年月		2017年6月至2018年6月	
主持人姓名	赵赟飞	性别		民族	出生年月	
学号		联系电话				
指导教师	谌华侨	联系电话				
主持人曾经参与科研的情况						
指导教师承担科研课题情况						
指导教师对本项目的支持情况	1.负责对项目进行过程中的学术指导 2.负责团队研究方法的训练 3.指导研究报告和研究论文的撰写					
项目组主要成员	姓名	学号	专业班级	所在学院		项目中的分工
	苟青华		外交学	国际关系学院		多元资料汇编
	庞涵		英语	国际关系学院		经验有机整合
	孙珮琳		英语	国际关系学院		避险对策开发

二、立项依据（可加页）

（一）研究目的

2017年2月，习近平总书记对侨务工作做出重要指示，明确指出要坚持为侨服务，当好海外侨胞的贴心人；当年两会"答记者问"环节中，王毅部长着重强

---

* 申报书隐去了涉及个人隐私的信息。

调了领事保护工作的重要性和紧迫性，他鲜明地指出："领事保护涉及每一位同胞的切身利益。"重视我国海外机构和人员，是对中央精神的贯彻落实，符合进一步完善对外开放战略布局的要求与推动"一带一路"倡议实施的需要，对夯实我国长期稳定发展的基础起着至关重要的作用。

在国家间交往越发频繁的今天，越来越多的中国机构和公民走出国门，走向世界。2016 年，我国出入境人员总数达 5.7 亿人次，境外注册中资企业超过 3 万家，在海外学习、生活、工作的中国公民多达数百万；同时，我国的外交机构和人员数量可观。然而，他们的生活因恐怖袭击、政局动荡、种族歧视等因素面临巨大风险。作为国家间交往、联系的纽带和生力军，他们在加速我国对外开放进程中扮演着重要的角色，他们的安全对中国梦的实现举足轻重。

本课题将从影像史学出发，深度挖掘海外机构和人员紧急避险的典型案例，剖析核心事件，归纳总结经验教训。以现实需要为着眼点和落脚点，紧密结合传统史学与现代影像，灵活运用可视化技术和多学科分析方法，致力于开发出具有较强观感的新型避险建议，提升我国驻外组织和海外人群的紧急避险意识和能力，从而保障其海外安全利益，最终为"一带一路"倡议的实施保驾护航。

（二）研究内容

1. 研究对象

本课题从影像史学视角出发，以海外机构和人员为研究对象，主要包括以下三方面内容：

第一，从海外机构和人员的角度，挖掘相关的学术资料、影像、文学和现实案例，实现对海外机构和人员现状的全面认识；

第二，科学梳理与整合前期收集的资料，深度剖析导致海外危险事件发生的具体因素，总结共性，实现经验、教训的提炼，指导应急机制的开发；

第三，基于以上研究，我们将着眼于海外机构和人员的现实安全需求，开发出切实可行的紧急避险机制。

2. 总体框架

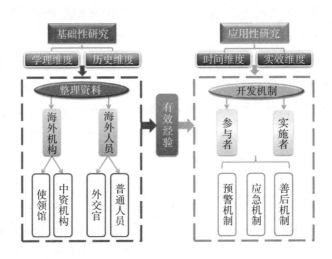

研究总体分为两部分：

第一，基础性研究在学理维度和历史维度的框架下，收集大量的相关案例资料，分门别类，形成指导性的资料库。以其中的影视素材为主，其他材料为辅，提炼出相关事件的共性和特性，归纳海外避险的有效经验。

第二，在有效经验的指导下，进行应用性研究。该部分研究将实际效用作为立足点，以时间为分类准则，针对事件中的不同对象，开发出不同时间段的避险机制。

（三）国内外研究现状和发展（创业项目的动态行业现状、发展趋势）

1. 国外相关研究的学术史梳理及研究动态

（1）影像史学研究

影像史学是历史学的研究分支，它将历史与鲜活的影像资料结合在一起，以影像为载体传达历史信息，是一种备受关注的历史思维模式。1988 年，美国史学家海登·怀特（Hayden White）发表文章 *Historiography and Historiophoty*，用"Historiophoty"一词，表述这种新的历史呈现方式。此后，基于怀特的理论，国外学者对影像史学进行了多角度研究：影像史学视角下对大众心理变化的研究，如 Michael Dawson（2013）；影像史学与人类学的研究，如 Aboubakar Sanogo（2015）；影像史学的功能研究，如 Juan Camilo Aljuri Pimiento（2006）。这些研究主要是针对影像史学本身功用的研究，着眼于实际操作的研究有所欠缺。当代著名史学家娜塔莉·泽蒙·戴维斯（Natalie Zemun Davis）在《马丁·盖尔归来》一书中肯定了影像具有反映历史的功用，肯定了影像史学的史料价值。

（2）海外机构和人员研究

国外关于海外机构和人员的研究主要包含两方面内容。一方面，针对海外机构和人员本身展开探索。研究海外机构的布局，Ed. Stanley I.（2003），以美国驻巴基斯坦大使馆为例，分析海外机构的设置特点；Ed. Cynthia Rose（2004），则以美国驻北京大使馆为例，展开探索；针对跨国公司的海外事务研究，Brown Garrett（2009）和 Moodie Rob（2013）；等等。对特定人群的研究，如 Maruja M.B.Asis & Dovelyn Rannveig Agunias（2012），关注印度尼西亚、尼泊尔和菲律宾的海外劳工群体；Reinhard Bachleitner & Wolfgang Aschauer（2012），研究了欧盟国家的旅游人群。另一方面，一部分研究以特定事件为切入点展开对海外机构和人员的讨论，如探讨美国驻利比亚班加西外交机构遇袭事件，Christopher Hobson Karen Tindal（2012）；研究伊朗人质事件，David Farber（2009）；E.Bruce Reynolds（2001），探索了身处泰国的中国人在有排华倾向政府统治时期的生活经历；以斐济和肯尼亚两国的恐怖袭击事件为例，研究海外人员中的旅游人群，John Fletcher & Yeganeh Morakabati（2008）。

（3）紧急避险研究

首先，国外对紧急避险的研究多先行将事故分类再提出紧急避险的建议。如面对重大火灾，Genserik Reniers（2016）强调应急资源的有序、协调使用，并提出两种模型以应对不同的火势性质；Robert G.Goldhammer（2007）认为最好的紧急避险方式就是要认真对待预警、应急和善后三个步骤；面对地震等自然灾害时，Tetsuhiro Togo To & Sihiko Shimamoto（2009）从 2008 年中国汶川地震的救援过程反思，政府需及时预警自然灾害并即时监测同震的化学变化，教导民众自发应对地震；关注海外安全，以宏观视角讨论政府在公民海外遇险时应尽的职责，如挪威学者舒尔·拉尔森的《危机中的领事保护——以挪威为案例》（2013），Karen Tindal（2012）同样探讨了政府应如何在紧急避险过程中发挥作用。

其次，部分多边或双边的国际会议也对紧急避险这个话题进行了多角度的协商和研究。如 2016 年 5 月 20 日在韩国仁川召开的有关先进材料、结构和机械的国际会议，强调了优化政府间的框架结构能提高紧急避险的可靠性，Alekseytsev Anatoliy Victorovich & Kurchenko Natalia Sergeevna（2016）；2014 年 9 月国际资源开发会议上，相关人员提出从事油气勘探和开发等相关工作时，要预先评估紧急情况或事态升级的可能性，提前做好演练和准备，如 ZHAO Qiang & ZHANG Feng（2014）。

2. 国内相关研究的学术史梳理及研究动态

（1）影像史学研究

我国的影像史学研究起步较晚，中国学界最早研究这种富有活力的历史研究方式的是台湾学者周梁楷，他最先把"Historiophoty"译为"影像史学"。1996 年，复旦大学教授张广智首次撰文《影像史学：历史学的新领域》，向大陆地区介绍影像史学，随后发表系列论文和研究著作，以说明影像史学为史料注入了鲜活的力量。近年来亦有一部分研究产出，从多方面阐释影像史学的优势和特征：如谢勤亮（2007），将社会人文学科的思维、观念和方法有效地引入影像媒介的日常操作中，多学科间交融合作有助于影像媒介更全面、科学和均衡地记录现实社会。林硕（2016）指出，影像史学使史料的涵盖范围、采编手段、采集主体和客体都产生了质的变化，标志着史料学进一步扩大到影像领域。王灿（2017），探究历史影像与当代中国社会记忆变迁，认为影像史学印证了社会集体记忆的泛政治化。王镇富（2011）指出，影像史学必定促使历史学家在历史表述形式和解释方法等方面发生变化，创造出史学文本的新形式，提醒史学工作者对影像予以更多的关注。史学界对这一种具有可视化特征的史学分支保持着特别的关注。

与此同时，一部分学者开始应用该法进行战争记忆、教育、心理学等话题的探索，如习贤德（2015），战争记忆初探：以中国、日本战争电影为例；毛毅静、丁钢（2013），别样的历史叙事：作为一个研究领域的教育影像；敖雪峰、杨共乐、曾淑媛、吴琼（2012），关于历史学科影像史学实验室建设的思考；张广智（1988），影像史学：影像史学与历史教育的关系；吴晓欢等（2010），着重阐释了中国当代影视史学发展趋势研究。影像史学研究法的应用使得这些研究更加鲜活、丰富，当前，应用影像史学的研究方法解决我国海外机构和人员避险问题的先例还非常少。

（2）海外机构和人员研究

同国外对海外机构和人员的研究相似，国内研究大多基于专业视角。对驻外机构的研究主要着眼于建筑学和美学，涉及以下几方面内容：使领馆建筑遗址的保护和再利用，孙俊桥、薛芃芃（2016）从实际功用的角度探讨了使领馆遗址的利用；驻外使领馆的建筑形式设计研究，如韩勇炜（2015）从工程设计、美学特色方面进行了研讨；康凯（2013）对南非使馆进行了安全方面的探究。对于海外人员的安全研究成果有：对我国的领事保护的宏观部署进行评价，如杨洋（2013），中国领事保护中存在的问题；区域性的领事安全保护案例，如中国公民在非洲的安全与领事保护问题，方伟（2008）；中国外交的新重点——保护中国公民的海外安全，夏莉萍（2005）。

（3）紧急避险研究

目前国内对紧急避险的研究主要集中于制度本身、法律性质、成立条件、刑民案例，多关注司法实践中出现的问题。具体研究成果如下：各国紧急避险制度的比较研究，就日、德、意、俄、法和苏联等国学者对紧急避险的法律性质和成立要件的不同观点进行了阐述和比较，如马克昌（2001）；以法律为着眼点，深度挖掘我国刑法、民法在具体紧急避险环节中出现的矛盾，并设计出能够解决权力冲突的制度，如刘作翔（2014）、马葓（2016）；价值审视——防卫性紧急避险的形成条件，根据法理确定防卫性，在"损害小于危险"的情况下成立紧急避险，如陈文昊（2016）；开展针对高速公路紧急事件应急救援中的事件影响分级、交通组织、应急资源调度、应急救援能力评估等关键技术的研究，如盛刚（2013）；以物资、人员等作为方案执行的出发点和落脚点，对高速公路突发事件应急处置机制的研究，如董岳林（2016），以及尹昱（2015）从人员角度探讨我国的撤侨行动；对紧急避险体系构建与应急救援模型进行研究，采用应急管理阶段理论与方法，构建基于紧急避险"感知—避险—救援"应急救援模型，并对救援模型的可行性进行模拟，如盛武、高明中等（2013）。

3. 研究动态整合与评述

综观国内外研究现状，现有研究普遍认为，影像史学引入了具有感官冲击力的影像史料，富有"强大震撼力、表现力和吸引力"，其对实现史学文化的社会价值与认识价值有突出的贡献；在对海外机构和人员的研究中，多角度的剖析并不少见，但其实用性有待商榷；紧急避险的研究对象多拘泥于紧急避险本身或制度、典型的紧急事故的受害者，与普通大众的生活相去甚远。据已有的研究成果，我们发现当前的研究存在以下问题：

一是视角局限：目前多数研究的视角较为局限。在研究对象上，将所有出国群体视为一个整体进行研究，对特殊人群，如外交官群体，关注度较低，没有进行系统的分类讨论，使得相关研究成果缺乏针对性和特殊性；在研究角度上，多数研究从传统史学角度出发，没有涉及多学科的综合性研究，使得成果形式较单一，结论多雷同。

二是方法单一：多数原有研究的方法较单一，以文献研究为主，专注于史料的研究分析，没有应用影像等多元资料和其他研究方法，使得其与现实事件的结合程度较低，从而导致研究成果呈现形式少，缺乏可读性。

三是实用性低：多数研究较为笼统地讨论海外紧急避险的措施和方式，对大多数人群缺少适应性，甚至没有提出具备现实操作性的对策，忽视了相关人群的实际需求，不能适应目前情势的需要。

（四）创新点与项目特色

本研究以海外机构和人员为对象，开发具有针对性的紧急避险意见。本项研究在以往对驻外机构及海外人员的认识及研究基础上有以下创新之处：

1. 视角独特性。本课题着眼于影像史学这一史学分支，主要通过对典型影像案例的比较和分析，展开可视的海外避险研究；科学分类研究对象，涵盖驻外使领馆、驻外中资机构、外交官、普通人员四大主体，以影像为基点，实现不同主体的资料规划和对策研究。

2. 资料多样性。收集大量影像资料、个人的口述经历与新闻媒体官方报道、专家学术论文，分类处理并形成资料库。同时，本课题资料语种涵盖范围广泛，包括中文、英文、法语、西班牙语、俄语、葡萄牙语等，保证了文献资料的多样性和全面性。

3. 现实操作性。本课题以我国对外工作的重要目标为导向，紧密联系新时期的复杂国际形势，从影像出发，将视觉化和可读性作为重要准则，为驻外机构及海外人员提供具有实用性和可行性的海外避险措施，引导其提高安全意识。

（五）技术路线、拟解决的问题及预期成果（创业项目的市场分析、可行性分析、经营策略和财务分析等）

1. 技术路线

第一，基础性研究和实用性研究相结合。本课题紧扣影像史学主题，将研究分为整合资料、归纳原因、开发对策三个流程进行，科学划分每一流程分类下的不同研究内容；根据研究内容的学理性和应用性侧重不同，在可视化观念的指导下，选择合理的研究方法进行研究。

第二，综合运用多元分析范式。本课题遵守全方位、宽领域、多层次的原则，融合了统计学中的统计分组法、传播学中的访谈法等多学科研究方法，实现了研究方式的多样化、科学化，最终得出包括多元资讯库、案例集、学术论文、可视化避险手册在内的不同类型的研究成果。

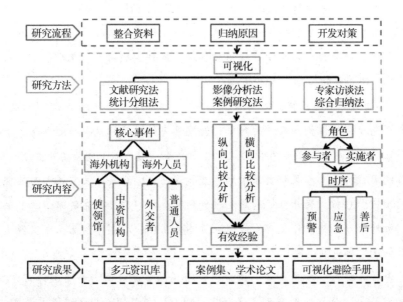

2. 拟解决的问题

本课题旨在解决以下问题：

第一，针对目前对海外机构和人员研究的方法与资料单一，与现实脱节的问题，收集以影视资料为主体、与现实紧密相关的多元资料，引入影像研究法，对资料进行可视化处理，使研究与现实对接，更具科学性；

第二，针对目前研究对象选择片面、忽视部分群体的问题，科学制定分类标准，关注目前被忽视的驻外使领馆和外交人员，对各类资料进行分门别类的系统性梳理；

第三，针对当前研究中紧急避险建议普适性和实用性较低的问题，综合前期研究成果，开发、设计出有实用价值的海外机构和人员紧急避险方案。

3. 预期成果

多元资讯库。收集大量海外避险相关资料，包括讲述海外生活的影视作品、音乐作品、美术作品、文学作品以及海外危机事件真实资讯，科学分类整理，形成可读性较强的风土人情、安全情况等资讯库，为我国海外机构与人群提供参考，以实现提升其危机意识和危机预防能力的目标。

影像案例集。依据影像史学研究范式，旨在通过对大量驻外机构及人员紧急避险相关影像的分析研究，形成专项研究案例并集合为《海外机构和人员紧急避险影视资料案例库》，以实现用影视凝结现实，重视海外安全的目的。

学理性论文。结合理论和影像资料研究内容，先从理论上探讨和梳理，再从实际功用角度探索海外机构和人员提高防护以及增加防护意识的可能性，形成学术论文。

可视化避险手册。基于对多元资料的梳理和整合，尤其是对核心影像的研究分析，归纳紧急避险建议，综合形成特色的可视化避险手册，为国家"一带一路"倡议和"走出去"战略建言献策。

（六）项目研究进度安排

时间	进度	具体安排
2017.1—2017.3	学习申报书写作	学习如何撰写申报书并确定研究方向和视角
2017.3—2017.4	前期资料收集与撰写申报书	将学到的申报书写作技巧付诸实践，收集海外机构和人员的大量素材并分类
2017.4—2017.6	资料整合与理论知识学习	深度分析前期收集的资料，剖析重点案例，构建初步的研究框架
2017.6—2017.9	实地考察调研和相关人员走访、咨询	实现对多地使领馆的实地考察和知情人士的采访，收集资料，初步形成知识体系和研究框架
2017.9—2018.1	资料分析与撰写案例报告	对通过多渠道获取的资料进行结合与整理，打磨研究框架成型，并进行案例报告的书写
2018.1—2018.5	撰写最终研究成果，形成学术报告	基于前期成果，撰写专题报告、学术论文，并进行多次修改和整理，形成最终成果
2018.5—2018.6	学术应用与学术检验	将研究所得成果进行由浅至深的相关尝试，通过正规渠道提交至有关部门，为之建言献策

（七）已有基础

1. 与本项目有关的研究积累和已取得的成绩

（1）汇编素材，整理清单。搜罗包括影视、新闻、文学、音乐等在内的多元素材，以外交人员、外交机构、普通海外公民、普通海外机构为分类准则，整合资料清单。目前已形成驻外机构及人员遇险事件清单（外交官篇）、驻外机构及人员遇险事件清单（使领馆篇）、影像外交学资料清单、外交理论与实践资料清单、驻外机构及人员遇险事件清单（企业篇）和驻外机构及人员遇险事件清单（海外公民篇）正在制作中。

（2）分析影像，制作案例。业已形成《撤离科威特研究案例》《不朽的园丁研究案例》《猎杀本·拉登研究案例》《危机十三小时研究案例》《最后一张签证研究案例》等多个成型案例；与此同时，概括案例制作方法，形成了案例制作基本模板。

（3）紧扣课题，创制样张。尝试制作课题样张，初步形成《海外机构和人员紧急避险研究样章》；根据研究方法和研究过程，归纳得到课题样张制作规范。

（4）多方研讨，查漏补缺。举办两次课题研讨会，邀请多位海外经历丰富的资深老师及成功申请国家课题的优秀学生参与，丰富课题内容、改进研究方法、吸取经验教训，总结出《驻外机构及人员紧急避险课题修改办法》。

2. 已具备的条件与尚缺少的条件及解决方法

已具备的条件：

（1）学校导向与学院支持

四川外国语大学具有良好的语言基础和学科平台，国际关系学院不仅是川外规模最大、办学水平最高、发展潜力最好的院系之一，还是重庆市 2011 协同创新中心——重庆"走出去"战略与金砖国家研究协同创新中心挂牌单位，拥有重庆市市级实验教学示范中心——外交外事实验中心。

在硬件方面，学院配备有多种语言实验室、网络实验室、多媒体计算机实验室、同传实验室、外交外事实验教学中心和资源丰富的图书馆。目前，学院已与英国的埃塞克斯大学、加拿大 UBC、凯布莱恩学院、以色列巴伊兰大学、特拉维夫大学、南京大学、外交学院、华中师范大学、中国社科院拉美所、暨南大学等国内外知名高校和研究机构建立了定期的学术交流机制。

学院与外交部、商务部、巴西驻华使馆、重庆市外侨办、重庆市外经委、长安集团、力帆集团、重庆粮食集团等机构开展了广泛的交流与合作，为学院学生提供了广阔又专业的学术平台和交流、学习途径，这为此课题研究提供了坚实的基础。

（2）外交官采访

国际关系学院与外交部高级外交官创新实践委员会已达成合作协议，建立了部校合作人才的培训机制。自 2013 年起，每学期有三名高级外交官来校进行教学，开展专业性讲座，为学生提供了与外交官面对面交流的机会。在与外交官对话的过程中，本课题的研究价值得到了肯定，部分资料查询困难的漏洞也得到了填补。

（3）资讯挖掘

寒假期间，小组成员走访有海外经历的商务人士、留学生等相关人员，记述有价值的经历，收集相关材料，作为案例研究的基础；同时，前往重庆图书馆、南京图书馆、上海图书馆、浙江图书馆收集了大量文献资料，为课题准备了丰富的背景资料和研究素材。

尚缺少的条件及解决办法：

（1）新闻类资料收集存在困难：本研究着眼于中国海外机构和人员的安全，该话题与现实的紧密结合性和实时更新性要求我们时刻保持对新闻的敏感度和关注度，以不断扩充资料库。针对该问题，我们将分工关注不同主流媒体，利用关键词检索功能，在确定新闻真实性的前提下，最大限度整合相关时讯，保证新闻类资讯内容的鲜活性和丰富性。

（2）跨学科研究存在障碍：运用统计学方法分析整合外交学、历史学的研究内容存在一定困难。对于该问题，我们将在自行学习相关学科知识的基础上，请教该专业老师和学生，并利用重庆高校资源，走访西南大学、重庆大学等多所综合性高校进行调研和学习，提升自身能力，服务于课题研究。

三、经费预算

开支科目	预算经费（元）	主要用途	阶段下达经费计划（元）	
			前半阶段	后半阶段
预算经费总额		整个科研项目的完成		
图书资料费		购买相关图书		
数据采集费		收集所需数据		

开支科目	预算经费（元）	主要用途	阶段下达经费计划（元）	
			前半阶段	后半阶段
咨询费		咨询相关学者、机构		
调研差旅费		调研的交通、食旅费		
劳务费		协助收集资料		
印刷费		印刷文本资料		

（二）重庆市级大学生创新训练计划项目申报书

项目名称			影像史学视角下中国海外机构与人员紧急避险研究				
项目类型			（∨）创新创业项目（ ）创业训练项目（ ）创业实践项目				
项目实施时间			起始时间：2017年5月，完成时间：2018年5月				
申请人或申请团队		姓名	年级	学校	所在院系/专业	联系电话	E-mail
	主持人	赵赟飞					
		荀青华					
		庞涵					
		孙珮琳					
指导教师	姓名		谌华侨	研究方向			
	年龄			行政职务/专业技术职务			
	主要成果						

一、项目实施的目的、意义

近年来，党中央、国务院高度重视境外中国公民和机构安全保护工作，全方位打造"海外民生工程"。2016年，李克强总理在政府工作报告中强调，要加快我国海外利益保护能力建设，保护中国公民安全；2017年，在全国两会"答记者问"环节中，王毅部长鲜明地指出："领事保护涉及每一位同胞的切身利益。"重视我国海外机构和人员的安全，是对中央精神的贯彻落实，符合进一步完善对外开放战略布局的要求与推动"一带一路"倡议实施的需要，对夯实我国长期稳定发展的基础起着至关重要的作用。本项目响应中央号召，关注我国海外群体，为祖国献智。

在国家间交往越发频繁的今天，中国机构和公民国际流动性不断加强，然而他们的安全情况堪忧。2016 年，我国出入境人员总数达 5.7 亿人次，境外注册中资企业超过 3 万家，在海外学习、生活、工作的中国公民多达数百万。我国海外群体的生活因恐怖袭击、政局动荡、种族歧视等因素面临巨大风险，有效避险措施亟待开发。本项目旨在开发可行措施，从一定程度上降低安全风险。

本项目致力于提出具有针对性和可行性的海外紧急避险对策，以维护我国海外机构和公民的切身利益。学理层面上，本项目将影像史学与我国海外群体紧急避险相结合，深度挖掘海外紧急避险的典型案例，剖析核心事件，归纳经验教训，立足新局势，着眼新问题，开拓新模式。实施层面上，本项目以现实需要为着眼点和落脚点，紧密结合传统史学与现代影像，灵活运用可视化技术和多学科分析方法，开发具有较强观感的新型避险建议，提升我国海外机构和人群的紧急避险意识和能力，保障他们的安全利益。从而在政策层面上服务于国家"海外民生工程"的建设，最终为"一带一路"倡议的实施保驾护航。

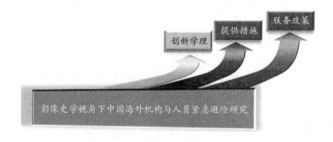

二、项目研究内容和拟解决的关键问题

（一）研究内容

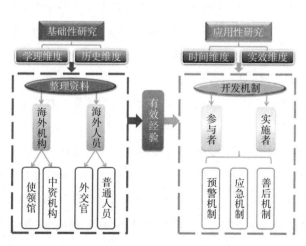

研究总体分为基础性研究和应用性研究两部分：

第一，基础性研究在学理维度和历史维度的框架下，收集大量的相关案例资料，分门别类，形成指导性的资料库。以其中的影视素材为主，其他材料为辅，提炼出相关事件的共性和个性，归纳海外避险的有效经验。

第二，在有效经验的指导下开展应用性研究。该部分研究将实际效用作为立足点，以时间为分类准则，针对事件中的不同对象，开发出不同时间段的避险机制。

（二）拟解决的关键问题

本项目旨在解决以下问题：

1. 针对目前海外避险研究方法和资料局限，与现实脱节的问题，收集以影视材料为主、其他为辅的多元资料，引入影像研究法，使研究贴合实际，更具视觉张力；

2. 针对当前海外机构和人员研究中对象选择片面、指向性较弱的问题，科学制定分类标准，关注被忽视的驻外使领馆和外交人员群体，对资料展开系统性梳理；

3. 针对当前研究中紧急避险建议普适性和实用性较低的问题，综合前期研究成果，开发、设计出有实用价值的海外机构和人员紧急避险方案。

三、项目研究与实施的基础条件

本部分包含国内外研究现状和已有成果两部分内容：

（一）国内外研究现状

广泛收集本项目相关的国内外文献，从影像史学、海外机构和人员、紧急避险三个角度，整合主要资讯，评述研究状况，归纳经验教训，服务于本项目研究。

1. 国外相关研究的学术史梳理及研究动态

（1）影像史学研究

作为历史学的研究分支，影像史学将历史与影像资料相结合，以影像为载体传达历史信息，是一种备受关注的历史思维模式。美国史学家 Hayden White 于1988 年发表文章阐述"Historiophoty"（影像史学）的基本思想，标志着这种史学范式进入学术领域。基于他的理论，国外学者一方面将影像史学与书写历史进行对比（Robert A.Rosenstone, 1991），另一方面与其他学科结合展开研究：包括心理学（Michael Dawson, 2013）、人类学（Aboubakar Sanogo, 2015）等。当代著名史学家 Natalie Zemun Davis 在史学巨著《马丁·盖尔归来》一书中肯定了影像的史料价值和历史反映功能。

（2）海外机构和人员研究

国外对此的研究主要有两方面。一方面，探索海外机构和人员本身。Ed. Cynthia Rose（2004）以美国驻北京大使馆为例研究机构布局，Brown Garrett（2009）则以跨国公司为对象展开研究；Dovelyn Rannveig Agunias（2012）研究东南亚多国的海外劳工，Reinhard Bachleitner（2012）聚焦欧盟旅游人群。另一方面，以特定事件为切入点展开讨论。如解析美国驻利比亚班加西外交机构遇袭事件（Christopher Hobson Karen Tindal，2012），记述在泰华人在排华政府统治时期的生活（E. Bruce Reynolds，2001），Yeganeh Morakabati（2008）以肯尼亚恐怖袭击事件为例研究海外旅游人群。

（3）紧急避险研究

国外对紧急避险的研究多分类险情后提出对策。如面对重大火灾，Genserik Reniers（2016）提出两种模型以应对不同性质的火情；Robert G.Goldhammer（2007）认为最好的避险方式就是认真对待预警、应急和善后三个步骤；Tetsuhiro Togo To & Sihiko Shimamoto（2009）反思汶川地震的救援，教导民众应对地震；从宏观视角讨论政府在公民海外遇险时应尽的职责，如挪威学者舒尔·拉尔森的《危机中的领事保护——以挪威为案例》（2013）。但是以上多数对策基于宏观视角，可操作性不高。

2. 国内相关研究的学术史梳理及研究动态

（1）影像史学研究

我国对影像史学研究始于20世纪90年代中期，台湾学者周梁楷最先把"Historiophoty"译为"影像史学"。1996年，复旦大学教授张广智撰文介绍影像史学，以说明影像为史学注入了鲜活的力量。近年来的研究从多方面阐释影像史学的优势：影像史学使史料的涵盖范围、采集主体和客体产生了质变（林硕，2016）；探究影像与当代中国社会记忆变迁（王灿，2017）；影像史学促使史学家在表述形式和解释方法等方面改变（王镇富，2011）。

与此同时，一部分学者应用该法进行战争记忆、教育、心理学等话题的探索。研究中日战争电影回溯战争记忆（习贤德，2015），探究历史纪录片对教育的意义（毛毅静、丁钢，2013），等等。影像史学使得这些研究更加鲜活、丰富，但当前，应用影像史学来解决我国海外机构和人员避险问题的先例还非常少。

（2）海外机构和人员研究

国内研究多基于理论层面和专业视角。对驻外机构的研究多着眼于建筑学和美学，研究使领馆建筑遗址的保护（孙俊桥、薛芃芃，2016）；从工程设计、美学方面探讨使领馆的设计（韩勇炜，2015）；康凯（2013）对南非使领馆进行了同类研究。对海外人员安全的研究较为宏观：评价我国领事保护的宏观部署（杨洋，2013）；区域性领事保护案例探究，如中国公民在非洲的安全与领事保护问题（方伟，2008）；中国外交的新重点——保护中国公民的海外安全（夏莉萍，2005）。

（3）紧急避险研究

目前国内对紧急避险的研究集中于制度、法律性质、成立条件、紧急事件案例。如对各国紧急避险制度的比较（马克昌，2001）；挖掘我国法律在紧急避险环节中的矛盾（刘作翔，2014）；审视防卫性紧急避险的形成条件（陈文昊，2016）；如科学分析高速公路突发事件（尹昱，2015）；针对我国近年开展的撤侨行动，对紧急避险体系构建与应急救援模型进行研究（盛武、高明中等，2013）。

3. 研究动态整合与评述

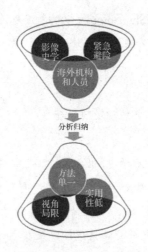

综观国内外研究现状，我们发现当前的研究存在以下问题：

视角局限：目前多数研究的视角较局限。在研究对象上，将所有出国群体视为一个整体进行研究，对特殊人群，如外交官群体，关注度较低，没有进行系统的分类讨论，使得相关研究成果缺乏针对性和特殊性；在研究角度上，多数研究从传统史学角度出发，没有涉及多学科的综合性研究，使得成果形式较单一，结论多雷同。

方法单一：多数原有研究的方法较单一，以文献研究为主，专注于史料的研究分析，没有应用影像等多元资料和其他研究方法，使得其与现实事件的结合程度较低，从而导致研究成果呈现形式少，缺乏可读性。

实用性低：多数研究较为笼统地讨论海外紧急避险的措施和方式，对大多数人群缺少适应性，甚至没有提出具备现实操作性的对策，忽视了相关人群的实际需求，不能适应目前情势的需要。

因此，本项目将区分驻外使领馆、驻外中资机构、外交官、普通人员四个主体，从影像史学出发，结合影像分析法、案例制作法、专家访谈法等多法，以实用性为准则，开发海外紧急避险机制。

（二）已有成果

根据现有研究，紧密围绕实际情况，在影像史学总体方针的指引下，结合多学科研究方法开展独立研究，并形成了一定的成果，为后续研究的开展奠定基础。目前成果如下：

1. 汇编素材，整理清单。搜罗包括影视、新闻、文学、音乐等在内的多元素材，以外交人员、外交机构、普通海外公民、普通海外机构为分类准则，整合资料清单。目前已形成驻外机构及人员遇险事件清单（外交官篇）、驻外机构及人员遇险事件清单（使领馆篇）、影像外交学资料清单、外交理论与实践资料清单，驻外机构及人员遇险事件清单（企业篇）和驻外机构及人员遇险事件清单（海外公民篇）正在制作中。

2. 分析影像，制作案例。业已形成《撤离科威特研究案例》《不朽的园丁研究案例》《猎杀本·拉登研究案例》《危机 13 小时研究案例》《最后一张签证研究案例》等多个成型案例；与此同时，概括案例制作方法，形成了案例制作基本模板。

3. 紧扣项目，创制样张。尝试制作项目样张，初步形成《海外机构和人员紧急避险研究样章》；根据研究方法和研究过程，归纳得到项目样张制作规范。

4. 多方研讨，查漏补缺。举办三次项目研讨会，邀请多位海外经历丰富的资深老师及成功申请国家项目的优秀学生参与，丰富项目内容、改进研究方法、吸取经验教训，总结出《驻外机构及人员紧急避险项目修改办法》。

四、项目实施方案

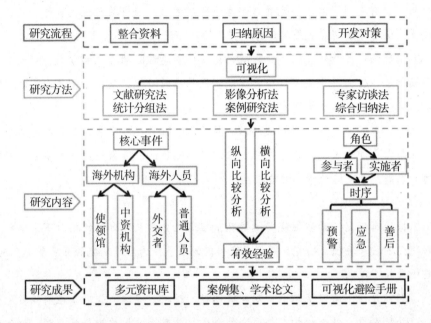

本项目实施方案分为三个流程，即整合资料、归纳原因、开发对策，以可视化为准则，围绕影像史学展开研究。具体如下：

1. 方法

本项目研究以可视化为特色，将多种研究方法相融合。初期整合资料阶段多以文献研究法、统计分组法进行；中期归纳原因阶段通过具体影像、案例进行分析研究；后期利用专家访谈法、综合归纳法等进行对策开发。

2. 内容

（1）搜罗大量课题相关资料，组织多元资讯库。关注不同资料中体现的核心事件，明确不同资料中的事件主体。以海外机构和人员为一级分类标准，驻外使领馆、中资机构、外交官、普通人员为二级分类标准，运用统计分组法，实现对这些资料的科学归类，形成诸如海外机构和人员遇险影像集等资讯库。多次研读和探讨资料库内容，以便全面认识海外机构和人员的特征、现状与不同安全事件的特性；深度剖析导致不同类别海外危险事件发生的具体因素，归纳有效经验。

（2）综合应用影像分析法和案例研究法，以影像资料为主要研究材料，对影视资料中反映的事件进行横向和纵向的比较分析，解读危机事件中被忽视的细节，开发切实可行的紧急避险机制。始终以海外机构和人员的现实安全需求为着眼点，及时整理前期成果，以此为基础展开对策开发。

（3）科学规划紧急避险机制应用的对象和时间范畴，按事件角色分为参与者和实施者，按事件发生的不同阶段区分预警、应急、善后机制，针对不同角色和不同时间段，以案例集为依托，提出合理的海外紧急避险措施。在自行研究的同时，对外交官和相关专业人士进行专项采访，查漏补缺，丰富前期研究成果并检验研究的正确性和价值，解决部分资料查询困难的问题。

3. 成果

（1）收集包括影像、文学、美术、音乐、现实案例等在内的多元资讯，形成多元资讯库。

（2）总结相关事件的共性和个性，实现经验、教训的提炼，形成多篇专题影视分析案例，如上文提到的《最后一张签证研究案例》《危机十三小时研究案例》，等等。归纳研究的学理意义，概括出以影像分析为导向的海外机构和人员安全探索研究范式，并撰写学术论文。

（3）补充已形成的措施，加之可视化处理，最终集合形成有特色的影视避险手册。

方案实施遵循以下原则：

基础性研究和实用性研究相结合。本项目紧扣影像史学，总体上将研究分为整合资料、归纳原因、开发对策三个流程，科学划分每一流程分类下的不同研究内容；根据研究内容的学理性和应用性侧重不同，在可视化观念的指导下，选择合理的研究方法进行研究。

综合运用多元分析范式。本项目遵守全方位、宽领域、多层次的原则，融合了统计学中的统计分组法、传播学中的内容分析法、案例研究中的过程追踪法等多种研究方法，实现了研究方式的多样化、科学化，最终得出包括多元资料库、案例集、学术论文、可视化避险手册在内的不同类型的研究成果。

五、学校可以提供的条件

（一）学校优势

四川外国语大学具有良好的语言基础和学科平台，是西南地区外语和涉外人才培养以及外国语言文化、对外经济贸易、国际问题研究的重要基地。

学科特长。学校外国语言学科优势突出，相关学科发展迅速，开设有 15 门外语语种；拥有"外语学习认知神经实验室""多语种语料库语言学实验室""外语教育与资源研究所""词典学研究所"等 20 多个研究机构，这为本项目的多语言研究提供了极大的便利。

学术资源。本校图书馆拥有丰富的藏书与报刊资源，藏书总数达数百万册，中外文纸质报刊几千种；不仅如此，本校图书馆还拥有丰富的数据库，其中包括 Fuente Académica、Digitalia、阿拉伯语电子书、俄罗斯大全等多语种数据库。

（二）学院优势

国际关系学院不仅是川外规模最大、办学水平最高、发展潜力最好的院系之一，也是重庆市 2011 协同创新中心——重庆"走出去"战略与金砖国家研究协同创新中心挂牌单位。

硬件设施：学院拥有重庆市市级实验教学示范中心，该中心获得中央财政支持地方高校发展专项资金 400 万元资助，是目前全国唯一的集外交外事人才培养、师资培训、社会服务于一体的跨学科"外交外事实验中心"。同时，学院还配备有多种语言实验室、网络实验室、多媒体计算机实验室、同传实验室、外交外事实验教学中心，供学生学习使用。

对外交流：学院与外交部、商务部、巴西驻华使馆、重庆市外侨办、重庆市外经委、长安集团、力帆集团、重庆粮食集团等机构开展了广泛的交流与合作，为学生提供了广阔又专业的学术平台和学习途径。

特别机制——外交部合作协议：四川外国语大学国际关系学院与外交部高级外交官创新实践委员会已达成合作协议，建立了部校合作人才的培训机制。2013 年起，每学期有三名高级外交官来校进行讲学，为学生提供了与外交官面对面交流的机会。在与外交官对话的过程中，本项目部分资料查询困难的漏洞也得到了填补。

六、预期成果

多元资讯库。收集大量海外避险资料，包括讲述海外生活的影视作品、音乐作品、美术作品、文学作品以及海外危机事件真实资讯，科学分类整理，形成可读性较强的风土人情、安全情况等资讯库，为我国海外机构与人群提供参考，以实现提升其危机意识和危机预防能力的目标。

影像案例集。依据影像史学研究范式，旨在通过对大量驻外机构及人员紧急避险相关影像的分析研究，形成专项研究案例并集合为《海外机构和人员紧急避险影视资料案例库》，以实现用影视凝结现实，重视海外安全的目的。

学理性论文。结合理论和影像资料研究内容，先从理论上探讨和梳理，再从实际功用角度探索海外机构和人员提高防护以及增加防护意识的可能性，形成学术论文 2~3 篇。

可视化避险手册。基于对多元资料的梳理和整合，尤其是对核心影像的研究分析，归纳紧急避险建议，综合形成可视化避险手册，为国家"一带一路"倡议和"走出去"战略建言献策。

七、经费预算

项目	预算经费（元）	主要用途	阶段下达经费计划（元）	
			前半阶段	后半阶段
预算经费总额		整个科研项目的完成		
图书资料费		购买相关图书		
数据采集费		收集所需数据		
咨询费		咨询相关学者、机构		
调研差旅费		调研、差旅费		
劳务费		雇请人员收集资料		
印刷费		印刷文本资料		

三、项目建设

"影像史学视角下中国海外机构与人员紧急避险研究"项目是团队成员首次接触的系统性学术研究项目，指导教师和团队成员均予以高度重视。历时约两年，经历"基础研究—项目创建—核心实践"三大主要步骤，项目终于从最初的理念成功转化为以出版物为核心的学术成果。

（一）基础研究

研究第一阶段，团队成员的学术能力与知识储备尚不足以支撑学术构建。基于此研究的特殊性，指导老师悉心制定了学生引导方案，确定了"先领悟，后创设"的实践步骤，即先行摸索项目的研究模式、积累原材料，再以经验"反哺"项目申报的模式，从而突破了原先一些项目过度追求申报书之精致而舍弃学术研究本源目标的弊病。

所谓基础研究，"资本原始积累"与结构摸索无疑是并行的。一方面，本项目开展需依托雄厚的资料基础，其中既包括理论指导性学理材料也涵盖项目实施最重要的影像资讯。团队成员根据项目核心要义，大量收集学理文章展开研读，初步认知影像与学术结合的可能性与可创造性，系统学习前人使用影像展开学术研究的现实案例，对本研究的认同感也得到提高；与此同时，团队建立丰富的影像资料库，包括电影、电视剧、综艺节目、纪录片等类别，成为项目实践的坚实基础。

另一方面，以学以致用为纲，团队成员倚借指导教师前期研究经验，一致确定了以影像案例为载体的研究模式；结合课堂所学技能，构架起初级影像案例。基础阶段研究关键在于培养团队成员的发散性思维和逻辑构建能力，而影像本身解构和影像中要点的捕捉则是重中之重。因此，团队确定了由案例正文与案例使用说明构成的案例框架，最大限度地服务于练习与积累过程。

案例框架初版示意表

章节	板块	主要内容
第一章	案例正文	影片介绍
		内容综述
第二章	案例使用说明	目的与用途
		启发思考题与分析思路
		理论依据与分析
		关键要点与计划
		参考文献

（二）项目创建

得益于前期积累的丰富经验，团队成员对项目核心理念已有透彻认知。因而，团队严格遵循从现实到理论的研究方向，收集与关注海外紧急避险相关新闻、政策与方案，强化对主题的认知，并以此为据提炼研究目的与对象。巩固阅读学理类著作，分析归类各类作品，梳理出符合逻辑的研究线索，从而规划出切合现实痛点与学生团队条件的研究路径。在恰当的时间与资金安排框架下，着力强调文献研究、案例研究等多种研究方法综合使用和研究成果的输出。

另外，除申报书主体的规划外，为确保项目后期实践的顺利展开，丰富项目原材料的多元化与全面性，团队成员丰富壮大资料库的行动从未停止。在收集影像资料的同时，项目同样吸纳了相当一部分文学资料进行补充，与影视资料结合，分门别类，形成了四份紧急避险清单，包括超过 400 部精选作品，支撑后续研究。

（三）核心实践

本项目于 2017 年 9 月获批国家级大学生创新创业计划项目。此时间节点后，基于研究框架的打磨与前期基础资料整理，项目团队以开发有效避险措施为目标展开了深度拓展。核心内容即为项目导师引领下关于《海外紧急避险研究：典型问题与影像案例》的写作。写作过程紧紧围绕项目主题，紧密结合理论与实践，最终，团队成员与指导教师、优秀学长共同完成编著。

以项目为本再出发的实践，要求团队成员审视已形成的研究思路，汇入新的可能性。团队成员此前成果已经具有相当的学术功能，因此准确认识到该阶段最终目的为将学术之益播种到现实中，而已有的模式有几个弊端：第一，过度强调影片本身而弱化了现实；第二，学理分析过强，可读性不高，不便实现大众认知；第三，缺乏实践内容，可操作性弱。针对这些问题，指导老师教导学生对影像案例结构进行大刀阔斧地修改，精简相关部分，新增现实应用板块，实现案例模式的优化，增加实现现实效益的可能性。改良后的案例基本结构情况如下表所示，可见趣味性与实践性功能在该阶段中得到了充分考量。

案例框架优化版示意表

章节	板块	主要内容
第一章	案例正文	第一节　影片概况
		第二节　主要人物
		第三节　剧情聚焦
第二章	案例分析	第一节　剧情回顾
		第二节　理论要点
		第三节　理论分析
第三章	现实应用	第一节　重要问题
		第二节　典型案例
		第三节　应对举措
拓展阅读	/	多类型拓展资料，若信息较多，可根据相关内容汇编
参考文献	/	注意体现核心文献

为合理展现学术探讨成果与现实功用，导师指导团队成员设计图书为理论与案例两大板块。理论部分依照案例、方法论、探讨逻辑梳理与具体实践为思路，理顺了项目从初生理念至实践整个过程的学理思考。在案例规划与选择方面，团队成员严格遵循研究框架，主体案例部分依照机构与人员分类，根据其性质特征，即官方、非官方、人为、自然，下设四大单元。以已有案例清单为本，团队成员精心挑选了20个影像案例展开探索。所选案例基本涵盖研究各主体海外安全热点话题，力求在展现原汁原味事件的同时，强化理论归纳与措施应对，从而提升现实效益。

案例结构表

目标主体	性质	核心事件	案例名称
机构	官方	使馆人员撤离	逃离德黑兰
		人员搜救	红海行动
		人质劫持	最漫长的劫持
		谈判与救援	六天
		海外追逃	猎杀本·拉登
		策反与遇袭	国土安全（第四季）
	非官方	海外企业	中国推销员
			俄罗斯大厦
		海外金融机构	人类资金
		跨国企业	无处可逃
个人	人为	战争	最后一张签证
			撤离科威特
		犯罪	不朽的园丁
			莫斯科行动
			恩德培行动
	自然	海难	泰坦尼克号
			海啸奇迹
			鲨海
		空难	我们要活着回去
		疾病	极度恐慌

　　案例基本结构虽大体一致，但团队成员完全尊重各案例的特性，根据特点确定写作侧重，避免套作。

　　第一单元主要研究了有关"驻外机构之驻外政府机构"的 6 个案例，细致分析了在异国的任务中，驻外政府以及隶属于其的政府人员遇到的风险及困难。

　　第二单元聚焦于"驻外机构之驻外企业案例"，涵盖了驻外企业在海外经营过程中普遍存在的问题——信息安全、资产安全、商业扩展以及企业安全等，并按风险类型提供基本且必要的预防、处理和善后措施。以《俄罗斯大厦》为例，讲述了英国书商意外得到疑似俄罗斯高级科学发展情报的图书，并因此卷入英俄两国情报战争之中。该案例依据相关涉及人员的身份及其作为，分别从国家安全、商业信息安全、间谍和叛国等多元情况进行分析，并结合我国相关法律法规，如《中华人民共和国国家安全法》，在国家安全和企业信息安全等方面，为海外企业和人员的行为规范画上红线。

案例《俄罗斯大厦》风险归纳表

涉及人员	涉案类型	应对措施
间谍 叛国者 广大群众	危害国家安全	自觉守法 不受蛊惑 及时止错
外派人员	危害企业安全	确保信息来源安全 严格把控信息管理

第三单元着眼于"驻外人员之海外社会政治遇险案例"，选取的 5 个案例剖析了因海外不稳定的社会政治状态而产生的多种风险，其中不仅有跨国列车、跨国航线等国际交通危险和因政治身份而卷入的政治风波，还有因当地政治环境突然恶化导致的大规模撤侨活动，几乎涵盖了所有驻外人群及典型政治遇险事故。以《恩德培行动》所代表的劫机事故（恐怖袭击）为例，其原型是世界领事侨务事务中的里程碑事件——1976 年的恩德培行动。由海外政治原因而引发的社会问题，往往是为了向政治实体表达诉求，这就使得其具有极大破坏性和恐慌性的特点。案例从公共系统和受牵连人员两方面进行紧急避险的规避和处理。当前，恐怖袭击是一个困扰全球的问题，它可能发生在任何人身上，因此深度挖掘"恩德培事件"中所表现的多级人员及政府的处理方式将大有裨益。

案例《恩德培行动》风险归纳表

规避主体	作用时期	应对措施
公共系统	前期 中期 后期	严格安检防范 空中安保支持 完善应急响应

续表

规避主体	作用时期	应对措施
人质	主要是中期	明确动机，避免正撞枪口 隐藏光芒，避免首当其冲 沉着冷静，抓住一切机会 自我激励，等待国家救援

第四单元以"驻外人员之海外自然灾害案例篇"为题，探讨海外人员遭遇不可抗力灾害的各种可能性与可行措施。《泰坦尼克号》等 5 个颇具代表性的影像案例被用于展现常见的自然意外风险。以《泰坦尼克号》这一著名爱情灾难影片为例，该案例制作时笔者以时间为轴，有机划分为出行前、中、后三阶段，从"人"和"物"两个角度分别探讨风险要素，以此生发至《国际海上人命安全公约》等重要学理内容，科普海事安全标准，为相关人员敲响出行警钟。

案例《泰坦尼克号》风险归纳表

时间段	性质	主要风险
出发前	人为	设计失误 救生用品设置缺位 乘客对船只情况一无所知
出行中	自然	冰山
	人为	冰山监督失误 超速行驶
行程后	人为	调查缺位

上表归纳了案例中核心安全风险，由上可知，该案例中大部分风险属人为创生，即存在提前预备措施的可能性。为更加贴近实际生活，笔者将结合韩国岁月号沉船事件与近年来多发的中国游客东南亚游艇事故，警示相关人群，并针对游客与船只分别设计紧急避险举措，包括安全自查、技能学习等重要内容，供参考应用。

（四）过程记录

学院与指导老师高度重视团队的创新研究。在指导教师的牵头下，团队多次与其他项目团队共同组织开展研讨会，交流探讨，相互学习，从而实现项目优化的目标。历次会议实行轮流讲解制度，以期充分提升团队每位成员的项目认知度与综合学习能力。

会议记录简表

会议时间	讲解人	会议内容
2017.4.11	赵赟飞	项目组成员通过研究目的和意义、研究内容和拟解决的关键问题、项目研究与实施的基础条件、项目实施方案、项目预期成果五个方面简要介绍了项目的由来、具体计划和可能取得的成果。项目指导老师、院系老师以及优秀学长学姐结合内容，指出申报书在结构、语言方面的问题。
2017.4.29	苟青华	在第一次的汇报会议后，项目组成员延展了本项目的特色与创新、课题价值，并在语言表述上更加凝练。即突出影像史学这一特色基点，科学分类研究对象；资料来源多样，避免资料收集阶段的不全面，并结合小组成员的现实情况，打破语言界限，参考多国语言资料，如西班牙语、法语、葡萄牙语等。 同时参与本次研讨会的还有同为参与创新创业比赛的另一支队伍。因为两组的选题都与领事保护有关，所以两组同学进行了关于课题的深入探讨，彼此都得到思维上的启发，对项目申报书的多个环节都有了更多的体会。
2017.5.12	项目组全员	以申报书为基础，项目组成员再次做了这一阶段的项目汇报，从以下五个方面做了详细阐述：项目实施目的及意义、项目研究内容和拟解决的关键问题、项目研究与实施的基础条件、项目实施方案学校可提供的条件和预期成果。指导老师、院系老师以及优秀学长学姐进一步提出意见：在排版结构、内容侧重点以及措辞方面，仍然存在较多问题。
2017.6.2	庞涵	历经一个月的再次打磨，申报书汇报研讨会再次开展。本次汇报内容包括项目实施目的、研究内容、研究现状与评述、项目特色与创新、现有的成果和预期成果、进度安排、经费预算。并就项目特色与创新进行重点讲解。
2017.10.13	项目组全员	项目组指导老师与小组成员探讨根据相关影像材料初步形成的学术论文。 项目组四位成员根据自己的兴趣爱好选择了不同的议题：苟青华同学写作的论文以"恩德培行动"这一历史事件为视点，深度探索以色列外交决策的机制；赵赟飞同学选择电影《纽约爱情故事》为研究对象，研究犹太族裔在融入美国社会时遇到的价值观障碍；庞涵和孙珮琳同学仔细研究了慕尼黑行动，对犹太复国主义展开了新角度的剖析。指导老师根据各位同学的选题，提出了相应的修改意见，并叮嘱成员于一周后提交修改后的论文稿件。

续表

会议时间	讲解人	会议内容
2017.11.28	项目组全员	项目组成员完成项目中期汇报资料后，与指导老师进行讨论。针对业已形成的汇报资料，指导老师提出对未来工作的阐述进一步细化，落实到每一步情况的真实进展，使资料丰富翔实。项目组成员依次向老师讲述困惑，并得到一一解答。
2017.12.20	项目组全员	项目组全体成员与指导老师、院系老师以及其他项目组成员参加本次研讨会。共同探讨本项目以形成案例的科学性和可行性，研究样张的合理结构，并为接下来的研究制订简要计划。指导老师提议在修改原有案例的基础上，遴选新的材料展开案例写作，实现对课题更深度地理解和实践。
2018.4.4	孙珮琳	本次研讨会除了再次对申报书内容进行汇报，重点在于探讨案例修改以及成书问题。指导老师指出，项目组成员现写作的案例主体内容已经基本成熟定型，目前应着重讨论细节，即格式统一问题。其中包含了大小标题、空行、错别字、病句、引用来源等内容。项目组成员对照打印出来的案例将上述问题对号入座，为后续的整改工作奠定了基础。 本次研讨会为项目组成员实现图书出版的目标提出了更高的要求和标准，同学们深刻地认识到任务的艰巨性，将进一步抓紧时间进行案例修改，使得书稿能够尽早进入出版程序。
2018.5.9	无	本项目组同学与其他两组同学受邀参加了学院实践周创新创业赛事学生交流会，为有志于参加大学生创新创业赛事的同学们提供参考和经验教训。 交流会上，本项目组的三名同学分别就项目流程、项目主体（申报书、案例、论文等）写作、项目收获与经验三大主题进行了分享。指出参与大学生创新创业训练项目需要长期的磨炼与学习，是一个艰难枯燥的过程，但同时也能在学术能力上有较大的提升。通过此次分享，本项目组成员在与他人交流的同时，梳理了项目实施的全过程、总结了项目开展中的经验与教训，为本项目的结题提供了有益信息。

（五）其他竞赛与项目参与情况

1.学术论文比赛

本团队成员论文获第七届"SISU-ISP"杯以色列 / 犹太研究论文大赛二等奖、优秀奖与最佳风采奖。

本团队成员作品分别荣获 2017—2018 年度区域国别研究论文大赛一等奖

和二等奖。

2. 创新创业比赛

团队依托大学生创新创业训练计划项目，将其转化为具有商业价值的创业蓝本——《无忧全球行》，旨在为中国海外机构和人员提供足够的安全服务，获得创业导师的认可，获得 2017 年青创大赛三等奖；2018 年 4 月，团队将《无忧全球行》进行优化，参加了"创青春"全国大学生创业大赛，荣获三等奖。

四、项目结项

（一）结题报告

项目名称			影像史学视角下中国海外机构与人员紧急避险研究			
成果形式		清单、论文、图书		立项时间		2017年5月1日
完成时间		2018年5月21日		鉴定时间		2018年6月1日
项目主要研究人员	序号	姓名	学号	专业班级	所在学院	项目分工
	1	苟青华		外交学	国际关系学院	多元资料汇编
	2	庞涵		英语	国际关系学院	经验有机整合
	3	孙珮琳		英语	国际关系学院	避险对策开发

一、研究过程简介

内容提示：团队成员分工和合作情况，研究报告、研究日记的完整性，项目研究的目的、意义，研究成果的主要内容、重要观点或对策建议，创新特色，实践意义和社会影响，发表论文及获得专利情况，研究过程中财务执行情况等。（限定在 1500 字左右，附件另附）

本项目组成员秉持严谨求实的学术态度和探索精神，严格遵循项目申报书中的研究步骤，开展项目的实施工作，将从以下几个方面介绍项目研究过程：

（一）团队分工与合作情况

本项目组成员分工明确，各司其职，各尽其责。苟青华同学主要负责收集项目开展所需的基础性材料。材料涵盖影视、文学、现实案例等多方面、多领域，苟青华同学从中筛选最具代表性的材料，进行归类与整理，最终汇编成为紧急避险清单、影像外交学资料清单等多个资料集合。庞涵同学以苟青华同学整合完善的资料库为基础，深度解读与探究不同材料的核心要点，归纳总结相关案例中的正面、反面经验与教训，撰写形成案例关键知识点。孙珮琳同学依据多元事件特性，以提供高可行性的对策为导向，通过多渠道收集资料和数据，挖掘、开发适应不同场合、不同风险背景的科学性避险建议。因此，本项目得以成功实施开展。

（二）项目报告、研究日记的完整性

自立项以来，项目组成员经过多次的科学考察，反复地甄选课题相关的典型影像案例，进行避险影像案例制作。在对大量的驻外机构及人员紧急避险相关影像的分析研究过程中，形成专项研究案例并集合为《海外机构和人员紧急避险影视资料案例库》。

2017 年 4 月至 2017 年 6 月，本项目组共举行四次研讨会，项目组成员和老师、学长学姐主要探讨了研究过程中的难点和问题，并以新闻稿形式记录保存，最终形成完整的研究日记。

2018 年 1 月至今，项目组成员结合理论和影像资料研究内容，撰写多篇学术论文。

（三）项目研究的目的、意义

本项目从影像史学出发，深度挖掘海外机构和人员紧急避险的典型案例，剖析核心事件，归纳总结经验教训。以现实需要为着眼点和落脚点，紧密结合传统史学与现代影像，灵活运用可视化技术和多学科分析方法，开发出具有较强观感的新型避险建议，有助于提升我国驻外组织和海外人群的紧急避险意识和能力，从而保障其海外安全利益，为"一带一路"倡议的实施保驾护航。

（四）研究成果的主要内容、重要观点或对策建议

1. 研究成果的主要内容

本项目成果内容主要包括三方面内容：

资料清单。本项目收集了大量海外避险相关资料，形成了海外避险安全情况资料库，为海外机构与人群提供参考。

学术论文。项目组成员紧密结合理论与研究材料，选取不同主题，并从不同角度切入，撰写多篇学术论文。

专项图书。项目组成员在指导老师的引导下，对驻外机构及人员紧急避险典型影像案例进行深度分析，形成了诸多成熟案例，并将案例与论文结合，形成了书稿《驻外机构与人员海外避险研究》，该书包括理论篇和案例篇两个部分，合约 23 万字，该书正在出版过程中。

2. 重要观点或对策建议

本项目旨在以多元形式提出海外避险对策，希望通过本项目成果引导人们关注海外安全避险问题的重要性与紧迫性，提高公民的防范意识与问题解决能力。由于本项目针对不同海外危险场景规划避险政策，具体对策建议均体现在本项目成果案例、论文、图书当中，不在此赘述。

（五）创新特色

本研究紧扣影像史学主题，以我国对外工作的重要目标为导向，以视觉化和可读性作为重要准则，紧密联系新时期的复杂国际形势，根据研究内容的学理性和应用性侧重不同，为驻外机构及人员提供实践性强的海外避险措施。

（六）实践意义和社会影响

1. 实践意义

本研究的操作流程映射着研究整体的学术严谨性与实用性：首先是对理论的充实，不但丰富了对影像史学、驻外机构和人员以及紧急避险等领域的研究，也开拓了这三类研究对象的跨学科研究；其次是对实用性的回归，利用广大潜在受害者自身预警意识的提高来规避海外危险，从源头上减少海外危机的发生，缓解我国领事保护工作的压力。

2. 社会影响

根据公安部数据，2017 年全国出入境人员达 5.98 亿人次，其中内地居民出入境 2.92 亿人次。党中央、国务院重点关注境外中国公民和机构安全保护工作。从理论到实践多维度捍卫我国海外机构和人员的安全，是对中央精神的贯彻落实，符合进一步完善对外开放战略布局要求与推动"一带一路"倡议实施的需要，对夯实我国长期稳定发展的基础起着至关重要的作用。

（七）发表论文及获得专利情况

1. 出版图书

谌华侨主编：《驻外机构与人员海外避险研究》，人民日报出版社，2018 年 9

月出版。该书包括《逃离德黑兰》《红海行动》《国土安全（第四季）》《泰坦尼克号》《我们要活着回去》《极度恐慌》等 22 个案例及 4 篇理论文章共计约 23 万字。

2. 发表论文

（1）苟青华：《影像史学视角下"班加西事件"决策失误原因探析》，国家级期刊《管理观察》，于 2018 年 9 月见刊。

（2）苟青华：《〈恩德培行动〉中以色列政府的领事保护决策研究》，省级期刊《科学大众（科学教育）》，于 2018 年 8 月见刊。

（3）苟青华：《海外公民频繁遇袭时期的以色列领事保护决策机制——以 1967—1976 年为例》，省级期刊《知识文库》，于 2018 年 8 月见刊。

（八）研究过程中财务执行情况

研究过程中的财务主要用于项目的深入推进：首先是夯实基础性研究，通过购买相关的电子、纸质版的资料，时刻密切关注研究对象的动态；其次是对现实和应用性的实践，资金去向联络相关领域的学者、商务人士及由此产生的调研、差旅费。

二、研究总结报告

内容提示：预定计划执行情况，项目研究和实践情况，研究工作中取得的主要成绩和收获，研究工作有哪些不足，有哪些问题尚需深入研究，研究工作中的困难、问题和建议。（限定在 1000 字左右，附件另附）

（一）预定计划执行情况

时间	进度	执行情况
2017.1—2017.3	学习申报书写作	学习如何撰写申报书并确定研究方向和视角
2017.3—2017.4	前期资料收集与撰写申报书	将学到的申报书写作技巧付诸实践，收集海外机构和人员的大量素材并分类
2017.4—2017.6	资料整合与理论知识学习	深度分析前期收集的资料，剖析重点案例，构建初步的研究框架
2017.6—2017.9	实地考察调研和相关人员走访、咨询	实现对多地使领馆的实地考察和知情人士的采访，收集资料，初步形成知识体系和研究框架
2017.9—2018.1	资料分析与撰写案例报告	对通过多渠道获取的资料进行结合与整理，打磨研究框架成型，并进行案例报告的书写

时间	进度	执行情况
2018.1—2018.5	撰写最终研究成果，形成学术报告	基于前期成果，撰写专题报告、学术论文，并进行多次修改和整理，形成最终成果
2018.5—2018.6	学术应用与学术检验	未来将把研究所得成果进行由浅至深的相关尝试，通过正规渠道提交至有关部门，为之建言献策

（二）项目研究和实践情况

1. 根据各个时间段的研究任务，团队成员进行阶段性成果汇报。总结上一阶段的研究成果，明确下一阶段的研究目标和任务。

2. 团队成员在项目进行期间前往尼泊尔参与支教，检验了课题中的部分经验及预警措施的普适性。

（三）研究工作中取得的主要成绩和收获

赵赟飞，《招摇过市的"暴力工具"——以色列现役士兵持枪问题研究》，获得 2017 年第七届 SISU-ISP 杯以色列/犹太论文大赛二等奖及最佳风采奖；

苟青华，《〈恩德培行动〉中以色列政府的领事保护决策研究》，获得 2017 年第七届"SISU-ISP"杯以色列/犹太论文大赛二等奖；

赵赟飞，《美犹太族裔与美国社会主流价值观冲突研究——以〈纽约爱情故事〉为例》，获得 2017 年第七届"SISU-ISP"杯以色列/犹太研究论文大赛优秀奖；

苟青华，《"班加西事件"中美国政府决策失误原因探析》，获得 2017—2018 年区域与国别论文大赛一等奖；

赵赟飞，《中东地区国家在渝设立领事馆可行性分析》，获得 2017—2018 年区域与国别论文大赛二等奖；

团队，《无忧全球行》，获得 2017 年四川外国语大学青创比赛三等奖。

（四）研究工作中的不足

1. 研究内容更新速度较慢

虽然研究中涉及的主体已基本覆盖，但由于海外机构和人员这两大主体的特殊性，与研究有关的案例频发，研究内容更新不够及时。

2. 涉及其他领域专业知识缺乏

对于研究过程中涉及的其他专业领域，进行深入的调查研究时途径不足，缺乏专业知识与经验，导致研究不够深入。

（五）尚需深入研究的问题

1. 为海外机构及人员提供的紧急避险建议或方案，经过现实应用的检验，是否真正发挥指导性作用。如仍有缺陷，应该如何改进。

2. 在已有研究内容的分类下，再将紧急情况的类型进一步分类细化，落实到特定的紧急情况相对应的避险方案。

3. 基于已有的研究方法，如何拓宽研究对象的范围、信息收集渠道，既保证研究内容进一步扩展和深入，又确保其实用性与实时性。

（六）研究工作中的困难、问题和建议

1. 新闻类资料收集存在困难：本研究着眼于中国海外机构和人员的安全，该话题与现实的紧密结合性和实时更新性要求我们时刻保持对新闻的敏感度和关注度，以不断扩充资料库，保证资料库的全面性。

建议：针对该问题，我们将分工关注不同主流媒体，利用关键词检索功能，在确定新闻真实性的前提下，最大限度整合相关时讯，保证新闻类资讯内容的鲜活性和丰富性。

2. 跨学科研究存在障碍：本研究需要运用统计学方法分析整合外交学、历史学的研究内容，在这个方面存在一定困难。本项目组的同学对统计学方法了解不深，以至于不能够使两种学科很好地结合。

建议：对于该问题，我们将在自行学习相关学科知识的基础上，请教该专业老师和学生，并利用重庆高校资源，走访西南大学、重庆大学等多所综合性高校进行调研和学习，提升自身能力，服务于课题研究。

3. 理论的理解与运用：本研究借助外交学、国际关系理论、领事保护相关的知识，对现实中出现的危机事件做出解释并提出相应的措施。在此方面，易产生相关的紧急避险建议的普适性和实用性较低问题。

建议：对于该问题，我们将综合前期研究成果，结合现有的紧急避险措施，同时紧跟新出台的政策与措施，尽力开发并设计出有实用价值的海外机构和人员紧急避险方案。

三、经费使用情况

使用摘要	借款金额	报销金额	经费余额
购买相关图书			
收集所需数据			
印刷文本资料			
咨询相关学者			
雇请人员收集资料			
调研、差旅费			
合计金额			

（二）成果展示

1. 资料清单

本项目旨在通过影像资料，提炼出中国公民在海外紧急避险可采纳的措施。影像资料虽加入了艺术的手法进行修饰，但绝大多数来自现实生活中的真实案例，并且选自案例中的典型片段，非常具有借鉴意义。由于影像资料数量繁多，项目组成员根据资料的种类、语种、涉及层面进行系统分类，归纳概括影像资料中存在的海外出行易发生安全事故的重点，为公民提供安全预警，同时也为其他人进行接续研究梳理了思路。

紧急避险清单（部分）

电影

作品类型	名称	主要内容
电影	*London Has Fallen*［伦敦陷落（2016）］	美国总统海外安保
电影	北京遇上西雅图（2013）	海外产子
电影	战狼2（2017）	冷锋被卷入非洲国家叛乱，本可以安全撤离，却因无法忘记曾经身为军人的使命，带领身陷屠杀中的同胞和难民展开生死逃亡

文学作品

作品类型	名称	主要内容
文学作品	月是故乡明——中国姑娘在东京	留学题材
文学作品	曼哈顿的中国女人	留学题材
文学作品	被绑架者说	由作者去阿尔巴尼亚从事药品生意，竟一度遭到绑架的亲身经历改写
文学作品	沙捞越战事	海外华人对身份认同的困惑
文学作品	金山：我的华裔家庭一百年漂泊史	移民旧金山的华人生活
文学作品	茶壶烈酒——一个唐人街家庭的回忆录	移民的经历
文学作品	塞纳河不结冰	法国留学生活
文学作品	中国男人	旧金山生活见闻
文学作品	留学美国的日子	以20世纪90年代出国留学的大潮为背景，描述出国生活
文学作品	海上打工散记	新加坡打工纪实
文学作品	希拉里传	惊险的政治生涯

电视剧

作品类型	名称	主要内容
电视剧	北京人在纽约（1994）	北京人在纽约奋斗与挣扎生存故事
电视剧	最后一张签证（2017）	中国外交官给犹太人发签证
电视剧	生死劫——伊拉克困局中的美国士兵（5集）	危机处理

纪录片

作品类型	名称	主要内容
纪录片	生命的记忆——犹太人在上海	寻访近40位犹太难民，力图还原犹太人在上海避难时期的全景图像
纪录片	*Discovery*	美国人在外的惊险遭遇
纪录片	俄罗斯别斯兰人质事件记录·惊天五十小时（5集）	别斯兰人质事件

续表

作品类型	名称	主要内容
纪录片	我们的留学生活——在日本的日子	介绍新一代海外游子在日本求学奋斗的系列纪录片
纪录片	日本驻秘鲁使馆人质危机	最漫长的劫持
纪录片	逃难集中营	第二次世界大战结束时，两名分属荷和法裔女性被囚禁在德国东部集中营
纪录片	难民之旅	叙利亚难民颠沛流离到荷兰纪实

2. 学术论文

（1）《影像史学视角下"班加西事件"决策失误原因探析》

领事保护决策是政府公共危机决策中一个具体而特殊的分支，本文以"班加西事件"为创作原型的影像《危机 13 小时》为研究对象，运用过程追踪法对美国政府领事保护的决策全过程进行多维度研究，提炼出美国政府决策行为的因果机制，加之充分探讨以得到其决策失误的原因并总结经验：重视安全预警、提高行政决策联动能力。

（2）《影像史学视野下的紧急避险研究》

近年来，我国机构与公民的国际流动性不断增强，出入境人数空前增长。然而，伴随大规模人口出入境的同时，安全情况却因恐怖袭击、政局动荡、种族歧视等因素面临巨大风险，研究有效的海外紧急避险措施迫在眉睫。本文以学科融合为导向，探索以影像史学为视点研究海外人员与机构的紧急避险方案与措施的可行性，并提供具体的研究途径与方法，为海外人员的紧急避险研究提供新思路。

（3）《〈恩德培行动〉中以色列政府的领事保护决策研究》

1976 年以色列成功实施的"恩德培行动"是人类领事保护救援史的先锋和标杆，本文以影视资料《恩德培行动》为研究对象，辅之相关文献，追踪以色列政府从得知飞机被劫持到授权军事营救行动的整个决策过程，提炼以色列政府决策行为的因果机制，分析得到以色列政府在时间压力和高度不确定的情况下做出成功决策的原因：灵活多变的战术、有条不紊的决策体系与常备不懈的应急响应机制。

（4）《海外公民频繁遇袭时期的以色列领事保护决策机制——以1967—1976年为例》

以色列从建国以来就一直饱受阿拉伯国家和恐怖主义的侵扰，以色列公民可能是当今世界受各类攻击最多的群体之一。笔者通过对1967—1976年间多个案例决策过程的追踪，归纳总结出以色列在与对手的反复较量中形成的高效领事保护决策机制——"领结型"决策模式。

（5）《中东地区国家在渝设立领事馆可行性分析》

中东地区国家与我国往来频繁，历来是我国的重点交往对象，相关国家在渝设立领事馆有助于我国西部地区与之展开深层次的合作与交流。出于政治局势、经济实力、交往程度等多方面因素综合考虑，中东各国中土耳其、伊朗、阿联酋三国在渝设立领事馆可行性最高。我国与拂菻国、波斯、阿拉伯帝国自古就通过陆上、海上丝绸之路展开密切交往，今天，三国亦是我国"一带一路"倡议的重要合作伙伴。受益于"一带一路"倡议和"西部大开发"战略，我国西部地区近年来发展势头迅猛，产业结构调整明显，在交通运输、商贸、投资等多方面与土、伊双方有着极大的互补性，合作前景看好。重庆地处西南融贯东西，人口众多、发展潜力巨大，拥有辐射整个西部地区的能力，三国如在渝设立领事馆，将会极大推动我国西部地区与土、伊之间的合作，拉动各方经济发展，是符合各方利益、符合时代要求的明智选择。

（6）《美犹太族裔与美国社会主流价值观冲突研究——以〈纽约爱情故事〉为例》

犹太族裔是美国这一多族裔移民国家中的组成部分。作为美国社会中的少数族裔，犹太族裔相对于美国主体群体而言，拥有特别的历史记忆。这些记忆构筑了其民族独有的文化内涵，持久地影响后代的价值观念，与美国社会的主流价值观念形成鲜明对比，并通过其生活方式、行为举止具体体现出来。本文以美籍俄罗斯犹太移民詹姆斯·格雷导演的电影作品《纽约爱情故事》为例，展现美国犹太族裔与美国社会主流价值观在事业观、爱情观、家庭观方面的冲突，并深度剖析冲突产生的根源和内在因素。

（7）《招摇过市的"暴力工具"——以色列现役士兵持枪问题研究》

自建国起，以色列就面临着复杂的地缘安全环境，国防和军队建设对国家安全来说至关重要，士兵更是国防安全的重中之重。士兵是以色列安全的血肉，长期以来，以色列现役士兵都拥有自由持枪上街的权利。在这看似荒唐甚至会极大增加安全隐患的规定实施之下，以色列依然保持着较低的枪击案发生率。以色列士兵自由持枪的原因与其国家特殊性息息相关，主要源于以下四方面：对抗恐怖主义的需要、国防安全的经验教训与需求、深厚的历史传统、严格的安全保障制度。

（8）《领事保护多案例研究——基于中国外交官回忆录的分析》

领事保护是指国家在国际法允许的范围内，保护处于接受国国内的本国国民的权利和利益的行为。在全球化进一步深化的背景下，我国国民走出国门的数量与频次与日俱增，国民的境外安全形势亦随之日趋严峻，海外安全风险不断增大，这对我国领事保护工作的开展提出更高的要求。本文聚焦我国领事保护工作，以外交官回忆为视角，通过分析我国领事保护工作中的三次典型事件——"8·17"泰国曼谷炸弹袭击事件、"4·25"尼泊尔大地震、也门撤侨，比较在紧急程度、类型、使领馆人事等情况不同的海外危机发生后，我国应用的领事保护机制的异同，剖析不同情境下我国领事保护机制应用的立足点和侧重点，为日后领事保护工作的开展提供参考和启示。

3. 项目演化

依托大学生创新创业训练计划项目，将其转化为具有商业价值的创业蓝本，《无忧全球行》旨在为中国海外机构和人员提供足够的安全服务，获得2017年青创大赛的三等奖；2018年4月，团队将《无忧全球行》进行优化，参加了"创青春"全国大学生创业大赛，并获得三等奖。

无忧全球行项目是国际安全卫士团队打造的公众个性化服务创意项目，基于全面综合的海外资讯平台，用可操作性强的自我保护理念提升海外中国公民的紧急避险能力，项目主要包括海外资讯整合、定制个性化出行方案。

本项目的关键业务主要包括以下几个方面：①综合海外资讯平台，我们将广泛收集公民真实案例、海外华人社团、各国驻外使领馆、国际著名媒体以及国内自媒体等渠道的实时信息，做最快、最全、最可靠的信息服务平台。②个性化出行方案，针对海外旅行、学习、工作、生活的游客、学生、商务人士、华侨等按需制定详细安全出行方案。如留学生，方案将细化到其就读学校附近的相关资讯。③创意视频制作，视频教育资源要做到吸引力强、可视性强。④推送素材制作，线上的素材推送要做到有吸引力。

五、后续发展

经过近两年的扎实推进，本项目成果主要有：1.形成涵盖上百部不同题材、国别的影像资料清单；2.团队四位成员撰写了共计超过 10 篇的专业学术论文；3.最终形成 22 个案例分析报告。

而这些成果，大部分也在项目结项后得到进一步的发展。首先，部分依托项目而成的报告，成员们积极参加校内外其他创新创业类比赛并继续锻炼个人的科学写作能力，在各类比赛及专业学习中均取得不俗的成绩。一方面，成员们在指导老师的帮助下，将课题与商业行情和市场需求相结合，形成从人文社科的科学探究到"无忧全球行"的商业转化，并获得创业比赛的良好名次；另一方面，将较为宏观的课题研究大纲落实为多个结合个人兴趣的微观切入点，除在各类论文写作比赛中获得优秀名次，成员也努力撰写专业的学术文章，并在多个国家级和省级的刊物上发表文章。其次，22 个案例报告经调整布局，于 2019 年底通过人民日报出版社以"驻外机构与人员海外避险研究"为书名公开发行。该书不仅在学院有关领事保护等课程中被应用，还受到来自外交部创新委来校访问的外交官的一致好评与推荐。

鉴于成员们一直以来的不懈努力和紧密协作，《影像史学视角下中国海外机构与人员紧急避险研究》这一课题可以称得上一个较为成功的学生科研案例，这段经历无疑推动了项目组所有成员的学习和人生发展。

六、团队档案

姓名	苟青华	在校信息	四川外国语大学国际关系学院2019届毕业生 在校主修外交学
毕业流向			毕业后就职于总部位于美国的某外资企业，并担任公司总经理助理一职，工作职责除管理公司日常行政事务外，还包括代表公司处理相关政府事宜及出席国际商务社交活动。因工作需要和契机，与西南美国商会、美国驻成都领事馆、西南欧盟商会、西南瑞士商会等国际组织业已建立良好的关系。 此外，在前期基础上和基于个人兴趣，计划2020年到英国留学，继续潜心学习国际政治领域的相关知识。
课题感悟			毋庸置疑，花费近两年时间完成的课题研究——《影像史学视角下中国海外机构与人员紧急避险研究》使我得到全方面发展并对我的人生规划有了重要指导意义。项目从各方面融入我的生活，带给我荣誉，也带给我批判思考的能力与严谨的研究能力。 课题与课程结合，提升枯燥知识的吸收。很幸运在导师的指导下，明白了如何将课题融入学习生活中，从课程的亮点探索课题的实践方向，大幅提升学习能力。 课题与比赛结合，充实青春年华的成就。"开始"对于新手来说总是来势汹汹的拦路虎，凭借参与课题的韧劲与勇气，参加比赛、挑战自己竟已成为常态。 课题与实践结合，领略人文社科的魅力。相比自然科学，人文社科的研究很难落地。但有意义的想法总会在商业模式中找到归属，这就是理论与实践结合的魅力。 课题与生活结合，开启高阶学习的人生。课题推进中逐渐形成处理复杂事件的逻辑分析能力和应对纷繁资料的检索归纳能力，它们最终都激发了我冷静客观的思考表达潜能。 至今，我仍怀恋并感激曾参与课题的那些时光，我能短时间内适应并胜任目前的工作，大部分得益于此。
姓名	庞涵	在校信息	四川外国语大学国际关系学院2019届毕业生 在校主修英语（国际关系）、辅修法语
毕业流向			于外交学院攻读国际关系专业硕士研究生。

课题感悟	不甘心庸庸碌碌混过四年，我一直想要在大学期间干一番"大事业"，于是便主动找到谌老师，表达了想法。做这个研究对我来说并不简单，一方面，作为一个英语专业的学生，研究中涉及的许多国际关系理论和知识对我来说很陌生，需要花大量的精力自学相关内容。另一方面，此前没有相关研究经历，意味着我需要重新认识、学习乃至构建一套新的方法论，这个过程相当痛苦。好在我最终成功克服了所有难题，而这段经历也成了我之后跨考国际关系专业的重要原因。相信从本项目中学到的知识和方法在我未来的研究中还能发挥更大的作用。

姓名	孙珮琳	在校信息	四川外国语大学国际关系学院2019届毕业生 在校主修英语（国际关系）
毕业流向		于江苏师范大学攻读MTI硕士研究生。	
课题感悟		以为大学四年会一直在英语领域探索，而依托学院提供的优良师资和机会，偶然对国际关系领域的知识也有了涉猎。尽管在课堂上学到的知识有限，但课后的探索更加受益匪浅，大创项目便是其中重要的一个环节。一个有趣的课题，一位尽职的指导老师，一群志同道合的队友，还有不断提出意见的院系老师以及富有经验的学长学姐……在这个多元化的时代，学科融合的趋势发展得越来越快，项目中需要收集多语种资料，这也使我的语言能力与国际关系知识面得到全面提升。同时，项目中所采用的各种研究方法，更是为未来其他领域的研究提供了较为成熟的典范。	

姓名	赵赟飞	在校信息	四川外国语大学国际关系学院2019届毕业生 在校主修国际政治专业，辅修西班牙语
毕业流向		保送至外交学院攻读外交学专业硕士研究生。	
课题感悟		本科期间，得幸结缘大创，参与到大学生创新创业比赛、"互联网+"赛事中来，过程中对"研究"二字有了新的见解，感触良多。在这儿，将兴趣爱好与学术研究巧妙融合，于感受来自不同地域纯粹的文化创造的同时，推敲、体味其中蕴藏的国际关系知识点，提炼有效的现实技巧——让源于生活的艺术又回到生活本身，使人受益匪浅。更重要的是，常被感性思维主导大脑的我也打开了理性探讨之门：整理时间线、思考行为依据、分析决策因果等种种都须强迫自己以理性的眼光解构材料，用最简洁的语句或图形表述最复杂的内容，归纳得出客观的启示、经验以及思考，此种学习方式是我以前不曾体验过的，对其他课程乃至之后的学习生涯来说都难能可贵。此后，我会带着这样的学习技能和感悟去吸收更多的新能量，以实现新的突破。	

七、导师感悟

自校园时光开始，观看奥斯卡获奖影片，以及其他各类感兴趣的影片的习惯始终保持至今，成为一直不曾改变的爱好。加之后来转学国际政治，逐渐发现看过的电影中包含大量的国际政治元素，于是在教学过程中萌发了将电影以及相关影视资料引入国际问题的研习想法，让传统的纸面学习变得更为立体生动。

本课题是将个人研究兴趣与学生科研活动进行结合的尝试。经过前期教学的积累，已经形成了庞大的影视资料库。当有学生团队主动找到我，想做点科研的时候，就向团队推荐了这个选题。

因为团队成员在找我指导学生科研项目之前，已经选修过我主讲的多门课程，对于我的习惯和偏好已经相当熟悉，因为秉持要做就要做好的理念，课题一开始就进入快速发展的轨道。

回想起与团队成员两年多的合作，以下几点历历在目，时常浮现在脑中：

第一，注重实践出真知。因为团队成员很早主动联系我指导，一改此前临时抱佛脚的窘态，团队成员进行了大量的影视资料整理，以及初始案例的写作，这一改变，从根本上扭转了团队成员对研究对象缺乏感性认识的弊端，为后续课题推进，尤其是课题的多向度发展奠定了坚实的基础。

第二，极其重视写作。在项目的推进过程中，无论是项目伊始的影视资料梳理，初始案例写作，还是申报书写作、案例制作、科研论文撰写，抑或是课题研讨、书稿撰写等项目建设的各个环节，团队成员始终以写作为中心，不厌其烦修改各类稿件。以写作为抓手，综合提升其他能力。

第三，注重科研课题与课程的互动。本项目成员在课题推进过程中，同时选修我主讲的相关课程。通过将课题研究的最新成果及时转化为课堂创新实践，课堂实践反馈又激发了课题推进方向。在这一过程中，团队成员所探索的影像案例结构为相关课程的视觉化实践提供了重要支撑。

渝宴及其市场开发研究

一、选题缘起

《渝宴及其市场开发研究》是 2015 年开始并于 2016 年结项的国家级大学生创新创业训练项目。本项目的缘起简单地总结为一句话：以导师研究方向为起点，以学生创新创业训练为导向，以产学研为目的的实验性教学的一个有益探索。

（一）主题确定与团队组建

本项目的主题是由项目导师（项目第一导师为谌华侨副教授，项目第二导师张庆副教授负责在第一导师出国期间管理项目组日常事务，所以后续写作中，如果没有特别指明，"导师"一般指项目第一导师）谌华侨选定的。谌老师博士毕业后进入四川外国语大学国际关系学院，从事外交学和国际关系相关教学与研究多年。他根据在鄂渝地区多年的生活经验和感受，结合外交国际关系教学研究实践，同时参考当时其在研的一些科研项目（如 2014 年重庆市社会科学普及项目《趣味外交学：从婚恋到外交》）并与相关的学生、学者讨论，认为美食外交尤其是中国地方的菜品（比如渝菜）在外交中的应用（除国宴中的个别菜品）基本上是空白的，所以导师认为，渝菜和渝宴是一个很有研究潜力的主题。同时在上一个年度导师指导的一个市级的创新项目是研究重庆城市外交，导师和负责项目的学长讨论后，认为渝宴这个主题对于重庆"走出去"也意义重大。

---

* 许哲杰，就读于复旦大学国际关系与公共事务学院；张丹，任职于重庆市南开中学校。

有了初步的研究主题后，2014年导师和本团队成员在学校和学院组织的大学生创新创业项目交流和互选活动中，建立合作的意向。本项目团队是在导师的建议之下，根据专业＋语言的方式进行组合的。团队成员主要来自国际关系学院的外交学专业（4名）和英语专业（1名），目的在于立足于外交学专业知识，同时发挥英语双语优势，提高项目的国际化程度，在进行创业推广的阶段，能拥有更加广阔的市场。同时本项目是导师带领的第二个创新创业项目。导师在培养本团队成员学术素养的同时，也希望能够实现产学研一体化的目标，能够将我们的创新项目的智力成果推广到市场，转化为生产力。

（二）课题产生

在研究主题和团队都确定之后，本项目导师和成员，在项目正式申报之前就渝宴这个主题如何开展研究进行了探讨。

研究对象。首先，所有成员一致同意要突出地方特色，所以根据导师之前的建议同时考虑研究的便利性（成员所在的地域），最终确定将研究对象的范围限定在重庆市。其次，导师和成员认为对于普通地方菜的研究很难形成系统化的学理研究，而成体系的宴席更具有研究价值，同时考虑到地方菜系中的成体系的宴席较少，所以最终确定宴席为研究对象的主要形式。同时，为了区别于一般的川菜研究（渝菜从其分类来讲属于川菜中具有代表性的一个分支菜系），我们最终将研究的对象确定为渝宴。

研究目的。首先，导师希望不仅仅是将项目作为一个纯学理化的创新研究，而是希望将学理化的研究转变为社会生产力，实现产学研相结合。其次，导师和团队成员都认为渝宴这个研究主题和其他主题相比较，比如城市外交，更加重要的是其市场化的应用，而这也是本项目与一般纯学理性项目相比的价值所在。同时，导师和项目负责人都具备基本的经济学和管理学相关知识，这将会为市场化研究后期工作的开展提供便利（比如后期转化为创业项目时，一些财务数据的处理），而项目成员具备的扎实的语言基础也有助于项目走向国际化。所以本团队最终确定将对渝宴这个主题开展市场化的研究。

最终，在导师的提议之下，团队成员经过商讨确定本项目将运用团队语言与专业优势，积极借鉴外国先进理论成果，着眼于重庆特色，着力于重庆特产的推荐，将学术、研究与经济、产业的发展有机地结合起来，从而提升重庆国际形象，打造全新的重庆国际"新名片"，进而促进重庆地方经济发展，最终课题名称定为"渝宴及其市场开发研究"。

（三）课题意义

本课题所要实现的最终目标，就是课题的意义，项目组总结为以下四点：

第一，提供量化参考标准，提高地方外交外事工作水平。我们希望为地方外事机构（如重庆市人民政府外事侨务办公室等）的外事宴会制定一个量化操作标准。国宴对于宴会的规模、级别、费用等相关条件有较为明确的规定。而作为地方宴会如渝宴，在这些方面就缺少可操作性。我们的创新项目则将策划一套比较完整的预决算管理方案，为重庆外事机构在外事宴会中的相关工作提供可操作性强的参考。

第二，形成宴会品牌效应，提升地方国际知名度。我们将致力于打造一套具有重庆地方特色的外事宴请接待方案（以重庆为例）。该方案不仅可操作性强，同时也将是一个地方的特色"名片"。因为我们的方案将不局限于宴会，同时也注重发掘宴会背后的地方区域文化与区域特色产品。我们希望地区的特色文化能够在一次宴会中有一个集中而完美的展现，从而将地方宴会打造成为一个国际品牌，进而加强重庆的国际知名度。

第三，整合相关产业，带动重庆区域经济发展。因为本创新项目并不仅仅局限于渝宴这个产品本身，我们还将对渝宴的菜谱、菜品、原材料、加工工艺等流程进行深入的研究。而在整个操作过程中对于所涉及的相关产业也是一个极好的宣传。这也许会成为"政府搭台，企业唱戏"的另一种新形式，从而带动地方产业发展，促进区域经济发展。

第四，建立地方外事"法案"，完善党风廉政工作。首先，我们将整理学习党的十八大以来的一系列有关加强党风廉政工作的讲话与文件，把握"法案"的尺度。其次，我们将参考中外国宴的相关文件，为地方外事宴请标准提供一个可操作的范本。最后，根据我们的调查研究，形成的预决算报告将进一步完善标准的财务规范。我们希望所制定的方案在获得党和政府的认可之后，能为地方宴会提供相关的参考。

综上所述，我们希望通过本创新项目，提升重庆国际知名度，提升重庆对外交往能力，带动经济发展，促进相关产业整合，完善政府相关工作。

二、项目申报

2014 年 11 月，在国际关系学院组织的大学生创新创业项目交流和互选活动中，导师和项目组成员达成初步合作的意向。在 2014 年底，导师利用寒假时间，为项目组成员就社会科学研究方法进行了初步的培训，同时，导师从实战案例出发，为团队成员讲解了国家社科基金的成功申报书案例，并指导项目组成员学习成功经验。在项目开展过程中，导师持续为项目成员提供方法论的指导，使项目组成员具备了基本的社会科学研究能力。项目组在 2015 年初，开始了项目的初期建设工作，并在项目申报通知发出之前，基本完成了前期项目材料的收集工作，并在上一个团队的经验基础上，开始初步的申报书撰写工作。

2015 年 4 月，在四川外国语大学教务处发布关于 2015 年校级大学生创新创业训练计划项目申报工作的通知后，项目负责人组织项目组开始进入正式的项目申报工作。

在导师的悉心指导和项目组成员的不断努力下，项目于 2015 年年中正式被四川外国语大学立项为校级项目。随后被学校推荐到重庆市教育委员会获得市级大学生创新训练项目立项，并由重庆市教委上报教育部申请国家级立项。同年 10 月 28 日，获得教育部国家级立项。

关于公布 2015 年国家级大学生创新创业
训练计划项目名单的通知

教高司函〔2015〕41 号

各省、自治区、直辖市教育厅（教委），新疆生产建设兵团教育局，有关高校：

根据《关于报送 2015 年国家级大学生创新创业训练计划立项项目的通知》（教高司函〔2015〕13 号）的要求，116 所部属高校和 31 个省（自治区、直辖市）的地方教育主管部门上报了 2015 年国家级大学生创新创业训练计划项目。

现将经审核通过的 29339 项计划项目名单予以公布。其中，创新训练项目 24864 项，创业训练项目 3068 项，创业实践项目 1407 项。各单位可登录教育部网站，在高等教育司的"公告公示"栏目中进行查询。

附件：1. 2015 年部属高校国家级大学生创新创业训练计划项目名单
    2. 2015 年地方高校国家级大学生创新创业训练计划项目名单

教育部高等教育司
2015 年 10 月 28 日

2015 年地方高校国家级大学生创新创业训练计划项目名单（部分）

编号	高校名称	项目编号	项目名称	项目类型	项目负责人		参与学生人数	项目其他成员信息	指导教师		项目经费（元）			项目所属一级学科
					姓名	学号			姓名	职称	总经费	财政拨款	校拨	
14908	四川外国语大学	201510650041	文化视角下探究重庆地区魑魃的创新发展	创新训练项目	刘雨桐	20201211070059	4	何雅兰（20201211070050）、符月（20201211060006）、冯阳（20201211070030）	罗燕萍	副教授	20000	10000	10000	社会学
14909	四川外国语大学	201510650042	日本动漫文化对大学生同性恋认知的影响研究	创新训练项目	邹一晗	20201329010042	5	陶千蕊（20201329010048）、方媚（20201329010046）、尚韦（20201329010016）、冉红川（20201329020025）	邓晓梅	讲师	20000	10000	10000	社会学
14910	四川外国语大学	201510650043	渝宴及其市场开发研究	创新训练项目	许哲杰	20201302090012	5	张丹（20201302090014）、殷秀娟（20201302090025）、曾小钦（20201302080086）、杨雪平（20201302090024）	谌华侨、张庆	副教授、副教授	20000	10000	10000	社会学

（一）校级大学生创新训练计划项目申报书 *

1. 基本情况

项目名称	渝宴及其市场开发研究			
所属学科	政治学、经济学			
申请金额	10000元	起止年月	2015年3月至2016年3月	
主持人姓名	许哲杰	性别	民族	出生年月
学号		联系电话		
指导教师	谌华侨、张庆	联系电话		
主持人曾经参与科研的情况				
指导教师承担科研课题情况				
项目组主要成员	姓名	学号	专业班级	所在学院	项目中的分工
	张丹		外交学	国际关系学院	市场开发研究
	杨雪平		外交学	国际关系学院	菜谱菜式研究
	殷秀娟		外交学	国际关系学院	重庆饮食研究
	曾小钦		英语	国际关系学院	区域文化研究

2. 立项依据

（一）研究目的

以餐饮业为代表的第三产业是重庆市重要的支柱产业。渝宴的研究对于促进重庆经济发展有着深远的意义。

首先，本创新项目着眼于重庆特色，着力于重庆特产的推荐，这对于促进三峡库区、重庆特色山区以及重庆欠发达地区特色农业发展，增加农民收入以及地方经济社会发展具有重大意义，如秀山县（武陵山区）、奉节县（大巴山区）等地区，符合国家"十三五"规划、《武陵山片区区域发展和扶贫攻坚规划》等相关文件的精神。我们希望将学术、研究与经济、产业的发展有机地结合起来，充分发挥知识的作用。

其次，本创新项目的特色与重点是对外推荐。我们运用本校（四川外国语大学）独特的语言优势，积极借鉴外国先进理论成果，提升重庆国际形象，创造全

---

* 申报书隐去了涉及个人隐私的信息。

新的重庆印象。本创新项目致力于通过渝宴，将重庆味道系统化、具体化与可视化，实现重庆味道与重庆文化的交融，从而使外宾形成重庆记忆，进而打造重庆的城市名片。本项目的核心受众是外国重要来宾，包括政治、经济、文化等领域的精英与舆论领袖，希望通过这些精英将重庆印象传播至世界各地，扩大重庆的国际影响力。

此外，本创新项目将通过较为系统的研究报告，秉承立足于重庆，服务于重庆的理念，用我们的学术研究服务重庆的外事事务，并以重庆为研究案例为各地方的外事机构在筹备地方宴会时提供具有普适性的参考方案，提高政府的行政能力，从而进一步促进作为地方重点特色高校与地方政府之间的合作交流。

研究意义：

第一，提供量化参考标准，提高地方外交外事工作水平。我们希望为地方外事机构（如重庆市人民政府外事侨务办公室等）的外事宴会制定一个量化操作标准。国宴对于宴会的规模、级别、费用等相关条件有较为明确的规定。而作为地方宴会如渝宴，在这些方面就缺少可操作性。我们的创新项目则将策划一套比较完整的预决算管理方案，为重庆外事机构在外事宴会中的相关工作提供可操作性强的参考。

第二，形成宴会品牌效应，提升地方国际知名度。我们将致力于打造一套具有重庆地方特色的外事宴请接待方案（以重庆为例）。该方案不仅可操作性强，同时也将是一个地方的特色"名片"。因为我们的方案将不局限于宴会，也注重发掘宴会背后的地方区域文化与区域特色产品。我们希望地区的特色文化能够在一次宴会中有一个集中而完美的展现，从而将地方宴会打造成为一个国际品牌，进而加强重庆的国际知名度。

第三，整合相关产业，带动重庆区域经济发展。因为本创新项目并不仅仅局限于渝宴这个产品本身，我们还将对渝宴的菜谱、菜品、原材料、加工工艺等流程进行深入的研究。而在整个的操作过程中对于所涉及的相关产业也是一个极好的宣传。这也许会成为"政府搭台，企业唱戏"的另一种新形式，从而带动地方产业发展，促进区域经济发展。

第四，建立地方外事"法案"，完善党风廉政工作。首先，我们将整理学习党的十八大以来的一系列有关加强党风廉政工作的讲话与文件，把握"法案"的尺度。其次，我们将参考中外国宴的相关文件，为地方外事宴请标准提供一个可操作的范本。最后，根据我们的调查研究，形成的预决算报告将进一步完善标准的财务规范。我们希望所制定的方案在获得党和政府的认可之后，能为地方宴会提供相关参考。

综上所述，我们希望通过本创新项目，提升重庆国际知名度，提升重庆对外交往能力，带动经济发展，促进相关产业整合，完善政府相关工作。

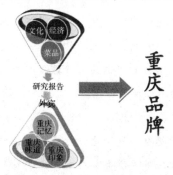

（二）研究内容

本项目的研究主体是渝宴，即重庆外事宴请。具体地讲，我们所要研究的内容包括：重庆各地区特产研究，重庆菜菜品、菜式及菜谱研究，外事宴请预决算研究，饮食与地域文化调查研究。

1. 重庆菜菜品、菜式及菜谱研究

（1）渝宴菜谱大全

（2）重庆外事宴请菜单系列

（3）重庆外事菜品创新建议报告

2. 重庆饮食与地域文化研究

（1）重庆各区县特产研究报告

（2）重庆美食地图

（3）重庆文化地图

（4）重庆故事集

3. 市场开发研究

（1）渝宴周边市场研究

（2）产业整合报告

（3）重庆外事旅游建议报告

（4）重庆对外形象宣传报告

（5）渝宴宴请标准及预算报告

（6）重庆外事宣传片（待定）

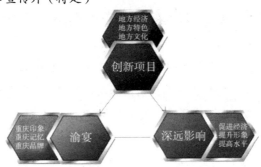

说明：第一部分与第二部分注重重庆区域文化与特色经济，第三部分重点是其市场开发与国际影响。

（三）国内外研究现状和发展（创业项目的动态行业现状、发展趋势）

本课题重点研究外事接待中的渝宴及其市场开发，致力于把渝宴打造成地方外事宴请的标杆，使重庆地方特色在国际上彰于特点，显于形式。重庆，作为战时陪都、国际性都市，具有别具一格的渝香渝味。国内外对外事接待和宴席的文献研究不胜枚举，我们重点查阅总结与本课题相关的文献资料。

首先，是对于渝菜的研究。国内外关于渝菜的研究以国内居多。渝菜重油泼、麻辣，在这个全民吃辣的时代，辣已成了不可抵挡的诱惑。国内学者的研究大致有以下几个方面：

1. 渝菜自身渊源的研究

渝菜源于川菜，素来享有"一菜一格、百菜百味"的美誉，尤其以重庆火锅的鲜香麻辣、重庆江湖菜的独树一帜远近闻名。重庆特色风味亦是层出不穷，重庆中华食文化研究会组织编写的《重庆民间美食》罗列了上百个品种的风味小吃。美食与美酒相结合才算佳肴，渝之酒业亦层出不穷。重庆青春小酒"江小白"通过塑造娱乐形象满足"软性"需求（戴世富、张莹，2014）；重庆白果园酒业经过科学测量，采用超高压处理方法，将柚子酒的品质调到最佳状态（阚建全、游玉明、林丹等，2009）；对于重庆人的豪饮雅酌，亦是闻名遐迩（杨自庆，2010）。

一道好菜不仅在于做法和原材料，配料作用同样不可小觑。渝菜中的配料亦是一大亮点，彰显渝地特色。《毛霉永川豆豉的食俗探析》（吴永夏，2007）对永川豆豉进行了历史分析，并对构建豆豉文化营销进行了肯定；《重庆——榨菜香飘五大洲》（何旭、林懿，2004）讲述了榨菜外销及其巨大的盈利前景。

2. 菜品创新的研究

菜品创新，实质是通过烹调师在菜品制作中的过硬技术和效果产生的，旨在提高菜品的整体效果和经济效益。国内学者将菜品创新大致分为两种。（1）菜品形式的多样化创新。菜品创新不仅仅是菜名创新，也包括菜品的色泽创新、味型创新、形状创新、器皿创新、营养创新（杨超，2013），还可以从调味品的重新组合中创造出新菜品（邵万宽，2013）。（2）菜品宣传的多样化创新。《味道·我的中国味（七）》见证了重庆各派江湖人物的传奇菜系；央视的"文化中国"之《重庆味道》，探索重庆火锅的历史渊源以及时代创新。

其次，是对宴会的研究。宴会是国际国内社会交往中一种通行的较高层次的礼仪形式。在宴会的研究中，国内外学者各有建树，且以国宴为题的研究独居上风。

国外学者认为宴会是年度会议中最好的一部分，它是集合成员成就的庆典（*American Ceramic Society bulletin*, GARY L. MESSING）。通过宴会、本地特产节日等多种形式的传播，相关本地菜肴和民族烹饪能够成为市场中可行性的商品（*Food, Culture and Society*, Yu-Jen Chen）。

国内学者对国宴的研究集中体现在国宴的历史和创新两大方面。国宴的历史见证了新中国的外交风云史，国宴的改革伴随着中国外事宴请的变迁。

1. 国宴展示该国独特的风土人情

《各国国宴都吃啥》列举各国国宴特色，体现了一方水土养一方人，独特的风土人情和地理特色创造出别具一格的灿烂文明。林池整理的《世界各国国宴大观》，在国宴的基础上显示了各国的国家形象和国家风范。中国的国宴研究中，菜品是重头戏：菜点原料选用要为食中珍品（建华《国宴解密》），并且要讲究产地和时节（喜庆，2007，《国宴离我们还有多远》）。另外，菜品的命名、席位安排、点菜顺序等在宴会研究中至关重要，例如，郑建斌先生的研究中就提到座位座次在国宴安排中的重要性。酒水在国宴中同样举足轻重。百年张裕葡萄酒诠释出了中国历史文化，促进了国家间的交往（文轩《1987年古井贡酒进入国宴始末》）。不管是珍贵的茅台还是以强大的优势进入国宴的古井贡酒，背后都拥有一定的内涵，为中华文化的缩影。

2. 国宴彰显了一国的外交风范

国宴现场情况主要包括现场的装饰、现场气氛营造（如奏乐）（左东黎、钟朋《国宴"权威"正名国宴——访中国烹饪协会苏秋成会长》）。犹如"国宴就是政治，政治无小事"（张旭《红墙御厨：政治是国宴的调料》），国宴不仅仅是国家领导人的政治风貌的展示，就连国宴厨师都需要高标准的政治素养。《当礼宾官的日子》（吴德广）详细介绍了国宴中外交的改革之路，其中提到周总理对外交官的要求——站稳立场，掌握政策，熟悉业务，严守纪律。

最后，对于本项目重点研究的地方外事接待。地方外事接待不得不提地方公款吃喝，餐桌腐败（《上百红头文件欲抑舌尖腐败 公款吃喝年花3000亿》，人民网，2013）。"公款吃喝"是人情关系功利化的一种体现，浪费国家资源（《"公款吃喝"背后的宴请竞赛》，严霞，2013）。严霞认为正式制度本身存在漏洞，使人情文化得以渗透到组织制度中，变成一种隐形非正式制度，形成约束组织成员行动的主导力量，公务接待档次也因此在竞争性的接待中不断被提高。

外事接待的行为规范以中央八项规定、六项禁令为核心。六项禁令部分条款专门针对餐桌腐败，这为地方外事接待树立了典范。六项禁令第五条：严禁超标准接待。下基层调研、参加会议、检查工作等，要严格按照中央和省委的有关要求执行。在国内公务活动中严禁用公款宴请和有关工作餐问题，作如下规定：工作餐不准上价格昂贵的菜肴，不准用公款购买烟、酒。工作餐的金额标准由各省、自治区、直辖市根据本地实际情况确定，并报财政部备案。用工作餐的人员需按当地规定标准交纳伙食费。

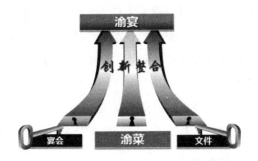

从上面材料我们可以发现，在渝菜、宴会等方面都涉及大量的研究，但是仍然有不足：

1. 专注餐饮，较少关注渝菜以及地方特色融入地方外事接待。

2. 固定区域，对外推进较少。

3. 专题研究，总体综合研究较少。

（四）创新点与项目特色

1. 研究视角创新

目前，对于政治学，尤其是外交学、国际政治等学科，学界大多从历史、哲学、时事热点等方面进行入手。这样使得学术研究不够接地气，缺少人情味。而本研究项目从餐饮方面入手，通过严格的科学规范研究外交，尤其是地方外交，这既保证了政治学科的严谨性，又增加了趣味性和可读性。

2. 研究内容创新

当前学科融合已经成为学术研究的一大趋势。本研究项目在研究的过程中将涉及政治学（外交学）、经济学（产业经济学、管理学）、语言学（翻译）等学科相关知识。本研究项目主要研究重庆的外事接待等地方外事活动，同时将着眼于重庆特色的推荐，并通过双语形式，展现地方外事活动的国际影响。

3. 理论框架创新

以党的十八大以来的相关指示精神为指导，我们将从横向与纵向两个角度构建一个地方外事宴请范本的理论框架。纵向而言，本项目将就地方宴会本身从宏观、中观、微观三个角度展开研究。以"渝宴"为研究对象，通过双语版的"渝宴"菜单、美食地图等形式形成地方外事宴请规范，促进对外推荐。横向而言，我们将以餐饮业为基点，联系农业、工业，进行相关产业的整合。

4. 研究方法创新

本项目除采用传统的人文社科研究方法外，同时将借鉴自然科学的统计数据分析方法，通过建立数据库（表现形式：预算研究报告）以提高项目的科学性与可操作性。同时，我们积极发挥实践调研在本项目中的作用。

5. 研究成果表现形式创新

本项目的最终成果将以多种形式进行呈现：（1）研究系列报告。通过三项子项目全面系统地论证。（2）学术论文。（3）图表影视（美食地图）。

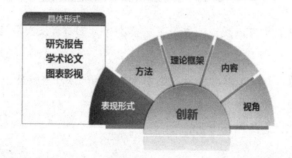

（五）技术路线、拟解决的问题及预期成果（创业项目的市场分析、可行性分析、经营策略和财务分析等）

1.技术路线

（1）研究规范。以马克思主义、中国特色社会主义理论以及十八大以来党和政府的相关文件为指导，借鉴国内外相关学术研究成果，对带有特色的地方外事活动的代表——地方宴会"渝宴"进行研究。

（2）研究方法。理论研究与实地调研相结合。理论上，引入自然科学的数据分析方法与统计方法。实地调研，结合相关实地情况。

（3）表现形式。研究系列报告、学术论文、图表影视（美食地图）。

（4）应用研究。将学术研究应用到社会实际中。

2.重难点问题

首先，规格掌握较难。因为我们要将渝宴打造成地方外事宴会的标杆——地区国宴，而对于国宴的规格与程序的掌握，尽管我们做了全面的搜索，但仍然具有挑战性。

其次，工作量较大。我们对整个重庆市美食进行地毯式搜索，走访调查工作量十分庞大。同时，挖掘每道菜品背后的饮食文化、民族风情，以及对原有重庆外办的菜谱进行改革与创新。同时融合语言特色，也是一个较大的挑战。

3.预期成果

成果展示：

（1）学术成果：地方外事研究创新、经济走出去新构想、地方外事工作规范、形象公关新方式。

（2）社会成果：重庆特色推荐、重庆印象打造、产业整合研究。

（3）政策成果：丰富党风廉政建设、提供相关建议。

表现形式：

（1）研究系列报告；

（2）学术论文；

（3）图表影视（美食地图）。

（六）项目研究进度安排

1.前期准备（2014.3—2015.4）

该阶段主要是收集整理与渝宴相关的国内外资料。

2. 理论知识学习与拟定调研方案（2015.5—2015.6）

该阶段主要是拟定"渝宴"以及相关报告的调研方案。

3. 调研与数据收集（2015.7—2015.9）

该阶段主要是课题组进行实地调查研究、收集数据并详细分析整理。

4. 理论建构与初步研究成果（2015.10）

根据资料收集获得的理论成果和数据收集获得的现实经验归纳其中的要点和问题，并由此提炼出基本理论框架和研究成果。

5. 形成研究报告框架（2015.11—2015.12）

通过整理后的数据材料，形成初步的研究报告。

6. 报告与论文撰写（2016.1—2016.4）

在前期研究的基础上，进行专题报告和学术论文的撰写，并不断修正上述步骤。

7. 学术应用及检验（2016.5—2016.6）

进行学术成果实际应用的相关尝试。

（七）已有基础

1. 与本项目有关的研究积累和已取得的成绩

校本系列教材：《外交实务系列丛书之外交礼仪实务》《外交实务系列丛书之国际公关实务》《外交实务系列丛书之国际会议实务》。

汇编资料：项目组就研究制作的先期文献。

相关文件：重庆市外事办公室相关文件、中央与重庆市相关文件。

2. 科研支持

重庆市 2011 协同创新中心——重庆"走出去"战略与金砖国家研究协同创新中心；

重庆市级实验教学示范中心——外教外事实验中心。

3. 经费预算

开支科目	预算经费（元）	主要用途	阶段下达经费计划（元）	
			前半阶段	后半阶段
预算经费总额		整个科研项目的完成		
图书资料费		购买相关图书		
数据采集费		收集所需数据		

续表

开支科目	预算经费（元）	主要用途	阶段下达经费计划（元）	
			前半阶段	后半阶段
咨询费		向地方政府外事机构、学者咨询		
调研差旅费		课题调研的交通、住宿等		
劳务费		雇请人员协助收集资料和实地调研		
印刷费		印刷所需的文本资料		
设备购买和使用费		购买或租赁调研课题所需的设备		
学校批准经费				

（二）重庆市级以及国家级大学生创新训练计划项目申报书

项目名称		渝宴及其市场开发研究				
起止时间		2015年3月至2016年3月				
负责人	姓名	年级	学院	学号	联系电话	E-mail
	许哲杰					
项目组成员	张丹					
	殷秀娟					
	曾小钦					
	杨雪平					
指导教师	姓名				职务/职称	
	所在单位					
	联系电话		E-mail			
校外导师	姓名		职务/职称			
	所在单位					
	联系电话		E-mail			

一、项目简介（50字左右）

本项目致力于通过渝宴，将重庆味道系统化、具体化与可视化，实现重庆味道与重庆文化的交融，从而使外宾留下重庆记忆，打造重庆的地区"国宴"，进而创造重庆的城市名片。此外，本项目成果将以系统的研究报告的形式进行呈现。

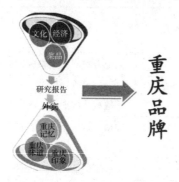

二、申请理由（包括自身 / 团队具备的知识、条件、特长、兴趣、前期准备等）

（一）团队具备的条件

1. 指导教师：拥有深厚的学术能力、丰富的教学经验与指导经历。

曾主持重庆市社会科学规划普及项目《趣味外交学：从婚恋到外交》（详细情况略）。

2. 负责人：主修专业为外交学专业，具备优秀的专业素养。

积极参加学院、学校以及国家组织的各项学术性或非学术性的比赛，并取得优秀的成绩。如参加第十三届全国大学生外交外事礼仪大赛获得优秀礼仪团体奖（详细情况略）。

3. 组员：主修专业为外交学专业或英语专业，具备优秀的专业素养与语言能力。

（1）积极参加学院、学校以及国家级的各类比赛，并取得优秀的成绩。

（2）积极参加学校的科研活动（详细情况略）。

（二）前期准备

1. 教材资料

校本系列教材：《外交实务系列丛书之外交礼仪实务》《外交实务系列丛书之国际公关实务》《外交实务系列丛书之国际会议实务》。

汇编资料：项目组就研究制作的先期文献（包括国内外相关著作、论文、报道等各类文献）。

相关文件：重庆市人民政府外事侨务办公室相关文件、中央与重庆市相关文件。

2. 科研支持

重庆市 2011 协同创新中心——重庆"走出去"战略与金砖国家研究协同创新中心；

重庆市级实验教学示范中心——外交外事实验中心。

3. 科研训练

（1）本组成员都参加或组织过四川外国语大学国际关系学院外交风采季系列学术活动，拥有优秀的项目运行能力。

（2）指导教师谌华侨副教授与张庆副教授在项目开始前，专门对组员进行了有关社会科学学术论文写作与国际关系研究方法等方法论培训，组员已经具备最基本的学术素养与能力。

三、项目方案（计划、技术路线、人员分工等）

（一）研究计划

1. 前期准备：理论知识学习与拟定调研方案。

说明：该阶段主要是收集整理与渝宴相关的国内外资料。

2. 中期进展：调研与数据收集，理论建构与初步研究成果。

说明：该阶段主要是进行实地调查研究、收集数据并分析整理。根据资料收集获得的理论成果和数据收集获得的现实经验，归纳其中的要点和问题，提炼出基本理论框架和研究成果。

3. 后期成果：形成研究报告框架，报告与论文撰写。

说明：通过整理后的数据材料，形成初步的研究报告。在前期研究的基础上，进行专题报告和学术论文的撰写，并不断修正上述步骤。

4. 终期应用：学术应用及检验。

说明：进行学术成果实际应用的相关尝试。

研究计划			
阶段	工作内容	时间安排	预期效果
前期准备	资料收集	2015年4—5月	收集整理与渝宴相关国内外资料
	理论学习	2015年6月	学习国际关系理论、调研方法等知识
	方案拟定	2015年6—7月	拟定"渝宴"以及报告的调研方案

续表

研究计划			
阶段	工作内容	时间安排	预期效果
中期进展	实地调研	2015年8—9月	实地调研、收集数据、分析整理，形成理论成果与现实经验
	数据收集		
	理论构建	2015年10月	归纳调研要点和问题，提炼基本理论框架和研究成果
	框架形成	2015年11—12月	
后期成果	论文撰写	2016年1月	完成学术论文
	报告形成	2016年2—3月	形成研究报告
终期应用	学术应用	2016年4月	专家检查验证
	社会检验	2016年5月	成果实际应用

（二）技术路线

1. 研究规范

思想规范：以马克思主义、中国特色社会主义理论以及十八大以来党和政府的相关文件为指导。

学术规范：借鉴国内外相关学术研究成果，对带有特色的地方外事活动的代表——地方宴会"渝宴"进行研究。

2. 研究方法

理论研究与实地调研相结合。

理论研究，引入自然科学的数据分析方法与统计方法。

实地调研，社会实践与现象反映。

3. 表现形式

研究系列报告、学术论文、图表影视（美食地图）。

4. 研究应用

将学术研究应用到社会实际中。

技术路线详解

项目	形式	具体形式
研究规范	思想规范	中国特色社会主义理论
		党与政府文件、法律法规
	学术规范	国际关系研究规范
		相关研究成果
研究方法	理论研究	质化研究
		量化研究
	实地调研	实地调研
		问卷访谈
表现形式		学术论文
		图表影视
		研究报告
研究应用		学术应用
		实践应用

技术路线详解

（三）人员分工

组长：许哲杰，负责统领全局、总体协调，管理小组研究学习日常事务。

组员：张丹，负责市场开发研究，协助组长进行调研活动安排。

杨雪平，负责菜谱菜式研究，进行资料收集整理，协助组长进行文档归类。

殷秀娟，负责重庆饮食研究和信息技术工作，协助组长对重庆地区进行考察。

曾小钦，负责区域文化研究和公关协调工作，协助组长联系相关专家。

四、项目特色与创新点

1. 研究视角创新

目前，对于政治学，尤其是外交学、国际政治等学科，学界大多从历史、哲学、时事热点等方面进行入手。这样使得学术研究不够接地气，缺少人情味。而本研究项目从餐饮方面入手，通过严格的科学规范研究外交，尤其是地方外交，这既保证了政治学科的严谨性，又增加了趣味性和可读性。

2. 研究内容创新

当前学科融合已经成为学术研究的一大趋势。本研究项目在研究的过程中将涉及政治学（外交学）、经济学（产业经济学、管理学）、语言学（翻译）等学科相关知识。本研究项目主要研究重庆的外事接待等地方外事活动，同时将着眼于重庆特色的推荐，并通过双语形式，展现地方外事活动的国际影响。

3. 理论框架创新

以党的十八大以来的相关指示精神为指导，我们将从横向与纵向两个角度构建一个地方外事宴请范本的理论框架。纵向而言，本项目将就地方宴会本身从宏观、中观、微观三个角度展开研究。以"渝宴"为研究对象，通过双语版的"渝宴"菜单、美食地图等形式形成地方外事宴请规范，促进对外推荐。横向而言，我们将以餐饮业为基点，联系农业、工业，进行相关产业的整合。

4. 研究方法创新

本项目除采用传统的人文社科研究方法外，同时将借鉴自然科学的统计数据分析方法，通过建立数据库（表现形式：预算研究报告）以提高项目的科学性与可操作性。同时，我们积极发挥实践调研在本项目中的作用。

5. 研究成果表现形式创新

本项目的最终成果将以多种形式进行呈现：（1）研究系列报告。通过三项子项目全面系统地论证。（2）学术论文。（3）图表影视（美食地图）。

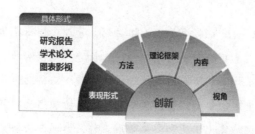

五、项目进度安排

1. 前期准备（2014.3—2015.4）

该阶段主要是收集整理与渝宴相关的国内外资料。

2. 理论知识学习与拟定调研方案（2015.5—2015.6）

该阶段主要是相关理论知识的学习。

拟定"渝宴"以及相关报告的调研方案。

3. 调研与数据收集（2015.7—2015.9）

该阶段主要是课题组进行实地调查研究。

收集数据进行详细分析整理。

4. 理论建构与初步研究成果（2015.10）

根据资料收集获得的理论成果和数据收集获得的现实经验归纳其中的要点和问题，并由此提炼出基本理论框架和研究成果。

5. 形成研究报告框架（2015.11—2015.12）

通过整理后的数据材料，形成初步的研究报告。

6. 报告与论文撰写（2016.1—2016.4）

在前期研究的基础上，进行专题报告和学术论文的撰写，并不断修正上述步骤。

7. 学术应用及检验（2016.5—2016.6）

进行学术成果实际应用的相关尝试。

六、项目经费使用计划（要求说明项目经费）

开支科目	预算经费（元）	主要用途	阶段下达经费计划（元）	
			前半阶段	后半阶段
预算经费总额		整个科研项目的完成		
图书资料费		购买相关图书		
数据采集费		收集所需数据		
咨询费		向地方政府外事机构、学者咨询		
调研差旅费		课题调研的交通等		
劳务费		雇请人员协助收集资料和实地调研		
印刷费		印刷所需的文本资料		

开支科目	预算经费（元）	主要用途	阶段下达经费计划（元）	
			前半阶段	后半阶段
设备购买和使用费		购买或租赁调研课题所需的设备		
学校批准经费				

七、项目完成预期成果（论文级别、专利、设计、产品、服务，创新实践项目需说明公司规模、营业额等）

预期成果：

1. 成果展示

（1）学术成果：地方外事研究创新、经济走出去新构想、地方外事工作规范、形象公关新方式。

（2）社会成果：重庆特色推荐、重庆印象打造、产业整合研究。

（3）政策成果：丰富党风廉政建设、提供相关建议。

2. 表现形式

（1）研究系列报告；

（2）学术论文；

（3）图表影视（美食地图）。

三、项目建设

本项目是项目组成员首次参与高水准、综合性和自主性的国家级研究项目。在导师悉心、认真且高标准的要求下，项目组成员接受了系统的科研训练。导师根据每位成员的实际情况，为每位成员制定了符合其自身发展的科研训练计划。在项目进行过程中，导师组织校内外专家学者和朋辈导师（拥有丰富项目研究经验的学长学姐）为项目进行诊断把脉，带领项目组成员前往兄弟高校相关研究院所学习知名学者项目研究经验；指导负责人定期组织相关研讨和调研，并全程为项目答疑解惑。同时，导师还鼓励项目组成员结合自身情况发展项目的子项目研究，在该过程中，项目组获得省级创业大赛一等奖一次，优秀奖三次；校级创业大赛二等奖一次，三等奖一次，优秀奖一次；在国家核心期刊（扩展版）发表论文两篇，完成项目论文三篇；研究报告一部；项目推荐视频两部；美食地图与攻略一张。最终，项目以二等奖结项。

下面，本部分将从前期准备、项目实施，以及后续发展对项目建设进行详细展开。同时，在项目实施部分将按照创新、创意以及创业三个方面展开，旨在实现产学研融通，实现项目的学理性和应用性。

（一）前期准备

前期准备主要分为两部分，即科研素养训练与课题研究设计。

1. 科研素养训练

（1）研究方法和研究规范学习

因为在项目正式申报之前，项目团队成员和导师已经达成合作意向（前文已经提到），所以这一部分的训练在项目开始前一个学期就已经开始。首先，团队成员在导师的指导下就社会科学研究方法进行了学习。对于如何进行研究有了一个初步和较为系统的认识。导师以阎学通和孙学峰教授编写的《国际关系研究使用方法》为教材，为团队成员从社会科学研究方法等要素入手，详细介绍了如何寻找研究问题，查找文献，建立研究假设与变量，并概念操作化与测量等基本的研究方法，使得项目组成员在项目开始前已经初步具备相关科研能力和素质。

（2）申报书经验和规范学习

正所谓"授人以鱼不如授人以渔"，不同于一般的课堂教学仅将学习集中在课堂的文本学习当中，导师还积极组织项目组成员接触实际的科研申报书的撰写。导师积极组织项目组成员同校内外知名学者和朋辈导师交流学习。比如，项目组前往西南大学伊朗研究中心向伊朗研究专家冀开运教授学习区域国别研究的先进经验和科研报告撰写的心得体会，前往西南政法大学军事法研究中心交流调研，等等。同时，导师还积极组织学长学姐为项目组成员介绍申报书撰写经验，并为本项目的研究方法提供建议。导师还将其主持和参与过的几项国家社科和省市级社科项目的参考书原版作为撰写申报书的范例，并结合其自身的学术研究和撰写经验，对项目组成员撰写的申报书提出修改建议。

2. 课题研究设计

（1）项目材料的梳理和熟悉

因为本项目的研究基础是导师之前科研项目的灵感，所以在项目开始之前我们就已经储备了较为丰富的研究材料。因此项目组前期的另一项主要工作就是对现有的材料进行分类整理以及补充，并在此基础上形成项目的研究假设和核心问题。

项目组用两个月左右的时间对重庆相关的美食和美食在外交外事中应用的材料进行归纳梳理，最终形成了近百页的前期研究材料集合，这为项目申报书的撰写奠定了基础，同时也是最终成果——美食地图的雏形。

（2）项目课题的确定

在课题产生部分已经介绍了选题的考虑和依据，这一部分将主要介绍课题产生具体过程的一些细节。

如前文提到项目的主题确定为"渝菜"或"渝宴"。在前期的准备过程中，集中学习和研究了政治学和社会学领域多位顶尖学者的规范性论文和项目申报书。项目组成员认为课题的标题至关重要，我们可以将标题的功能划分为基本功能与扩展功能。基本功能包括命名功能与总括功能，将告诉读者文章最核心的观点；扩展功能包括吸引功能与升华功能，引导读者思索，并激发好奇心。而结合项目主题，该主题已经具备标题的基本功能，但是扩展功能还欠缺。所以在完成社会科学研究方法和案例方法学习之后，项目组负责人安排了项目组成员进行头脑风暴，形成本课题的最终标题。比如结合2014年全国挑战杯优秀作品之一《我的游戏装备哪儿去了》，我们引申出一个问题"外国人在重庆吃什么？"结合《从男耕女织到男工女耕："农业女性化"产生的缘由——以生成社会化为分析视角》《天道与神意：实政主义的形而上起源比较》，我们思考能不能将项目的具体说明以小标题的形式放在最后，前面用比较简短且吸引人的文字，如"山城、记忆"等，形成"××：渝宴及其市场开发研究"的标题。最终，经过大家的讨论，参考相关学者意见，我们确定项目的标题为：渝宴及其市场开发研究。

对于项目的定位。因为本项目不同于一般的学理化研究，更加注重项目的实际应用。所以在项目开始前就将项目定位在市场化应用之上。项目组计划在项目的前期主要通过第二手资料进行学理化的归纳和总结，以期产生一般化的理论体系。在项目中期开始进行实地调研，并考察项目所对接的市场等潜力，进行将创新项目向实践创意项目的转变。最后，在创新项目完成之后，在创意项目等基础上进行创业项目的开发，最终实现各项目落地开发。

（二）项目实施

1. 研究思路

本项目主要的研究思路就是从学理化的渝宴机制研究出发，并通过市场调查研究确定项目的市场前景，同时利用国家提供的平台（2015 年前后，国家开始大力倡导"大众创业，万众创新"，各类创业比赛开始出现，比如"互联网 +"、三创赛，等等）将创新项目转变为创意创业项目，通过创业比赛中评委的点评和孵化企业的投资建议，为实现创业项目落地提供基础和条件。最后，通过创业比赛的牵线搭桥，通过投资企业的天使投资使得创业项目落地实施。

2. 创新研究

创新研究，是本项目的核心，也是后续一系列项目的核心。

（1）研究过程

A. 收集全重庆美食资源和各大餐饮企业的有效信息，以及重庆市政府历年来宴请外宾的接待方案

美食资源囊括重庆各大区县的经典美食、小吃以及特产。重庆市各大餐饮企业的等级、规模、特色和主打菜品，分析其适合接待的等级。重庆市外宾宴请方案中涉及宴请人物、宴请时段、宴请方式、宴请地点等，并进行实地考察。

B. 进行市场和实地调研，研究客户需求

深入重庆市场，对政府、各类企业、个人以及团体（包括重庆领事馆）进行市场调研，其中政府、企业、团体用登门拜访的形式（为后期合作做铺垫），普通消费个人通过调查问卷形式，收集和听取他们对现有宴席的看法和建议。

C. 建立信息数据库

数据库包括以下三方面：

①整理分类的美食信息；

②中国国宴历年来宴请接待方案和菜品；

③市场调研信息和后期的用户反馈。

D. 撰写报告与论文

（2）研究过程记录

时间	过程记录
第1周	1.拟定课题总体研究计划，初步将课题研究分为三大部分，分别是：研读优秀申报书并得出申报书总结要点、课题讨论、课题的持续研究方案的讨论。 2.导师将优秀立项申报书和学长学姐读书笔记分给团队每个成员，要求仔细研读申报书并总结要点。 项目记录人：曾小钦　　2015年5月31日
第2周	1.上午团队成员分别分享自己研读优秀申报书的心得体会，并与导师交流遇到的困惑，导师耐心给每个成员一一解答。 2.团队将合力总结出的如何撰写社科论文标书的报告交与导师，导师指出其中的优缺点并给出建议和意见，让每个成员受益匪浅。 3.团队重新修改社科论文标书指南。 项目记录人：曾小钦　　2015年6月7日
第3周	1.基于学习撰写社科论文标书的经验，正式拟定课题总体研究计划，初步将课题研究内容分为国宴研究、美食外交研究、重庆地方外事机构设置研究以及省级地方政府外事机构设置与对外交往态势研究、重庆区县特色美食研究、政策研究、菜品研究等，总体过程可分为建立数据库、进行美食地图的制作。 2.团队队员分工，数据库大概分为三部分：美食外交部分（国宴）、地方外事机构的研究和重庆区县特色美食研究。 项目记录人：曾小钦　　2015年6月14日

续表

时间	过程记录
第 4 周	1.按照团队分工，队员开始收集资料：美食外交部分（国宴）主要收集国宴信息、国际外交案例、国际美食、政府信息；地方外事机构研究方面主要收集重庆市政府信息、政策等；区县特色美食研究主要收集重庆各个区县的美食与特产。 2.整理信息：将各个信息模块化，进行有秩序的整理，并形成粗略的创新项目资料库。 项目记录人：曾小钦　　　2015年6月21日
第 5 周	1.处理数据：将数据进行分类模块化之后，开始对收集的资料进行大概阅览；将重庆地方特色美食进行归类化整理，并形成重庆地方特色美食资料库，为后期预想的美食地图做铺垫。 2.阅读收集文献：对收集的资料进行细致地浏览，并整理好自己的读书笔记以便查询。 项目记录人：曾小钦　　　2015年6月28日
第 6 周	1.加工数据：全体组员对数据库进行最后的整理，并对重庆地方特色美食资料库进行配图、美工等后期加工。 2.集体交流：全体组员和导师进行沟通，并形成相关简报。同时讨论如何制作美食地图等问题，并得出一定的应对方案。 项目记录人：曾小钦　　　2015年7月5日
第 7 周	1.各个组员结合区县特色，收集并美化各区县的地图，并将相应的地图与该区县的特色美食相匹配。 2.全体成员对形成的美食地图进行美工制作。 3.在形成美食地图的同时，渝宴的菜单也初步成形。 项目记录人：曾小钦　　　2015年7月12日
第 8 周	1.基于前期的资料收集和整理成库，团队开始商讨项目第二阶段——论文写作、创业实践。 2.全体组员商讨如何进行论文写作，并请教导师。导师要求对社会科学论文写作进行学习，并注意论文写作的规范性。 项目记录人：曾小钦　　　2015年7月19日

续表

时间	过程记录
第 9 周	1.首先，对社会科学论文写作的标题环节进行了学习。标题学习从社科论文题目这一案例入手，分析标题存在的特点。其次，进行相关理论的学习，并结合相关案例对标题进行更深入学习与思考。最后，对创新项目题目本身进行头脑风暴，并取得一定的成果。 2.对新收集的资料进行入库整理。 3.布置下一周的任务。 4.小组成员进行心得总结。 项目记录人：曾小钦　　　2015年7月26日
第 10 周	1.对社会科学论文写作的文献综述环节进行了学习，团队根据社会科学论文写作的框架，先分析案例，然后学习文献综述理论知识。 2.布置任务以及相关规划。 3.小组成员进行心得总结。 项目记录人：曾小钦　　　2015年8月2日
第 11 周	1.对社会科学论文写作的研究事实、研究设计进行了学习。 2.分配任务：本周完成论文大纲的写作。 3.小组成员进行心得总结。 项目记录人：曾小钦　　　2015年8月9日
第 12 周	1.就上周各成员写出的论文大纲，大家积极交流讨论，互相提出意见和可实施的建议。但是由于论文大纲太过简单，导师建议继续学习社会科学论文写作方法。 2.组长分配任务，要求组员重新添加案例到数据库，并要求组员留意菜品创新理论和菜肴的估价、预算并整理成报表。 3.团队产生了新的论文讨论思路：菜品创新相关理论整理出小论文，以食物变迁、菜品文化为内容整理出另一篇小论文。 项目记录人：曾小钦　　　2015年8月16日
第 13 周	1.进行社科论文写作的理论构建和机制的学习，这章为论文写作的难点。大家进行了激烈的讨论，让原本困难的理论构建变得更加容易了。 2.组内成员开始呈交第二次论文研究设计，导师给予了建设性的建议，并要求团队重新思考自己的写作方向。 3.要求记录每个成员的论文心得之路。 项目记录人：曾小钦　　　2015年8月23日

时间	过程记录
第 14 周	1.团队对首届中国"互联网+"大学生创新创业大赛学生参赛手册进行研读，因为这是互联网第一次走进大学生创新创业大赛，所以团队特意对此进行了头脑风暴和热烈讨论。 2.导师提供了两篇关于国际政治的论文，要求每个队员都写出一个关于这两篇论文的研究设计，以帮助大家开始论文写作之路。 3.关注重庆关于美食的新闻，归纳成库。 项目记录人：曾小钦　　　　2015年8月30日
第 15 周	1.总结：团队对各成员所写的研究设计进行相关讨论，并分享各自关于如何写好论文的心得。导师对此进行了评价和鼓励。 2.思考：团队重新思考自己的论文的研究设计。 3.财务总结：组长对这几个月团队的财务情况进行了简要的介绍。 项目记录人：曾小钦　　　　2015年9月6日
第 16 周	1.论文分主题：团队对于各自的研究设计进行再一次的讨论，按照团队成员各自的擅长之处，提出理论和实践相结合的想法。要求组内成员一部分撰写理论部分，一部分撰写实践部分。 2.商业实践初期：团队对商业策划书进行了讨论。 项目记录人：曾小钦　　　　2015年9月13日
第 17 周	1.商业策划书的研讨：团队对商业策划书进行了研究和讨论，特别是对"挑战杯"的优秀策划书进行研究和学习，形成了自己的想法。 2.开始撰写团队自己的商业策划书。 3.论文初期讨论：团队成员对自己的论文有了初步的想法，互相讨论和激发。 项目记录人：曾小钦　　　　2015年9月20日
第 18 周	1.实地调研：团队参加了重庆特色文化美食节，对重庆的地方特色美食进行了实地调研。此次实地调研让团队更加了解重庆各个地方的特色美食，这为渝宴研究增添了必不可少的地方考察案例。调研之后，团队进行了细节性讨论，并形成了相应的考察图库。 2.商业策划书初稿：大家对商业策划书初稿进行了讨论，并形成一致修改意见。通过讨论，大家对商业策划书的概念更加明确，也对自己所负责部分有了新的思考。 项目记录人：曾小钦　　　　2015年9月27日

续表

时间	过程记录
第19周	1.论文资料收集：团队成员根据自己的想法进行资料的收集和遴选。并结合之前的研究结果，对资料进行了归类。 2.论文资料整理：将收集的资料进行总结和整理。 3.商业策划书二稿：对商业策划书又进行了相应的修改，格式进行了规范，语言也更加流畅和美观。 项目记录人：曾小钦　　　　2015年10月4日
第20周	1.处理数据：大家将收集的资料进行了整理，并将近期与重庆美食相关的新闻进行了归纳。 2.阅读文献：全体成员阅读与渝宴相关的资料，并记录心得感想。 3.商业策划书终稿：商业策划书在多次修改后，最终形成了《"渝宴"——私人定制商业策划书》。 项目记录人：曾小钦　　　　2015年10月11日
第21周	1.商业实践：大家商议参加"农商行·创业贷杯"重庆市第五届大学生创新创业大赛。 2.参赛总结：团队在参赛之后对评委的建议进行了总结，并分析这次商业实践给团队带来的好处和弊端。 3.论文提醒：团体成员互相提醒论文的进程，并要求在下一周提交各自论文的研究设计。 项目记录人：曾小钦　　　　2015年10月18日
第22周	1.论文写作复习：团队对社会科学论文写作又复习了一遍，并互相讨论疑惑之处，相互交流意见，促进团队学习。 2.论文研究设计初稿：团队对渝宴实践的论文设计（关于渝宴的本土化实践论文）初稿进行统一学习和讨论，并相互提出建设性意见，以促进研究更好地推进。 3.数据归库：团队成员将自己收集的相关资料进行归库处理。 项目记录人：曾小钦　　　　2015年10月25日
第23周	1.实践论文设计二稿：团队及其指导老师对渝宴实践的论文设计（关于渝宴的本土化实践论文）二稿进行统一学习和讨论，并提出相关意见。 2.数据归库：团队成员将自己在一周之内收集的相关资料进行归库处理。 3.财务汇报：负责人对相关财务进行了简要汇报。 项目记录人：曾小钦　　　　2015年11月1日

时间	过程记录
第24周	1.实践篇论文研究设计：渝宴实践的论文设计（关于渝宴的本土化实践论文）终于成型。 2.收集资料：关于渝宴的本土化实践论文需要更多的材料支撑，所以要求全体成员收集更多的资料。 3.资料整理：总结已收集资料的中心话题。 4.列论文提纲：通过讨论将论文提纲列出来，并经过多次修改最终成型。 项目记录人：曾小钦　　　2015年11月8日
第25周	1.进行实践篇关于渝宴本土化实践论文的写作，并形成初稿。 2.对于在写作中遇到的困惑，团队进行内部讨论，并与导师进行深层次的讨论。 项目记录人：曾小钦　　　2015年11月15日
第26周	1.渝宴实践研究设计初稿：进行渝宴实践第二篇论文的研究设计，此篇论文关于菜品翻译。 2.收集材料：收集菜品翻译材料，将材料分类整理。 3.总结材料：阅读收集整理的材料并形成阅读笔记。 4.数据归库：团队将收集的新资料归纳入库。 项目记录人：曾小钦　　　2015年11月22日
第27周	1.菜品翻译研究设计二稿：讨论渝宴实践关于菜品翻译的论文并形成相关修改意见。 2.进行菜品翻译写作。 3.财务总结：负责人对组内相关财务进行了统一的报告。 项目记录人：曾小钦　　　2015年11月29日
第28周	1.菜品翻译初稿：团队对关于菜品翻译的论文进行综合讨论，形成一致意见，大家相互促进，得到了一定的提高和进步。 2.数据归库：团队将收集的新资料归纳入库。 项目记录人：曾小钦　　　2016年12月6日
第29周	1.美食外交的阐述：初步拟定课题另一研究计划，编写美食外交相关知识。大家针对此想法进行激烈的讨论，发表看法，并对大家的看法进行汇总和分析。 2.论文意见：团队对于两篇论文的初稿重新发表意见和建议。 项目记录人：曾小钦　　　2016年1月4日

时间	过程记录
第30周	1.列提纲：大家对美食外交图书的提纲进行非常深刻的讨论，并对提纲中的逻辑、字义进行斟酌，最终形成图书大纲，并请教指导老师。 2.内容：指导老师对美食外交图书大纲提出建议，并鼓励大家一定要铆足干劲，力争上游。 3.数据入库：对新收集的材料进行入库处理。 项目记录人：曾小钦　　　2016年1月11日
第31周	1.收集资料：从重庆市政府的年度报告、重庆市政府官网、重庆市外办等相关网站收集重庆市政府历年来接待外宾的宴请方案。 2.整理资料：将收集到的资料进行整合，并找出相同之处和不同之处。 项目记录人：殷秀娟　　　2016年1月26日
第32周	1.收集资料：从重庆市政府的年度报告、重庆市政府官网、重庆市外办等相关网站收集重庆市政府历年来接待外宾的宴请方案。 2.整理资料：将收集到的资料进行整合，并找出相同之处和不同之处。 项目记录人：殷秀娟　　　2016年2月9日
第33周	1.收集资料：从重庆市政府的年度报告、重庆市政府官网、重庆市外办等相关网站收集重庆市政府历年来接待外宾的宴请方案。 2.整理资料：将收集到的资料进行整合，并找出相同之处和不同之处。 项目记录人：殷秀娟　　　2016年2月16日
第34周	1.与老师碰面商谈资料收集成果，听取意见和不足，做好相关方面的记录。 2.对收集不到的资料委托老师帮忙，小组成员继续收集相关资料和信息。 项目记录人：殷秀娟　　　2016年2月25日
第35周	1.处理数据：将前三周收集的大数据按照建构的指标体系进行处理分析。 2.阅读文献：收集与地方宴饮有关的论文、图书和新闻，并进行阅读分析，同时做好阅读笔记。 项目记录人：殷秀娟　　　2016年3月7日

时间	过程记录
第36周	1.收集资料：收集有关国宴的资料，如新中国成立以来国宴的改革和创新，并做好相关笔记。 2.小组讨论：如何在借鉴国宴的基础上更好地凸显渝宴的特色，以及如何对渝宴做出相应调整。 项目记录人：殷秀娟　　　2016年3月15日
第37周	团队来到丰都县进行实地调研。因为交通、时间等原因，我们并没有深入镇村考察，但也走遍了丰都县城的大街小巷，品尝了很多当地美食，比如丰都特色的锅巴小洋芋、丰都麻辣鸡块、黑胡椒小面等，掌握了很多珍贵的第一手资料。 项目记录人：杨雪平　　　2016年4月3日
第38周	团队来到重庆市图书馆，主要任务是查阅并收集与渝宴项目相关的新闻、论文、档案等书面、电子资料。每个人分配不同的任务，我们将关于渝宴、渝菜、重庆特色、重庆文化的新闻报道、论文资料以及电子图片、视频等内容全部收集起来，这对于项目的推进具有重要意义。 项目记录人：杨雪平　　　2016年4月12日
第39周	为了更了解重庆火锅的发展历程，我们来到重庆火锅博物馆进行参观收集资料，仔细观察博物馆中各种火锅器皿、火锅材料，阅读描述火锅的相关图书，并向博物馆的工作人员咨询很多火锅发展中的历史以及趣事。通过这次活动，我们对于重庆火锅的发展演变有了更为详尽的认识，对于重庆火锅制作等方面也掌握了很多专业知识。 项目记录人：杨雪平　　　2016年4月20日
第40周	将收集的资料进行分类整理，以便之后使用更加方便快捷。大家分工合作，将资料分为书面、电子两部分分别存放，并且将没有电子版本的书面资料扫描成电子版便于保存和使用。 项目记录人：杨雪平　　　2016年4月30日
第41周	利用假期的时间，团队成员各自整合自己负责部分的资料。假期结束之后，团队再次集合，将之前整理的资料整合成项目的数据库，这项工作关系到之后各种工作能否顺利推进，大家都高度重视。 项目记录人：杨雪平　　　2016年5月8日

时间	过程记录
第42周	团队讨论重庆地区美食地图的相关问题，市面上的重庆美食地图存在图片老旧、文不对题、特色美食与地区匹配不正确等问题，为了确保项目严谨无误，团队决定重新制作一份准确、新颖、图文结合的美食地图。 项目记录人：杨雪平　　　　2016年5月15日
第43周	团队成员在完成各自分配的美食地图任务后聚集在一起，进行交叉评阅，提出意见，之后对不同的意见进行汇总，将其中存在的错误、不同见解的地方进行集体修改，最大程度上确保美食地图的严谨性。 项目记录人：杨雪平　　　　2016年5月20日
第44周	指导老师对重庆美食地图初稿提出很多宝贵意见，并对我们出现的问题给出了修改意见。我们对老师提的意见组织了集体讨论，对美食地图进行再一步的修改，最终形成了得到老师肯定的美食地图。 项目记录人：杨雪平　　　　2016年5月21日
第45周	资料收集阶段结束后，老师提出我们需要进行论文写作以充实项目的成果。因此大家确定了三篇论文的写作方向：曾小钦同学研究渝宴菜品翻译方向，许哲杰同学研究渝宴中的哲理方向，张丹、杨雪平、殷秀娟结合重庆本土品牌小天鹅研究重庆火锅的发展趋势方向。 项目记录人：杨雪平　　　　2016年5月28日

3. 创意实践

这一部分是创新研究的延续，同时是下一部分创业开发的基础。可以说这一部分是将学理化的研究成果转化为社会化生产力的总体规划。

（1）项目定位

创意实践的主要目的是确定项目的总体定位。就本项目而言，本项目转化为创业开发的落脚点，在于提供系统性的解决方案，而不是参与到具体的菜品制作当中。所以创意项目的定位是打造品牌和制定方案。具体而言，立足于重庆本土，设计具有重庆本土特色、彰显重庆文化的渝宴宴席，以促进重庆文化、政治、经济的发展。

（2）项目计划书

"渝宴"私人定制项目计划书

一、项目概述

美食文化在各国、各地区都显示出其独特的文化魅力。与人分享美食的过程，往往会超越"吃"本身，而上升到文化层面和人文高度。美食外交逐渐成为最重要且最有魅力的社交形式。如今，国家间交往日益频繁，公众关注的焦点不仅局限于政治、经济、军事等方面，文化作为国家软实力，也越发受到各国重视，国宴作为国家饮食文化的重要组成部分，在国际对外交往中具有举足轻重的地位。

国宴的发展在市场上形成了"政府品牌效应""政治营销"方式，并开始走进人们的视野，促进国宴市场的开发。本项目正是看到了国宴市场的开发潜力，立足于重庆本土，设计具有重庆特色、彰显重庆文化的渝宴宴席，以促进重庆文化、政治、经济的发展。

二、市场分析及定位

（一）市场现状

国宴市场：国宴作为最高规格的外交宴会，于衣香鬓影与觥筹交错之间彰显国家文化。2015 年在上海召开的亚信峰会宴会上，土豆丝制作的"雀巢"取自成语"筑巢迎凤"、盛汤的"丝路宝船汤盅"寓意着海上丝绸之路的历史文明等，这一桌桌文化寓意深刻的国宴，让人记忆犹新。这些外交宴会无论从选材、菜式还是服务等方面，不仅显示了本国的文化、政治取向，更兼顾了他国的文化习俗，显然国宴已经成为国家对外交往的重要组成部分。逐渐地，由国宴衍生出的国宴经济也越发引起人们的关注，餐饮界的大佬们开始将国宴"抬"进市场，使国宴走上平民化的道路。如今，"国宴特色菜"已经成为各大酒店的招牌菜，举办国宴的地点也成为旅游的热门景点，甚至国宴使用的调料与器皿也开始走进市场，被打上"国宴之地"的标签。国宴市场开拓了餐饮行业的新领域，有着强大的生命力与创造力。我们将这种现象统称为"政府品牌效应"，并将视线聚焦于"政治营销"所带来的经济效益。政府作为具有公信力的特殊消费群体，其消费趋向对市场消费群体有一定的引领作用。

渝宴市场：正是看到了国宴市场的强大生命力，结合重庆悠久的历史与丰富的文化背景，实地调研发现重庆各地区在长期积淀中形成了各式各样的美食，拥有鲜明个性的美食文化也成为重庆城市建设的重要一极。重庆作为直辖市，政府及企业对外交往活动频繁多样，涉及范围极广。由于其特殊的政治经济地位，重庆拥有多个外国驻重庆领事馆。调查研究发现，其外事交往活动更是丰富多彩。我们希望为政府和企业乃至外国驻渝领事馆在对外宴请时打造具有重庆特色的渝宴宴席。一方面为这些需求受众设计有重庆文化特色又兼顾各方需求的渝宴，以文化作为软实力，促进政治经济发展；另一方面利用渝宴促进重庆餐饮行业，以及由渝宴衍生的渝宴经济市场的发展。通过两者的互动，共同促进重庆经济发展。

（二）目标市场

我们根据项目发展规划，将目标市场分为两个阶段。

1.初期目标——重庆市政府、重庆下辖的各区县政府和外国驻渝领事馆

政府：通过前期的市场调查发现，目前重庆市及其区县政府，包括重庆市商委、旅游局等，提出"智慧旅游"的实践理念，同时将重庆美食上升到促进旅游发展的战略高度。政府方面虽有制定渝菜的标准，但并未将渝宴形成体系化，可操作性不强，仍旧存在菜品浪费、重复单调和众口难调等缺点。

驻渝使领馆：在对外国驻渝使领馆的调研中我们了解到，驻渝使领馆在外事宴请中也对重庆菜品情有独钟。但由于对重庆各地区的特色美食文化了解有限，在对外宴请中也存在上述问题。

因此，作为一支专业的渝宴策划团队，我们将前期目标设定于此，旨在弥补政府与驻渝使领馆在对外宴请中存在的不足。我们在研究国宴的基础上，将依据外事接待的专业知识、宴请主题、宴请人数及宴请对象的文化背景等综合因素进行多方面考量，提供个性化服务，为政府打造具有重庆特色文化和人文关怀的高规格、高品质的渝宴宴席策划方案。而我们也希望借由政府提高自身知名度和市场影响力，以此扩大市场，为重庆各类企业打造专属的

渝宴宴席。

2. 终期目标——重庆各类有宴请需求的企业

重庆作为直辖市，其经济增长一直处于国家城市发展前沿。重庆各类企业众多，包括大中型国企、私企、跨国企业等。这些企业对外交往频繁，对外交往对象更是多样，既有国内各地区间交往，又有跨国间的交流。交往对象因地理、文化背景、个人习惯等因素的差异，对宴会有着多样化的需求，因而企业对于高规格、高品质的渝宴需求更高，这也是我们的主要目标群体。

我们前期借由政府打开的知名度，"政府品牌效应"使我们进入渝宴市场有了一定的市场基础，并利用"政治营销"扩大市场。企业将利用"政府品牌效应"，借由本项目团队私人定制的个性化渝宴策划方案，提升宴请规格、促进企业形象建设为重庆经济发展助力。

（三）竞争性优势

1. 市场优势

目前依据客户需求，设计具有地方特色与人文情怀的渝宴策划方案是重庆餐饮市场的一项空白。在对外宴请方面，缺乏专业的人才、知识与技能，渝宴市场具有强大的生命力与创造力，市场前景广阔。

2. 专业优势

（略）

三、产品介绍

（一）产品概述

本创业团队属策划团队，根据定制方的相应要求，策划出具有巴渝特色的宴席。最后所策划出的宴席叫作渝宴。

渝宴取自"国宴"，是具有重庆本土特色的地方宴席。它以国宴方式为指向标，以重庆各区县特色食材为基本原料，以渝菜为主体特色菜肴，以政府、领事馆和企业为最终受众，旨在发扬重庆特色文化，促进重庆地方经济，扩大重庆国际影响力。

（二）产品三要素

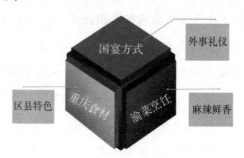

国宴方式、重庆各区县特色食材和渝菜作为最基础的部分，三部分的共同作用，才得以产生渝宴，详细介绍如下：（略）

（三）产品原理（略）

（四）产品受众（略）

（五）产品影响

文化角度：饮食是文化的传播者，渝宴是发扬重庆文化的载体。渝宴将重庆味道系统化、具体化与可视化，实现重庆味道与重庆文化的交融，从而形成重庆记忆的特色，进而打造重庆的城市名片，扩大重庆的国际影响力。

政治角度：渝宴的推广使普通群众接受高品质的政府产品，缩短了政府与人民之间的距离。渝宴策划是第一个专业为政府策划的具有重庆特色的项目，形成政府品牌之后将走向企业团体。这让政府产品和政府品牌接近群众，使大众也能体验高品质高规格的菜肴。同时，从饮食的角度，政府也能接受人民监督。

经济角度：渝宴对地方原料的充分利用可以拉动地方产业链的发展，这对地方经济发展起着巨大的推动作用。地方原料冠以政府品牌，知名效应和大众效应便会接踵而至，逐渐形成地方经济促进重庆市经济的反馈效应。

（六）操作流程（略）

四、商业模式

（一）模式介绍

1. 公司网站建设项目

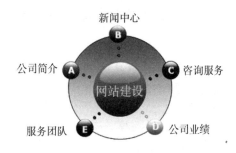

2. 品牌建设及推广项目

"渝宴私人定制"是在借鉴"国宴"发展推广的基础上，打造渝宴品牌，向外推广渝宴特色、渝宴文化。将"渝宴私人定制"顾问公司网站作为一个平台，利用线上宣传线下体验方式，向政府、驻渝使领馆及团体（企业及个人团体）提供服务。团队将与政府、餐饮企业合作，由政府提供一些关于外事宴席接待的可公开资料，在消费团体预订渝宴后，利用我们的专业知识及政府提供的资料，与餐饮企业合作向消费者提供结合外交文化、外交礼仪的渝宴享受。

（二）模式分析（略）

五、营销策略（略）

六、财务分析（略）

本项目主要的资金往来是平台的建设与后期服务的提供。

七、团队介绍（略）

（3）获奖情况

第六届电子商务"创新、创意及创业"挑战赛重庆赛区一等奖；

第一届"互联网＋"大学生创新创业大赛"超星杯"重庆赛区优秀奖；

第二届"互联网＋"大学生创新创业大赛重庆赛区优秀奖；

"农商行创业贷"杯重庆市第五届大学生创新创业大赛三等奖。

4.创业开发

在项目后期，导师希望能够将项目落地，进行创业开发，并提议申请渝宴的有关商标，但是因为后期项目组成员各自的发展计划等原因，并没有进行详细展开。

（三）后续发展

后续因为项目组成员各自的发展方向不同，创业项目并没有真正实施。第六部分会详细介绍项目的后续发展，这一板块将不详细展开。

四、项目结项

（一）结题报告

1.基本情况

项目名称			渝宴及其市场开发研究			
成果形式		论文、研究报告		立项时间	2015年5月15日	
完成时间		2016年5月30日		鉴定时间		
项目主要研究人员	序号	姓名	学号	专业班级	所在学院	项目分工
	1	许哲杰			国际关系学院	项目统筹
	2	张丹			国际关系学院	市场开发研究
	3	杨雪平			国际关系学院	菜谱菜式研究
	4	殷秀娟			国际关系学院	重庆饮食研究
	5	曾小钦			国际关系学院	区域文化研究

2. 研究过程简介

（1）团队成员分工和合作情况

根据项目的要求和团队成员各自特长和兴趣，进行了如下分工（见下表）。在项目前期，小组成员根据项目的导向各自确定研究方向和主要职责；在项目正式执行阶段，本小组成员通过集体调研考察，收集了相关资料，并各自根据具体分工进行了基础研究、数据收集、数据分析、假设论证等工作；在项目最终成果上，在指导老师的建议与指导下，以组长许哲杰为主编、以小组全体成员为编委的研究报告编写小组共同完成了调研报告的撰写。学术论文方面，许哲杰、曾小钦同学独自撰写一篇论文。创新小组又共同合作策划了三项商业策划案。

分工情况		
成员	研究方向	项目分工
许哲杰	美食外交、国宴研究	项目统筹　报告撰写
张丹	市场开发研究	项目协调　论文撰写
杨雪平	菜谱菜式研究	数据分析　论文撰写
殷秀娟	重庆饮食研究	数据收集　论文撰写
曾小钦	区域文化研究	基础研究　论文撰写

在本项目施行的过程中，项目小组成员，通力合作。项目周期一共为 45 周。本项目小组每周定期不定期地召开会议，汇报各自本周的学习情况，然后指导老师予以点评指导。汇报结束之后，小组成员讨论商议下周工作重点，组长根据各个同学的自身特点与项目需求合理分配任务。在本项目的实行过程中，小组成员高效、高产、高质量地完成了项目目标，并且在本年度上半年提早启动创意与创业方面的工作，使项目得到进一步发展。

（2）研究日志与研究报告的完整性

本研究团队的研究日志详细完整地记录了本团队在项目执行过程中遇到的问题，解决的方案以及研究成果的产生。基本按照下表所示的预定进度执行：

研究计划			
前期阶段	工作内容	时间安排	预期效果
前期准备	资料收集	2015年4—5月	收集整理与渝宴相关国内外资料
	理论学习	2015年6月	学习国际关系理论、调研方法等知识
	方案拟定	2015年6—7月	拟定"渝宴"以及报告的调研方案

研究计划			
前期阶段	工作内容	时间安排	预期效果
中期进展	实地调研	2015年8—9月	实地调研、收集数据、分析整理，形成理论成果与现实经验
	数据收集		
	理论构建	2015年10月	归纳调研要点和问题，提炼基本理论框架和研究成果
	框架形成	2015年11—12月	
后期成果	论文撰写	2016年1月	完成学术论文
	报告形成	2016年2—3月	形成研究报告
终期应用	学术应用	2016年4月	专家检查验证
	社会检验	2016年5月	成果实际应用

具体的研究日志（见过程记录表）与原有计划的大致预计时间是一样的，只是在市场化的探索阶段有所不同。因为项目进展顺利，所以市场化探索也就是实际应用提前到了2016年初。

研究报告方面，本研究的成果形式为研究报告、学术论文、商业策划。

（3）项目研究的目的、意义

①研究目的

以餐饮业为代表的第三产业是重庆市重要的支柱产业。渝宴的研究对于促进重庆经济有着巨大的意义。首先，本创新项目着眼于重庆特色，着力于重庆特产的推荐，这对于促进三峡库区、重庆特色山区以及重庆欠发达地区特色农业发展，增加农民收入以及地方经济社会发展具有重大意义，如秀山县（武陵山区）、奉节县（大巴山区）等地区，符合《武陵山片区区域发展和扶贫攻坚规划》等相关文件的精神。我们希望将学术、研究与经济、产业的发展有机地结合起来，充分发挥知识的作用。

其次，本创新项目的特色与重点是对外推荐。我们运用本校（四川外国语大学）独特的语言优势，积极借鉴外国先进理论成果，提升重庆国际形象，创造全新的重庆印象。本创新项目致力于通过渝宴，将重庆味道系统化、具体化与可视化，实现重庆味道与重庆文化的交融，从而使外宾形成重庆记忆，进而打造重庆的城市名片。本项目的核心受众是外国重要来宾，包括政治、经济、文化各领域的精英与舆论领袖，希望通过这些精英将重庆印象传播至世界各地，扩大重庆的国际影响力。

最后，本创新项目将通过较为系统的研究报告，秉承立足于重庆、服务于重庆的理念，用我们的学术研究服务重庆的外事事务，并以重庆为研究案例为各地方的外事机构在筹备地方宴会时提供具有普适性的参考方案，提高政府的行政能力，从而进一步促进作为地方重点特色高校与地方政府之间的合作交流。

②研究意义

第一，提供量化参考标准，提高地方外交外事工作水平。我们希望为地方外事机构（如重庆市人民政府外事侨务办公室等）的外事宴会制定一个量化操作标准。国宴对于宴会的规模、级别、费用等相关条件有较为明确的规定。而作为地方宴会如渝宴，在这些方面就缺少可操作性。我们的创新项目则将策划一套比较完整的预决算管理方案，为重庆外事机构在外事宴会中的相关工作提供可操作性强的参考。

第二，形成宴会品牌效应，提升地方国际知名度。我们将致力于打造一套具有重庆地方特色的外事宴请接待方案（以重庆为例）。该方案不仅可操作性强，同时也将是一个地方的特色"名片"。因为我们的方案将不局限于宴会，同时也注重发掘宴会背后的地方区域文化与区域特色产品。我们希望地区的特色文化能够在一次宴会中有一个集中而完美的展现，从而将地方宴会打造成为一个国际品牌，进而加强重庆的国际知名度。

第三，整合相关产业，带动重庆区域经济发展。因为本创新项目并不仅仅局限于渝宴这个产品本身，我们还将对渝宴的菜谱、菜品、原材料、加工工艺等流程进行深入的研究。而在这整个操作过程中对于所涉及的相关产业也是一个极好的宣传。这也许会成为"政府搭台，企业唱戏"的另一种新形式，从而带动地方产业发展，促进区域经济发展。

第四，建立地方外事"法案"，完善党风廉政工作。首先，我们将整理学习党的十八大以来的一系列有关加强党风廉政工作的讲话与文件，把握"法案"的尺度。其次，我们将参考中外国宴的相关文件，为地方外事宴请标准提供一个可操作的范本。最后，根据我们的调查研究，形成的预决算报告将进一步完善标准的财务规范。我们希望所制定的方案在获得党和政府的认可之后，能为地方宴会提供相关的参考。

综上所述，我们希望通过本创新项目，提升重庆国际知名度，提升重庆对外交往能力，带动经济发展，促进相关产业整合，完善政府相关工作。

3. 研究总结报告

（1）预定计划执行情况

进度按照计划得以顺利执行，且因为前期工作认真相关计划提前完成。

① 2014.5——前期准备

该阶段主要是收集整理与渝宴相关的国内外资料。

② 2015.6—2015.7——理论知识学习与拟定调研方案

该阶段主要是拟定"渝宴"以及相关报告的调研方案。

③ 2015.8—2015.9——调研与数据收集

该阶段主要是课题组进行实地调查研究、收集数据并详细分析整理。

④ 2015.10——理论建构与初步研究成果

根据资料收集获得的理论成果和数据收集获得的现实经验，归纳其中的要点和问题，并由此提炼出基本理论框架和研究成果。

⑤ 2015.11—2015.12——形成研究报告框架

通过整理后的数据材料，形成初步的研究报告。

⑥ 2016.1—2016.3——报告与论文撰写

在前期研究的基础上，进行专题报告和学术论文的撰写，并不断修正上述步骤。

⑦ 2016.2—2016.5——学术应用及检验

进行学术成果商业化应用的相关尝试。

（2）项目研究和实践情况

本研究成果分为三个层次，体现创新、创意与创业三大主题。

创新：三篇学术论文

《渝菜的矛盾哲学——贵族气质与江湖气息》

《重庆火锅的未来发展趋势》

《"信达雅"翻译原则对渝菜翻译的启示》

创意：研究报告

《渝宴——美食外交的重庆实践》

创业：三份商业策划案

《渝宴——你的私人定制》（完成）

《"渝宴"私人定制 App》（完成）

《"渝宴"到家》（策划中）

研究实现创新项目所有目标，并顺利完成相关创意构想，并且完成创业的初步计划。

（3）研究工作中取得的主要成绩和收获

本研究成果分为三个层次，体现创新、创意与创业三个主题，通过论文、研究报告、商业策划三种形式进行展现。

收获：学术能力提高、实践能力提高、跨学科学习能力提高、能够知行合一，将所学知识运用到处理现实问题当中。

（4）研究不足与深化空间

本研究的不足在于因为中餐菜肴烹饪方式的相对模糊，使得渝菜的量化研究工作难以大规模开展，因此在一定程度上影响了研究的规模化推广，所以我们决定制定相关的标准，构建一个较为公认的体系，进一步实现量化。

（5）研究困难与问题

本研究最大的困难便是数据与资料的获取。一方面，渝菜的标准化和体系化刚刚起步，相关文献资料极其匮乏，而一些网上或者档案资料又太过于零散，这大大加深了资料收集的难度；另一方面，地方政府外办等机关的资料，因为某些原因不能公开研究，使我们难以接触第一手的材料，为研究增加了非常大的难度。

此外，在操作过程中，由于缺乏量化分析的必要知识和概念操作的丰富经验，本研究在探索维度、指标和量化处理中付出了大量的时间和精力。

4.经费使用情况

开支科目	预算经费（元）	主要用途	阶段下达经费计划（元）	
			前半阶段	后半阶段
预算经费总额		整个科研项目的完成		
图书资料费		购买相关图书		
数据采集费		收集所需数据		
咨询费		向地方政府外事机构、学者咨询		
调研差旅费		课题调研的交通等		
劳务费		雇请人员协助收集资料和实地调研		
印刷费		印刷所需的文本资料		
设备购买和使用费		购买或租赁调研课题所需的设备		
学校批准经费				

（二）成果展示

1. 研究报告

渝宴——美食外交的重庆实践

本研究报告是项目"渝宴及其市场开发研究"的结题报告，也是渝宴创新创业团队在创新阶段的阶段性成果。本小组秉持创新引领、创意实践、创业生产的目标，在上一年度的研究学习中，不仅仅完成创新项目所有的工作，同时积极推进项目的创业化进程，已经初步完成创意构想，而本研究报告，是从创新转为创意的关键性成果。

本报告主要分为两大块内容：理论篇和实践篇。

理论篇主要通过介绍美食外交的概念、功能、实践及探索其市场化的可能性，构建较为完整的独立的理论体系。

实践篇通过美食外交的本土化实践——渝宴，更加直观地说明美食外交市场化的可能性及其巨大的市场前景。

第一章：美食外交的理论建构（许哲杰）

第二章：美食外交的功能（许哲杰、曾小钦）

第三章：美食外交的哲学意义（许哲杰）

第四章：美食外交的本土化应用（张丹、殷秀娟、杨雪平）

第五章：美食外交的市场化开发（全体小组成员）

第六章：渝宴的滥觞（曾小钦、殷秀娟、杨雪平）

第七章：渝宴的诞生（许哲杰、张丹）

第八章：渝宴的要素（张丹、曾小钦、杨雪平）

第九章：渝宴的呈现（全体小组成员）

第十章：渝宴的商业化探索（全体小组成员）

附表：

美食调研（殷秀娟）、美食新闻（张丹）、美食地图（曾小钦）、美食攻略（杨雪平）、美食论文（许哲杰）

2. 论文成果

论文 1 《"信达雅"翻译原则对渝菜翻译的启示》

随着渝菜在国际上的崛起，双语菜单出现在餐桌显得尤为重要。本文基于中国著名翻译家严复的"信达雅"翻译三原则，借助属与种差概念，推理出渝菜翻译原则，并结合本地特色，将渝菜翻译原则运用于实际情况中。此外，渝菜翻译原则也离不开对地方品牌的宣扬和对翻译人员和翻译成品的把关。川渝分家之后，渝菜走上独立自主、推陈出新之路。它的迅速崛起让世界开始了解重庆。外国友人慕名而来，但手上拿到的菜单大多数只有汉语，少数双语菜单亦是错误百出。重庆菜形式多样，翻译难度颇大，译名花样百出，往往让人难以分辨。目前只有少数的火锅店对具体的菜品有稍微详细的翻译，但大多数普通餐馆的双语菜单少之又少。2008 年，北京外事办公室为迎接奥运会出台了《中文菜单英文译法》，基于此，相关城市亦出台了针对该地区的菜品翻译，如成都市质量技术监督局发布的《四川名菜及小吃英、日、韩译法》。重庆市餐饮协会决定统一起草菜品名称供各餐厅参考，但统一稿本一直不显"庐山真面目"。结合重庆地区的特色文化和渝菜自身的特点，本文就渝菜的翻译做了一个简单的介绍。

论文 2 《渝菜的矛盾哲学——贵族气质与江湖气息》

重庆的历史错综复杂，地理位置独特，这造就了重庆独特的文化，而重庆独特的文化所蕴含的思想，也深刻地影响了重庆的方方面面，包括饮食。渝菜作为重庆饮食文化的重要组成部分，能够深刻而又形象地反映重庆的地区特征。相对于我们一般意义上的理解，即渝菜代表的是辣、麻等感官上的刺激，很少有人真正了解渝菜背后蕴含的饮食文化，即美食哲学。简单地说，渝菜所蕴含的美食哲学是复杂的，甚至可以说是完全相反的。本文希望能够通过多案例研究与量化研究的方法去探寻渝菜背后这个复杂的哲学问题。

3. 美食调研报告

项目组共进行了五次考察调研，即一次学术调研、两次领事馆调研、两次美食调研。

渝宴团队参加布达佩斯文化之春——领事厨房活动报告

时间：2016 年 5 月 6 日

参与人员：项目全体成员（许哲杰、张丹、曾小钦、杨雪平、殷秀娟）

项目全体成员与指导老师谌华侨于 2016 年 5 月 6 日下午 6 点半到达凯宾斯基酒店，参加了匈牙利驻重庆总领事馆举办的布达佩斯文化之春相关活动——领事厨房，与匈牙利领事一起走进领事厨房，为渝宴提供实证补充，为美食外交提供新型的国际案例。

此次活动是现场厨房教学，匈牙利领事担任厨师角色，让客人真正体验到原汁原味的异国风情。首先，举办方播放了有关匈牙利的特色视频，让客人对匈牙利有了一个基本的了解。而后，领事亲自下厨制作晚宴的第一道菜——华都夫鸡肉沙拉。领事在制作菜品前依次给客人介绍菜品所用的原料。与此同时，领事将与此菜品配套的托卡伊酒村生产的甜白葡萄酒介绍给大家。第二道菜是传统匈牙利烩牛肉，此菜品应该配上埃格尔公牛血干红葡萄酒。制作烩牛肉的同时，领事给客人介绍了一款匈牙利特有的辣椒粉，它不同于中国传统的辣椒粉。最后一道菜是匈牙利贡德薄饼，此菜品应配贝莱托卡伊干白葡萄酒。薄饼的主料和配料也颇具匈牙利风味。餐厅一共设置了 4 个烙饼台，客人可亲自体验制作烙饼的乐趣。

此次活动不仅仅让我们充分领略到匈牙利的民域风情，更让我们体验到其独特的文化内涵。匈牙利人吃的不仅仅是菜，喝的不仅仅是酒，还有情怀和对生活的热爱。

参加此次领事厨房活动给了项目团队许多启示：

（1）菜品透明化。匈牙利驻重庆总领事馆将他们所食所饮毫不保留地推荐给当地居民，并将厨房搬到饮食大厅，让当地居民能更好地了解本国文化。菜品是文化的有力载体。菜品的群众化和透明化为宣扬本国文化起到了奠基作用。

（2）菜品群众化。据观察此次参加领事的人员来自不同领域不同阶层。这个现象说明领事馆旨在宣传本国文化，让他们的菜品文化渗透到每个阶层。

（3）文化穿插。此次领事厨房活动不仅仅为食客介绍了匈牙利特色菜品，在介绍菜品文化的同时，还与匈牙利的旅游、经济等相结合，用 PPT、视频、图书等形式呈现。穿插的不同领域文化能够让来客更加全面地了解一个国家的风土人情和人文特色。

4.商业策划案——"渝宴"私人定制项目计划书

（1）项目概述

美食文化在各国、各地区都显示出其独特的文化魅力。与人分享美食的过程，往往会超越"吃"本身，而上升到文化层面和人文高度。美食外交逐渐成为最重要且最有魅力的社交形式。如今，国家间交往日益频繁，公众关注的焦点不仅局限于政治、经济、军事等方面，文化作为国家软实力，也越发受到重视，国宴作为国家饮食文化的重要组成部分，在国际对外交往中具有举足轻重的地位。国宴的发展在市场上形成了"政府品牌效应""政治营销"方式，并开始走进人们的视野，促进国宴市场的开发。本项目正是看到了国宴市场的开发潜力，立足于重庆本土，设计具有重庆特色、彰显重庆文化的渝宴宴席，以促进重庆文化、政治、经济的发展。

（2）市场分析及定位

①国宴市场：国宴作为最高规格的外交宴会，于衣香鬓影与觥筹交错之间彰显国家文化。

②渝宴市场：正是看到了国宴市场的强大生命力，结合重庆悠久的历史与丰富的文化背景，实地调研发现重庆各地区在长期积淀中形成了各式各样的美食，拥有鲜明个性的美食文化也成为重庆城市建设的重要一极。

③目标市场

我们根据项目发展规划，将目标市场分为两个阶段。

初期目标——重庆市政府、重庆下辖的各区县政府和外国驻渝领事馆；

终期目标——重庆各类有宴请需求的企业。

（3）竞争性优势

①市场优势：目前依据客户需求，设计具有地方特色与人文情怀的渝宴策划方案是重庆餐饮市场的一项空白。在对外宴请方面，缺乏专业的人才、知识与技能，渝宴市场具有强大的生命力与创造力，市场前景广阔。

②专业优势：本设计团队成员拥有专业而多样化的学科背景。

③成果优势：已建立起重庆各地区特色美食和餐饮企业资料库，包括各地区的菜品、饮品、特产以及各地区餐饮企业的规模、价格等详细信息。2015 年度重庆市级大学生创新创业训练计划项目《渝宴及其市场开发研究》，并已报送教育部进行国家级评选。

④政策优势：《关于积极推进"互联网 +"行动的指导意见》（中华人民共和国国务院）、《重庆市智慧旅游建设实施方案》（重庆市人民政府办公厅）、《中央政治局关于改进工作作风、密切联系群众的八项规定》。

（4）产品介绍

产品概述：本创业团队属策划团队，根据定制方的相应要求，策划出具有巴渝特色的宴席。最后所策划出的宴席叫作渝宴。渝宴取自"国宴"，是具有重庆本土特色的地方宴席。它以国宴方式为指向标，以重庆各区县特色食材为基本原料，以渝菜为主体特色菜肴，以政府、领事馆和企业为最终受众，旨在发扬重庆特色文化，促进重庆地方经济，扩大重庆国际影响力。

（5）产品受众

政府部门和驻渝使领馆：针对政府部门的外事宴请和驻渝使领馆的相关宴会，考虑到外交学专业及特长，充分掌握重庆市政府外事办公室以及相关部门历年来宴请各国外宾的菜品，取其精华，并充分运用国宴理念，推出一套全新的美食宴请方案。

（6）产品影响

①文化角度：饮食是文化的传播者，渝宴是发扬重庆文化的载体。渝宴将重庆味道系统化、具体化与可视化，实现重庆味道与重庆文化的交融，从而使整个系统形成重庆记忆的特色，进而打造重庆的城市名片，扩大重庆的国际影响力。

②政治角度：渝宴的推广使普通群众接受高品质的政府产品，缩短了政府与人民之间的距离。渝宴策划是第一个专业为政府策划具有重庆特色的项目，形成政府品牌之后将走向企业团体。这让政府产品和政府品牌接近群众，使大众也能体验高品质高规格的菜肴。同时，从饮食的角度，政府也能接受人民监督。

③经济角度：渝宴对地方原料的充分利用可以拉动地方产业链的发展，

这对地方经济发展起着巨大的推动作用。地方原料冠以政府品牌，知名效应和大众效应便会接踵而至，逐渐形成地方经济促进重庆市经济的反馈效应。

（7）操作流程（略）

五、后续发展

在创新项目结束之后，课题项目组成员还参与了第二届全国"互联网+"创业大赛和全国大学生"创新、创意和创业"大赛，项目组表现优异，获得省级一等奖，同时吸引多个创业投资公司的关注。

本项目成功地完成了创新阶段和创意的研究任务，但是在创业阶段遭遇了滑铁卢。不过项目负责人还是会将项目在创新阶段的成果进行再发展。

六、团队档案

姓名	许哲杰	在校信息	四川外国语大学本科毕业 在校主修外交学专业、辅修财务管理专业
毕业流向	复旦大学硕士研究生。		
课题感悟	科研和生活很像，平淡无奇却又充满惊喜。最开始，筚路蓝缕，对科研仅仅是一种感性的认识，觉得高端大气。但是真正入此山做此事的时候，又会感到迷茫，甚至不知所措。有幸的是在不识庐山真面目的时候，有导师和学长学姐的指引和帮助。可是，学术或者科研如人饮水冷暖自知，最终还是要自己去走，要多做多实践。 　　相较于学习，科研是一件累人的事情。这就好比坐车和开车的区别。在科研中需要自己规划方向，把握节奏，需要统筹团队的进度，是一个系统性的工程。尤其对于主持项目而言，这就是一场修行，一场对各方面能力的挑战。 　　每个人都有自己擅长的方面，学术和研究也有不同的道路，组长需要做的不是任务的平均，而是有区别地分配任务，发挥组员所长，统筹推动研究的进程。 　　在研究过程中也要不断学习和锤炼自己的各项能力。比如写作能力，原来以为长篇大论是困难的，最后发现精练的表达更具挑战性，所以在科研中要不断对自己的能力进行修剪。毕竟与艺术相比科研是一个更加严肃的规范化的过程，而不是一个创造浪漫的过程。 　　路漫漫其修远兮，于我而言，才刚刚触及科研的冰山一角。星辰大海，只愿是大鹏一日同风起，扶摇直上九万里。本着踏入这条道路的初心，去看看更加遥远的风景。		

姓名	张丹	在校信息	四川外国语大学本科毕业 在校主修外交学专业、辅修英语专业
毕业流向		中国人民大学硕士研究生，现任重庆市南开中学教师。	
课题感悟		大学期间，最难忘的莫过于五个人一起做课题的时光。在整个课题研究的过程中，每一次思想的交锋对于彼此都是一种成长。一个想法从最初萌芽到孕育再到开花结果凝聚了老师和团队无数的心血。发现问题—解决问题不仅锻炼了我的学术思维，更让我在以后的人生中，面对困难能时刻保持科研的精神，不断学习和进步。	

姓名	杨雪平	在校信息	四川外国语大学本科毕业 在校主修外交学专业、辅修金融学专业
毕业流向			
课题感悟		对"渝宴"这个课题的研究是我大学期间最难忘和最宝贵的经历。让我对学术有了一个完整的了解。从项目的申报到研究开展再到实地调研，最后论文的写作，这一过程不仅提升了我的学术能力，还让我对学术产生了浓厚的兴趣，体会到那种坚持不懈、不畏艰险、勇攀高峰的学术精神，这种精神将会激励着我不断地战胜困难勇往直前。	

姓名	殷秀娟	在校信息	四川外国语大学本科毕业 在校主修外交学专业
毕业流向		四川外国语大学硕士研究生，四川外国语大学党政办综合助理。	
课题感悟		"渝宴"这个课题打开了我对社科类学术科研课题的认知大门，增加了我对科研课题申报的了解，如课题申报的意义、价值及创新、操作流程等，并锻炼了我的学术思维。我非常有幸成为课题组的成员之一，在我们的密切配合下，成功将这个课题晋级为国创计划项目。同时也对我的本科毕业论文帮助很大，尤其是论文大纲、行文逻辑以及变量设置等方面，让我能够以一个更具学术性的标准完成本科毕业论文。最重要的是，该课题的经验成为我研究生阶段独自申请课题的重要导航，尤其是在课题的申报书、课题研究意义、研究创新、研究价值等方面，都存在异曲同工之处。不管未来从事什么职业，这种严谨求实的学术精神、努力钻研的科研精神都将成为我的宝贵财富。	

姓名	曾小钦	在校信息	四川外国语大学本科毕业 在校主修英语专业
毕业流向		任职于重庆某集团。	
课题感悟		课题的研究使我第一次感受到学术的魅力。在课题中，我运用自己的语言优势为课题的开展和国际化贡献自己的力量，不仅使得语言学的专业知识融入政治学和社会学的研究当中，更使我的语言和专业能力得到极大的提高。对于我而言，课题的研究是我课余生活精彩的一笔，也为我打开了新世界的大门。	

七、导师感悟

渝宴是学院教师联合指导在校生获得的第一个国家级大学生创新创业训练计划项目，该项目也是团队尝试将学科知识进行现实应用转化的首次探索。在项目务实且高效推进的过程中，在多个方面都产生了不俗的成果。回想起项目推进的过程，以下几个方面给我们留下了深刻印象：

第一，课程学习与项目建设同步推进。在项目推进过程中，团队多位成员在不同学期同步选修导师的授课课程。在课程教学过程中，针对项目申报书写作的框架搭建，研究思路的厘清，研究素材的梳理，项目汇报等方面的要求，对项目成员进行有针对性的指导。参照项目建设任务，创造性完成课程作业，进而实现个人能力的提升，从而更好地实现项目建设任务。将项目建设的重难点融合到日常课堂学习，是项目组能够取得多样化成绩的大胆尝试。

第二，多维度推进项目建设。团队成员在推进渝宴项目的同时，紧盯多个层级的"互联网+"等系列创新赛事，积极参与学校、重庆市和国家层面的赛事，通过比赛，全面提升个人综合能力。最终，团队成员在学院、学校、重庆市和国家层面的多项赛事中颇有斩获，成绩显著。

第三，师生产学研互动。渝宴项目起初源自导师对国际问题进行系统趣味化的尝试。在推进该项目的同时，还在同步推进其他趣味化活动，并积极申请渝宴商标，尝试将这一美食创意付诸企业实践，成功在项目结项一年后拿到可以从事餐饮服务、咨询的渝宴商标，并最终形成趣味外交学系列。

驻渝使领馆历史资源整理与使领馆区建设研究

苏洁　康巴鋆 *

一、项目缘起

"驻渝使领馆历史资源整理与使领馆区建设研究"课题的从无到有、从雏形到成型可以说是从点到面的一个个触发过程。选题的确定存在较大的偶然性，也有相关的必然性。

（一）导师支持

本课题负责人初入大二时，就听说本学期会有一位挂科率极高的"魔鬼老师"。"魔鬼老师"实则是一位非常严厉且负责的老师，尤其支持并鼓励学生进行创新创业课题研究。与此同时，国际关系学院也发出《外交外事实验中心大学生创新创业计划团队大学生独立实践团队招募启事》的通知。于是，课题负责人和三名同学（本团队成员）决定明知山有"虎"，偏向虎山行，参加大学生创新创业训练计划并选择该老师作为项目指导老师。但此时团队对于创新创业、学术研究、课题申报包括选题方向都是完全没有概念的，只知道"大学生创新创业训练计划"这个项目，并认定了课题的指导老师。

在初次就课题和导师碰头时，导师询问了每一位成员的爱好、特长及个人规划，认为团队成员应该从个人兴趣及规划出发选择课题，因为科研在一定程度上是枯燥的，如果没有以兴趣和规划为导向是很难坚持下去的。并且，在询问导师选题方向时，导师建议成员们先头脑风暴，查找资料，列出一些大的方向后，再给予指导，否则很容易给大家的思维带来桎梏。

* 苏洁，任职于新东方教育科技集团；康巴鋆，曾任职于中杰·中国海外保安集团。

（二）团队合作

在导师的鼓励和支持下，团队成员从自己的兴趣出发，结合各自的专业及个人规划对项目的选题方向展开思考。团队成员均是国际关系学院 2014 级学生，其中有喜爱国政外交的英语专业学生，有热爱历史或熟悉法语的国际政治专业学生，还有专业知识十分扎实的外交学专业学生。结合大家的兴趣和专业特点，团队确定了选题的大方向，即围绕着各国驻渝使领馆遗址进行研究。该选题大方向综合了团队成员"国政外交学＋语言＋历史学"的专业背景和兴趣，同时团队成员的专业素养也符合"专业性（知识的专业）＋工具性（语言作为工具）"的课题研究需求。但是，由于当时团队成员都是才升入本科二年级的学生，对学术研究还缺乏经验，并且对课题的申报和选题还缺乏敏锐度和预见性，故团队在更细致化的选题方向上征求了导师意见。

（三）时代背景

关于课题的具体选题，导师认为创新创业课题虽需要注重创新，但更应该充分考虑时代需求、政策需求。能够在扎实的学理性研究基础上展开的、可实现的创新，才是真正被需要、有价值的创新，而不是幻想。

因此，导师建议团队首先需要做好驻渝使领馆历史资源的挖掘和梳理，做到以史为鉴，从历史资源中汲取经验。其次，需要在历史资源整理的基础上对驻渝使领馆遗址现今所能发挥的作用进行延伸和进一步思考。最后，导师以当下时代背景和政策为导向，注意到 2016 年中央外事工作会议指出："外事工作必须坚持以经济建设为中心，紧密结合国内工作大局，在统筹国内国际两个大局中加以推进。"建议团队要以驻渝使领馆遗址历史资源研究为基础，以当下使领馆的建设研究作为创新点和项目落地方向。

综上所述，结合团队成员特色、导师开放性指导风格以及时代背景下的重庆等多方面因素，产生了最终的选题"驻渝使领馆历史资源整理与使领馆区建设研究"。

二、项目申报

2015 年 11 月 6 日，四川外国语大学国际关系学院于官网发布《外交外事实验中心大学生创新创业计划团队大学生独立实践团队招募启事》，本团队积极报名并联系导师着手准备课题申报事宜。

（一）校级大学生创新训练计划项目申报书

一、基本情况

项目名称	驻渝使领馆历史资源整理与使领馆区建设研究					
所属学科						
申请金额			起止年月			
主持人姓名	苏洁	性别		民族		出生年月
学号		联系电话				
指导教师		联系电话				
主持人曾经参与科研的情况						
指导教师承担科研课题情况						
指导教师对本项目的支持情况						
项目组主要成员	姓名	学号	专业班级	所在学院	项目中的分工	
	黄宸		英语	国际关系学院	功能职能研究	
	康已鋆		外交学	国际关系学院	历史资料汇编	
	李可馨		国际政治	国际关系学院	使领馆区开发研究	

二、立项依据（可加页）

（一）研究目的

重庆自古以来就是川东地区的政治、经济中心，对外交往的历史源远流长，拥有丰富的外事资源，是全国拥有大量使领馆遗址的城市之一。《国务院关于城市总体规划的批复》明确将重庆定位为"我国重要的中心城市",中心城市对外发展外向型经济以及推动国际文化交流等方面具有重要作用。重庆"十三五"规划中明确提出:"坚持在融入国家对外开放和区域发展战略中谋划自身发展,提升利用国际国内市场资源的效率与效益,加快培育形成国际经济合作和竞争新优势。"重视使领馆的作用,推进领事馆建设既是对中央外事精神的贯彻落实,也将助力中央与地方"十三五"发展规划。

使领馆作为一个国家向驻在国的派驻单位,旨在代表本国对外办理外交事务,增进派遣国与接受国之间政治、经济、文化等方面的联系(《维也纳领事关系公约》)。作为连接派出国与驻在国的桥梁,使领馆是集聚外事资源的最重要的载体,使领馆区为驻在国,尤其为驻在地带来大量的外事资源,同时也为驻在地积累大量的社会资本,这样的外事资源和社会资本将为驻在地带来发展机遇。作为官方外事机构,使领馆在加快对外开放进程、提高开放型经济水平的过程中扮演着重要的协调和促进的角色,将成为重庆构建中心城市职能的关键。

作为拥有众多使领馆遗址的城市,重庆应该大力挖掘驻渝使领馆的相关资源,充分发挥领事馆在促进经济发展、文化交流等方面的关键作用,在新常态下优化开放功能,以新思路、新举措发展更高水平、更高层次的开放性经济,实现五大发展理念的贯彻落实。本课题将致力于厘清使领馆基本功能,挖掘驻渝使领馆典型案例,从而实现对驻渝使领馆外事资源的整合集聚,推进驻渝领事馆建设,最终献智重庆"十三五"发展规划。

(二)研究内容

1.研究对象

本研究以驻渝使领馆为核心,包含以下三方面内容:第一,对驻渝使领馆的历史资料按照国别分类并展开深入挖掘,进而实现对相关历史资料的系统性整理;第二,在前期历史资料整理的基础上厘清驻渝使领馆的具体职能,梳理总结驻渝使领馆各项功能,实现对使领馆功能的学理性总结与提升;第三,基于以上学理性的研究,着眼于驻渝使领馆的现实应用价值,分析驻渝使领馆区功能开发。

2. 总体框架

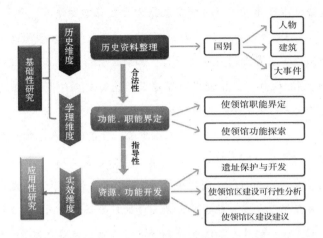

本课题将依循历史维度、学理维度、实效维度的结构展开。第一，收集整理大量国内外关于驻渝使领馆的档案文献等第一手资料和国内外相关新闻报道、研究图书等相关资料并按照国别分类形成案例库；第二，基于大量的历史资料及案例对使领馆职能进行界定并探索使领馆的各项功能；第三，本课题将实现学理性意义的现实应用，基于上述学理性基础形成的对驻渝使领馆外事资源和社会功能的开发与使领馆区建设进行可行性分析与建议。

3. 主要目标

（1）梳理驻渝使领馆史料

按国别分类，从人物、建筑、大事件入手，对与驻渝使领馆相关的档案文献等第一手资料和国内外相关新闻报道、研究图书等相关资料进行系统性的梳理，形成脉络清晰的案例库，并实现驻渝使领馆历史发展的可视化。

（2）驻渝使领馆的职能细化

根据整理的大量史料，选取驻渝使领馆的相关办事记录，形成办事记录表，并根据办事记录表对驻渝使领馆进行职能界定并形成相关的研究报告。

（3）驻渝使领馆的功能发掘

对与驻渝使领馆功能有关的资料进行整理，形成资料汇编，并在已有资料的基础上通过数据分析等方法探索驻渝使领馆的各项功能，形成使领馆功能界定的研究报告。

（4）驻渝使领馆区开发的可行性

对驻渝使领馆遗址进行实地考察，形成调研报告和使领馆遗址保护与开发建议；结合各国各地的使领馆区建设的案例，形成驻渝使领馆区建设的可行性分析报告并给出驻渝使领馆区建设的建议。

（三）国内外研究现状和发展（创业项目的动态行业现状、发展趋势）

本项目主要涉及驻渝使领馆案例、使领馆基本功能与职能、使领馆区建设规划等方面的文献。

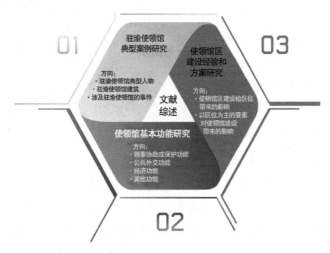

1. 驻渝使领馆典型案例研究

该部分的文献主要通过历史资料的系统整理与实地考察的方法，以国别为标准，整理出外事志、政府档案、近现代及当代新闻稿件、口述历史等类目。

经整理发现，有三次外国来渝建设使领馆的高潮。第一次是鸦片战争后西方列强逼迫中国政府强行开埠时期。继 1890 年中英《新订烟台条约续增专条》签订与英国驻重庆领事馆建成之后，诸列强通过"片面最惠国待遇"逼迫中国政府在重庆开埠，并纷纷设驻渝领事馆以管辖控制中国西南片区（孙俊桥、薛芃芃，2016），重庆的外事资源由此开始积累。第二次是以抗战为历史背景的驻华大使馆迁移时期。随着国民政府内迁，世界反法西斯同盟美、苏、英、法等 30 余国，先后将大使馆迁驻重庆（李盛虎，2014），由此，重庆的外事资源储备水平达到顶峰。第三次是 1997 年重庆成为直辖市以来，并随着 2000 年 3 月 1 日英国驻重庆总领事馆成立成为新时期第一个驻渝领事馆后，外国政府在渝设立的领事机构不断增加。

驻渝使领馆典型案例研究的第一个视角是研究驻渝使领馆典型人物。此部分文献较多，以陪都时期荷兰驻中国大使馆一等秘书高罗佩为典型代表，展现了"比中国人还中国人"的高罗佩在重庆除从事外交事业以外的趣闻逸事；除此之外，也有研究英国驻重庆领事馆第二任总领事庄延龄、英国驻中国大使馆文化参赞李约瑟、巴西驻中国大使馆第一任大使游兰略等的。还有诸多文献，使得驻渝使领馆人物跃然纸上，他们为当时的中国外交做出了贡献，也在重庆留下了自己的故事。

第二个视角是研究驻渝使领馆建筑。有研究某一国家驻渝使领馆建筑风格的，较为典型的是法国驻重庆总领事馆（李盛虎，2014），文献分析了迁入下半城凤凰台新址的法国驻重庆领事馆与"奥当军营"的"殖民主义的券廊"的建筑样式与法国在重庆设立领事馆之原因。除此之外，还有仿巴洛克式砖木结构的美国大使馆与苏联大使馆（邓幼萍等，2005）。也有从历史视角研究驻渝使领馆建筑区位及其保护的，根据相关史料和《重庆市志·外事志》（2005）的记载，重庆市内使领馆遗址大多集中在渝中区领事巷、渝中区鹅岭公园区域和南岸区南山内，大致呈两线两片的结构（孙俊桥、薛芃芃，2016）。

第三个视角是研究涉及驻渝使领馆的事件。如美国大使赫尔利，他在协调史迪威与蒋介石的关系、中国战场军事问题及调解国共关系方面做了很大的努力（周勇、周昌文，2015）。其他典型案例如与苏联驻华使馆有关的"皖南事变"（杨奎松，2003）以及与日本驻重庆领事馆有关的"归还重庆日租界"事件（黄淑君，1989）。

2. 使领馆基本功能研究

该部分的文献主要通过历史资料整理与论文归纳总结的方法，梳理使领馆基本功能。

使领馆基本功能是研究的重点与热点。传统国际法把驻外使馆的职责笼统地定为三大项：保护、谈判和观察（陈志敏、肖佳灵、赵可金，2008）。"二战"后，《维也纳外交关系公约》（1961）和《维也纳领事关系公约》（1963）则为使领馆的功能提供了合法化的依据。

基于上述两个国际条约所规定的基本功能，如今使领馆的职能有了巨大的发展，并增加了许多新的功能。目前学界的研究，大部分都是从使领馆架构出发，对功能进行讨论。目前主要集中在下述三个功能：

第一，领事协助或保护功能。这一部分的文献大多是基于当前海外安全威胁日益复杂的背景与《维也纳领事关系公约》，以国际法的视角并辅之以案例，采用回顾文献和分析、比较现状的方法进行阐述，指出领事协助或领事保护的职能于当前形势而言具有十分重要的意义。

第二，公共外交功能。这一部分的功能有两个热门的研究方向：其一是以"微博外交"为主的网络外交。外交机构的微博作为一国外交行政部门开设的官方微博，体现了一个国家在外交政策和战略上的意志（应健，2012）。其二为文化交流活动。典型案例为2015年9月的重庆"荷兰日"系列活动，该活动通过举办"重庆人家"摄影展、荷兰体验馆、中荷建筑设计和城市发展论坛、中荷时尚交流会等，让市民体验纯正荷兰风情文化（《重庆日报》，2015），其他还有意大利驻重庆总领事馆发起的观影活动。

第三，经济功能。目前学界均同意驻外使领馆能显著促进接受国出口贸易的增长的观点。根据《维也纳外交关系公约》第3条和《维也纳领事关系公约》第5条的规定，使领馆的主要职责是促进派遣国与接受国之间的友好关系，以及发展两国之间的经济、文化和科学关系。由于驻外使领馆对驻在国经济发展、市场需求、经贸法规、投资环境、企业活动等情况较为熟悉，因此很多国家都寄希望于通过使领馆来加强双边的经贸往来（郭昕炜、陈丰龙，2014）。

其他的功能也有相关的文献，不过数量相对较少，如讲述领事认证功能的《穿越"文书签证"，感悟"领事认证"》（任正红，2015），讲述使领馆调研功能的《论驻外使领馆的调研工作》（杨闯，2005），讲述使领馆档案功能的《驻外使领馆中的档案工作》（王新艳、崔颖，2004），讲述使领馆推动教育外事功能的《做好新阶段教育外事工作》（高靓，2009），讲述使领馆签证工作的《英国驻重庆总领事馆——为赴英人士提高签证服务水平》（重庆与世界，2005），等等。

3.使领馆区建设经验和方案研究

该部分主要以北京、武汉、西安等城市为例，系统且全面地梳理国内兄弟省市的使领馆区建设经验。

国内对于领事馆区建设非常重视。据不完全统计，目前国内共有13个城市设有外国大使馆或领事馆，均为国家中心城市、省会或沿海开放城市，包括北京、上海、广州、成都、重庆、沈阳、昆明、南宁、武汉、厦门、青岛、西安（郁德强，2014）。大多数研究者认为，领事馆区的建设将有利于统筹管理，更好服务外国驻某城市的外事机构，同时亦提升某城市的形象，吸引外资，对该地经贸合作、文化交流、高层互访等起到重要的推动作用。可以看出，使领馆区的建设是城市规划方面的"朝阳产业"，未来发展前景巨大。

从目前的研究视角看，该方面的研究大多从城市规划史切入，以使馆区建成的历史背景、使领馆区发展现状或者使领馆遗址保护现状等为视角，从而从建筑学、历史学、城市规划学等学科层面阐述使领馆区或其内部建筑的价值与保护的重要性。其他的参考文献多为该地区规划局发布的区域规划。

第一个分析的视角是使领馆区对该区域存在的社会、经济、文化影响的分析，即使领馆区建设给区位带来的影响。以北京为例，通过分析发现拥有大量外国驻华使馆对于朝阳区的积极影响有：朝阳区的"国际化社区"建设步伐加快，地区国际化水平明显提高，区域国际商业特色氛围浓厚，国际文化交流活动频繁，成为有国际影响力的传媒中心（高学礼，2012）。

第二个分析视角是使领馆区的现状分析诸如规划选址、建筑设计等使领馆区发展要素，即以区位为主的要素对使领馆建设带来的影响。郁德强通过分析西安领事馆区所在地——西安浐灞生态区的区位特色等提出建设建议：（1）突出特色，体现区位优势；（2）借力欧亚经济论坛（永久会址在西安浐灞生态区），打造丝绸之路经济带的亮点区域；（3）高点规划，建设高品质的领事馆示范区（2014）。高尚亦从规划选址、建筑设计和安全反恐三个方面对使馆区建设要素进行分析。他提出，使馆区的规划选址需要解决交通条件、市政基础、外交公寓、涉外商业办公配套和使馆人员子女上学等几方面问题；在建筑设计时关于签证处提出出入口、等候区和预留扩展空间的要求；大使官邸需要有社交空间和客房；提出外交公寓的安全、配套、装修和物业的建议（2007）。

综上所述，我们可以发现，通过对这三部分文献的梳理，当前的研究存在如下问题：（1）方法单一。学者研究的方法较为局限，多使用文献研究法，而鲜有使用其他的研究方法深入探索。（2）整合性不强。目前少有对使领馆职能与功能的学理性研究与使领馆建设方案规划进行整合。使领馆基本功能研究方面的文献，通常从学理性角度出发，而缺少一定的案例对学理进行诠释，略带晦涩；而驻渝使领馆典型案例与使领馆区建设经验和方案研究部分，又缺乏学理对案例进行解读，导致该部分文献的普适性价值降低。（3）观点片面。多数学者研究使领馆的基本职能，而基本职能中又着重研究经济职能、公共外交职能与领事保护的职能，少有研究其他职能，致使其他职能的研究文献屈指可数。综上可知，国内外对重庆使领馆历史资源整理与领事馆区建设研究存在空缺。

（四）创新点与项目特色

我们小组以"驻渝使领馆"为研究对象，以对驻渝使领馆的职能进行界定及开发。本项研究就以往对使领馆的认识及研究基础上有以下创新之处：

1. 技术综合化。研究方法多样，按照谱系学梳理相关历史发展的脉络；课业之余走访诸多领事馆遗址、跟随学院组织拜访英国驻重庆总领事馆并形成报告；收集并整理当地居民口述史资料。

2. 文献多样性。我们所收集的文献包含口述历史、新中国成立前后的政府工作文件、学术论文、历史档案、学理性教科书，佐之以国际法条，并以相关的关键人物为核心展开文字及图片资料的收集。同时，基于学校和小组成员的语言优势，我们的文献语言包括但不仅限于中文、英语、法语、德语、葡萄牙语、西班牙语、俄语，保证了文献的多样性及客观性。

3. 观念导向性。已有的对驻渝使领馆的研究基本均从历史角度，对各国使领馆的历史发展进行陈述。而我们的项目则以历史研究为基础，同时与国家战略相结合，探索使领馆后续建设的可行性。项目中的各项基础性研究都为使领馆功能的开发起着指导性作用，为使领馆区开发建设提供指导。

（五）技术路线、拟解决的问题及预期成果（创业项目的市场分析、可行性分析、经营策略和财务分析等）

1. 技术路线

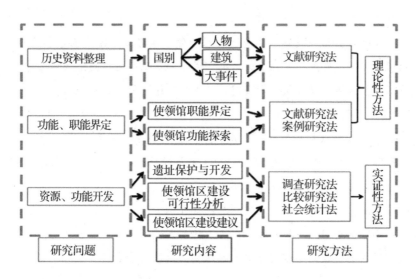

第一，理论分析与实证分析相结合。针对本课题所涉及的三个主要研究问题，将它们细分为具体的研究内容，并根据研究内容的学理性和应用性侧重不同，相应地选用文献分析法和案例分析法等理论性方法或调查研究法等实证性方法。

第二，历史学与统计学等多学科方法相结合。本课题在研究方法方面，践行了全方位、宽领域、多层次的原则。不仅仅使用较为常规的历史学相关研究方法，更融合了社会学、统计学等学科的多种研究方法，将质化研究法与量化研究法有机结合。

2. 拟解决的问题

本课题旨在解决以下问题：（1）针对目前驻渝使领馆历史资料分散且琐碎的问题，对驻渝使领馆相关历史资料进行系统性整理；（2）针对使领馆职能、功能界定模糊的问题，将驻渝使领馆功能、职能明晰化；（3）针对驻渝使领馆遗址保护不力和使领馆区功能开发相对落后的问题，给出驻渝使领馆遗址保护建议和建设"重庆特色"使领馆区的方案。

3. 预期成果

案例研究，即驻渝使领馆案例研究。旨在通过梳理重庆历史，挖掘驻渝使领馆典型资源，通过案例研究的方式，形成《驻渝使领馆历史案例册》和驻渝使领馆历史发展地图，以实现凝结历史、汇聚当下的目的。

学理研究，即使领馆职能、功能研究。从理论上探讨并梳理使领馆各项职能和外事资源聚集功能，形成使领馆职能一览表和使领馆功能探索研究报告，以实现更新观念、重视使领馆作用的目的。

驻渝使领馆区建设建议。首先，对驻渝使领馆遗址进行实地考察，形成驻渝使领馆遗址保护与开发研究报告；其次，通过调研兄弟省市的使领馆区建设经验，形成重庆使领馆区建设方案，形成建设"重庆特色"使领馆区报告。

（六）项目研究进度安排

由于该项目涉及的内容较为广泛，且考虑到要运用课余时间完成该项目，所以我们的研究期限较长，决定用两个学期完成该项目（2016年1月—2017年3月）。

1. 申报书写作学习（2016.1—2016.3）

该阶段主要是学习申报书的写作和选择并确定研究方向。

2. 前期准备与申报书撰写（2016.3—2016.4）

该阶段主要是收集整理与驻渝使领馆相关的国内外资料。

3. 理论知识学习与研究（2016.4—2016.5）

该阶段主要是将前期的资料梳理汇编形成案例库。

4. 实地调查与研究（2016.5—2016.8）

该阶段主要是课题组对驻渝使领馆遗址和现址进行实地调查研究，收集数据并进行详细分析整理。

5. 理论建构与初步研究成果展现（2016.9—2016.10）

根据资料收集获得的理论成果和数据收集获得的现实经验，归纳其中的要点和问题，并由此提炼出基本理论框架和研究成果。

6. 形成研究报告框架（2016.11—2016.12）

通过整理后的数据材料，形成初步的研究报告。

7. 报告与论文撰写（2017.1—2017.4）

在前期研究基础上，进行专题报告和学术论文的撰写，并不断修正上述步骤。

8. 学术应用及检验（2017.5—2017.6）

进行学术成果实际应用的相关尝试。

（七）已有基础

1. 与本项目有关的研究积累和已取得的成绩

（1）研究积累

①驻渝使领馆档案文献

周焕强，郭永彬.重庆市志第十四卷.重庆：西南大学出版社，2005 年 9 月。

四川省地方志编纂委员会.四川省志·外事志.成都：四川人民出版社，2001 年 1 月。

周振鹤总策划，弘侠整理.美国驻中国重庆领事馆领事报告（1896—1906）.桂林：广西师范大学出版社，2012 年 12 月。

②学理性著作

陈志敏，肖佳灵，赵可金.当代外交学.北京：北京大学出版社，2008 年 8 月。

李宗周.领事法和领事实践.梁宝山，黄屏等译.北京：世界知识出版社，2012 年 4 月。

《中国领事工作》编写组.中国领事工作.北京：世界知识出版社，2014 年 2 月。

熊志勇，苏浩. 中国近现代外交史. 北京：世界知识出版社, 2005 年 11 月。

科兰. 大使馆与外交官. 北京：世界知识出版社, 1998 年 11 月。

③相关国际条约

《维也纳外交关系公约》(*Vienna Convention on Diplomatic Relations*)

《维也纳领事关系公约》(*Vienna Convention on Consular Relations*)

④研究专题及理论

张克雷. 旧日重庆中的荷兰影像（1938—1946）. 荷兰驻中国大使馆, 2011 年 12 月。

施晔. 荷兰汉学家高罗佩在渝期间交游考. 上海师范大学学报（哲学社会科学版）, 2012 年第 3 期。

张莉. 荷兰大汉学家高罗佩的重庆故事——"巴渝旧事君应忆"展览的策划与解读. 中国博物馆, 2015 年第 4 期。

张光明. 李约瑟博士访问重庆的回忆. 重庆与世界, 1998 年。

李盛虎. 法国使领馆洋房里暗藏着别有用心. 重庆与世界, 2014 年。

杨吉，谭舒. 寻找"领事巷". 重庆与世界, 2011 年。

孙俊桥，薛苋苋. 重庆使领馆建筑遗产保护与再利用研究. 城市发展研究, 2016 年第 2 期。

周勇，周昌文. 赫尔利与重庆谈判——以《美国对外关系文件集》(FRUS) 为基础的考察. 探索, 2015 年第 3 期。

黄淑君. 重庆王家沱日本租界始末. 西南师范大学学报（哲学社会科学版）, 1989 年。

郭志强. 领事协助法律制度研究. 外交学院博士学位论文, 2013 年。

郭昕炜，陈丰龙. 驻外使领馆是否促进了中国出口贸易的增长？世界经济与政治论坛, 2014 年第 4 期。

高学礼. 北京使馆区对朝阳区社会经济文化的影响. 当代北京研究, 2012 年。

郁德强. 关于西安领事馆区建设的若干思考. 东方企业文化, 2014 年。

（2）已取得的成绩

①实地调研大量驻渝使领馆遗址，形成调研报告《李子坝附近地区遗址走访报告》《领事巷及其附近遗址走访报告》《两路口国际村社区走访报告》，同时还调研了其他省市的部分使领馆遗址，包括：上海法国领事馆旧址、上海比利时领

事馆旧址、南京波兰大使馆旧址星汉别墅、美国驻青岛领事馆旧址。

②收集整理大量资料，形成按国别分类的驻渝使领馆资料集锦，主要包含荷兰、巴西、苏联、美国、英国的各方面历史档案和相关资料；根据已整理好的资料研究使领馆中的人物，形成案例汇编《旧重庆使领馆中的父与子》。

2. 已具备的条件、尚缺少的条件及解决方法

（1）已具备的条件

①学校导向与学院支持

四川外国语大学具有良好的语言基础和学科平台，与外交部高级外交官创新实践委员会已达成合作协议，建立起部校合作人才培养机制；自 2013 年起，每学期会有三名高级外交官来校进行嵌入式教学。四川外国语大学国际关系学院作为西南地区首个国际关系学院，同时也是首个外交学布点单位，具有良好的研究基础。国际关系学院是重庆市 2011 协同创新中心——重庆"走出去"战略与金砖国家研究协同创新中心挂牌单位，同时，所属重庆市级实验教学示范中心——外交外事实验中心也是市内首个外交类专业实验室。

此外，国际关系学院还与重庆驻渝领事馆、驻华大使馆（巴西、英国等）、重庆市人民政府外事侨务办公室等单位开展了广泛的交流与合作，这将为此课题研究提供坚实的基础。

②档案馆藏资源挖掘

寒假期间本课题组成员已经从重庆市档案馆、中国第二历史档案馆查询收集到大量与驻渝使领馆有关的档案材料；同时在南京图书馆、上海图书馆找到大量文献，以上资源收集已较为齐备，将为本课题研究提供充足的素材。

③实地考察与采访

四川外国语大学国际关系学院纵横学社已开展领事馆参观系列活动。2015 年 6 月课题组成员已参观访问过英国驻重庆总领事馆；同时在 2016 年初，课题组成员随课题指导老师到西南大学伊朗研究中心进行交流，为课题研究打下了坚实的方法论基础。

2016 年初，课题组成员已经对重庆地区使领馆部分遗址（李子坝抗战遗址、领事巷附近地区遗址、两路口附近地区遗址）进行了初步走访与调研，且已形成调研报告，将有助于本课题的深入研究。

（2）尚缺少的条件及解决方法

①档案资料获得存在困难。由于现存的有关驻渝使领馆的档案和资料较分散且部分遗失，并且部分档案目前尚未解禁，因此，本课题在进行过程中将面临档案连贯性不够等问题。针对该问题，我们将最大限度地整合现有的国内档案并从相应国家的档案平台检索，并前往西南大学抗战大后方研究中心交流学习，收集各种外文档案和资料，保证档案的相关性和丰富性。

②众多驻渝使领馆遗址或旧址完全消失或不对外开放导致考察存在困难。因此，针对该问题，我们将最大限度地整合现有档案和资料，通过电子邮件与国外驻渝使领馆人员后裔进行沟通，以便获取更多的资料。

三、经费预算

开支项目	预算经费	主要用途	阶段下达经费计划（元）	
			前半阶段	后半阶段
预算经费总额		整个科研项目的完成		
图书资料费		购买相关图书		
数据采集费		收集并处理所需数据		
咨询费		机构、学者咨询		
调研差旅费		交通、住宿等		
劳务费		收集资料和实地调研		
印刷费		印刷所需文本资料		
设备购买和使用费		购买或租赁调研课题所需的设备		

（二）重庆市级大学生创新训练计划项目申报书

项目名称			驻渝使领馆历史资源整理与使领馆区建设研究			
项目起止时间						
负责人	姓名	年级	学院	学号	联系电话	E-mail
	苏洁	2014级	国际关系学院			
项目组成员	黄宸	2014级	国际关系学院			
	李可馨	2014级	国际关系学院			
	康巳鋆	2014级	国际关系学院			

续表

指导教师	姓名			职务/职称	
	所在单位				
	联系电话		E-mail		
校外导师	姓名			职务/职称	
	所在单位				
	联系电话		E-mail		

一、项目简介（50 字左右）

本课题将通过对驻渝使领馆历史资源的系统梳理，总结提升使领馆职能，探讨使领馆区建设方案，完善重庆中心城市职能。

二、申请理由（包括自身／团队具备的知识、条件、特长、兴趣、前期准备等）

1. 学校导向与学院支持

四川外国语大学具有良好的语言基础和学科平台，与外交部高级外交官创新实践委员会已达成合作协议，建立起部校合作人才培养机制；自 2013 年起，每学期会有三名高级外交官来校进行嵌入式教学。同时，四川外国语大学国际关系学院作为西南地区首个国际关系学院，同时也是首个外交学布点单位，具有良好的研究基础。国际关系学院是重庆市 2011 协同创新中心——重庆"走出去"战略与金砖国家研究协同创新中心挂牌单位，同时所属重庆市级实验教学示范中心——外交外事实验中心也是市内首个外交类专业实验室。

同时，国际关系学院还与重庆驻渝领事馆、驻华大使馆（巴西、英国等）、重庆市人民政府外事侨务办公室等单位开展了广泛的交流与合作，这将为此课题研究提供坚实的基础。

2. 团队研究能力

（1）跨学科

依托国际关系学院"以国际事务为导向，语言能力并重"的培养模式，本项目组成员的专业包括外交学、国际政治、英语。项目组成员能够将语言应用、社会科学研究方法论学习应用紧密结合，从而保证文献梳理、学理归纳的研究质量。

（2）多语种

基于学校和项目组成员的语言优势，课题研究语言包括但不仅限于中文、英语、法语、德语、葡萄牙语、西班牙语、俄语，多语种优势是本课题的重要创新点。

（3）重实践

项目组成员积极参与或策划高质量的学术活动，如国际关系学院外交风采季、模拟联合国大会、模拟 APEC；积极参与学术报告、论文写作，如四川外国语大学以色列犹太论文大赛、首届联合国研究征文大赛，并取得较好名次。项目组成员的学术实践能力将保证课题研究成果的数量与质量。

3. 前期准备

（1）档案馆藏资源挖掘

寒假期间项目组成员已经从重庆市档案馆、中国第二历史档案馆查询收集到大量与驻渝使领馆有关的档案材料；同时在南京图书馆、上海图书馆找到大量文献，以上资源收集已较为齐备，将为本课题研究提供充足的素材。

（2）实地考察与采访

四川外国语大学国际关系学院纵横学社已开展领事馆参观系列活动。2015年6月，课题组成员已参观访问过英国驻重庆总领事馆；同时在2016年初，课题组成员随课题指导老师到西南大学伊朗研究中心进行交流，为课题研究打下了坚实的方法论基础。

2016年初，课题组成员已经对重庆地区使领馆部分遗址（李子坝抗战遗址、领事巷附近地区遗址、两路口附近地区遗址）进行了初步走访与调研，且已形成调研报告，将有助于本课题的深入研究。

4. 研究现状分析

我们通读相关文献，对驻渝使领馆典型案例研究、使领馆基本功能研究、使领馆区建设经验和方案研究三部分进行梳理。

（1）驻渝使领馆典型案例研究

通过整理外事志、政府档案、近现代及当代新闻稿件、口述历史等类目可知，当前学界主要从使领馆典型人物、典型事件与使领馆馆舍建筑三方面进行了研究。

经整理发现，有三次外国来渝建设使领馆的高潮——鸦片战争后西方列强逼迫中国政府强行开埠时期、以抗战为历史背景的驻华大使馆迁移时期，及1997年重庆成为直辖市后至今。

而在这三个时期的使领馆典型人物则以外交官在重庆的外交生涯和生活逸事

等展现其个人风采；使领馆建筑则主要是针对新中国成立前的两个时期的建筑风格进行研究，从而得出其早期采用纯粹西式风格（如渝中区苏联大使馆遗址的仿巴洛克式风格）到后来中西融合（美国大使馆海军武官处等）的特点。而使领馆的典型事件也是以前两个时期为主，较为典型的是与苏联大使馆有关的"皖南事变"以及与美国大使馆相关的"史迪威事件"。

（2）使领馆基本功能研究

使领馆的基本功能是研究的重点与热点。传统国际法把驻外使馆的职责笼统地定为三大项：保护、谈判和观察（陈志敏、肖佳灵、赵可金，2008）。"二战"后，《维也纳外交关系公约》（1961）和《维也纳领事关系公约》（1963）则为使领馆的功能提供了合法化的依据。

基于上述两个国际条约所规定的基本功能，如今使领馆的职能有了巨大的发展，并增加了许多新的功能。目前学界的研究，大部分是从使领馆架构出发，对功能进行讨论。目前主要集中在下述三个功能：领事协助或保护功能、公共外交功能和经济功能。虽然其他的功能也有相关学者进行研究，如领事认证功能、使领馆调研功能、使领馆档案功能、使领馆推动教育外事功能、使领馆签证工作等，但数量相对较少。

（3）使领馆区建设经验和方案研究

国内对于领事馆区建设非常重视。据不完全统计，目前国内共有13个城市设有外国大使馆或领事馆，均为国家中心城市、省会或沿海开放城市。大多数研究者认为，领事馆区的建设将有利于统筹管理，更好服务外国驻某城市的外事机构，同时亦提升某城市的形象，吸引外资，对该地经贸合作、文化交流、高层互访等会起到重要的推动作用。

目前学者阐述大多采用以下视角：第一个分析视角是使领馆区对该区域存在的社会、经济、文化影响的分析，即使领馆区建设给区位带来的影响。第二个分析视角是使领馆区的现状分析诸如规划选址、建筑设计等使领馆区发展要素，即以区位为主的要素对使领馆建设带来的影响。

综上所述，我们可以发现，当前的研究存在如下问题：1.方法单一。学者研究的方法较为局限，多使用文献研究法，而鲜有使用其他的研究方法深入探索。2.整合性不强。目前少有对使领馆职能与功能的学理性研究与使领馆建设方案规划进行整合。使领馆基本功能研究方面的文献，通常从学理性角度出发，而缺少一定的案例对学理进行诠释，略带晦涩。而驻渝使领馆典型案例与使领馆区建设经验和方案研究部分，又缺乏学理对案例进行解读，导致该部分文献的普适性价值降低。3. 观点片面。多数学者研究使领馆基本功能，而基本功能中又着重研究经济职能、公共外交职能与领事保护的职能，而少有研究其他职能，致使其他职能的研究文献屈指可数。

综上可知，国内外对重庆使领馆历史资源整理与领事馆区建设研究存在空缺。

5. 已取得的成绩

（1）实地调研大量驻渝使领馆遗址，形成调研报告《李子坝附近地区遗址走访报告》《领事巷及其附近遗址走访报告》《两路口国际村社区走访报告》，同时还调研了其他省市的部分使领馆遗址，包括上海法国领事馆旧址、上海比利时领事馆旧址、南京波兰大使馆旧址星汉别墅、美国驻青岛领事馆旧址。

（2）收集整理大量资料，形成按国别分类的驻渝使领馆资料集锦，主要包含荷兰、巴西、苏联、美国、英国的各方面历史档案和相关资料；根据已整理好的资料研究使领馆中的人物，形成案例汇编《旧重庆使领馆中的父与子》。

三、项目方案（计划、技术路线、人员分工等）

1. 项目研究计划

（1）梳理驻渝使领馆史料

按国别分类，从人物、建筑、大事件入手，对与驻渝使领馆相关的档案文献等第一手资料和国内外相关新闻报道、研究图书等相关资料进行系统性的梳理，形成脉络清晰的案例库，并实现驻渝使领馆历史发展的可视化。

（2）驻渝使领馆的职能细化

根据整理的大量史料，选取驻渝使领馆的相关办事记录，形成办事记录表，并根据办事记录表对驻渝使领馆进行职能界定并形成相关的研究报告。

（3）驻渝使领馆的功能发掘

对与驻渝使领馆功能有关的资料进行整理，形成资料汇编，并在已有资料的基础上通过数据分析等方法探索驻渝使领馆的各项功能，形成使领馆功能界定的研究报告。

（4）驻渝使领馆区开发的可行性

对驻渝使领馆遗址进行实地考察，形成调研报告和使领馆遗址保护与开发建议；结合各国各地的使领馆区建设的案例，形成驻渝使领馆区建设的可行性分析报告并给出驻渝使领馆区建设的建议。

2.技术路线

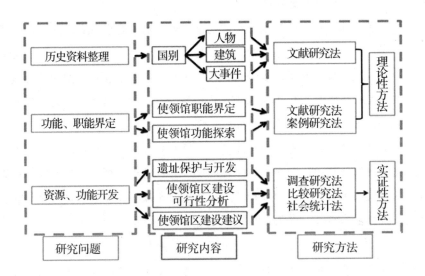

第一，理论分析与实证分析相结合。针对本课题所涉及的三个主要研究问题，将它们细分为具体的研究内容，并根据研究内容的学理性和应用性侧重不同，相应地选用文献分析法和案例分析法等理论性方法或调查研究法等实证性方法。

第二，历史学与统计学等多学科方法相结合。本课题在研究方法方面，践行了全方位、宽领域、多层次的原则。不仅仅使用较为常规的历史学相关研究方法，更融合了社会学、统计学等学科的多种研究方法，将质化研究法与量化研究法有机结合。

3.人员分工

姓名	负责板块	具体分工
苏洁	历史资料汇编	走访调研，形成驻渝使领馆走访报告和影集
黄宸	使领馆功能研究	梳理文献，形成有关使领馆功能研究的论文
李可馨	使领馆开发建设研究	梳理文献，形成有关使领馆开发建设的论文
康巳鎏	使领馆职能界定	走访遗址并进行文献梳理，界定使领馆职能

四、项目特色与创新点

我们小组以"驻渝使领馆"为研究对象，以对驻渝使领馆的职能进行界定及开发。本项研究在以往对使领馆的认识及研究基础上有以下创新之处：

1. 技术综合化。研究方法多样，按照谱系学梳理相关历史发展的脉络；课业之余走访诸多领事馆遗址、跟随学院组织拜访英国驻重庆总领事馆并形成报告；收集并整理当地居民口述史资料。

2. 文献多样性。我们所收集的文献包含口述历史、新中国成立前后的政府工作文件、学术论文、历史档案、学理性教科书，佐之以国际法条，并以相关的关键人物为核心展开文字及图片资料的收集。同时，基于学校和小组成员的语言优势，我们的文献语言包括但不仅限于中文、英语、法语、德语、葡萄牙语、西班牙语、俄语，保证了文献的多样性及客观性。

3. 观念导向性。已有的对驻渝使领馆的研究基本均从历史角度，对各国使领馆的历史发展进行陈述。而我们的项目则以历史研究为基础，同时与国家战略相结合，探索使领馆后续建设的可行性。项目中的各项基础性研究都为使领馆功能的开发起着指导性作用，为使领馆区开发建设提供指导。

五、项目进度安排

由于该项目涉及的内容较为广泛，且考虑到要运用课余时间完成该项目，所以我们的研究期限较长，决定用两学期完成该项目（2016 年 1 月—2017 年 6 月）

1. 申报书写作学习（2016.1—2016.3）

该阶段主要是学习申报书的写作和选择并确定研究方向。

2. 前期准备与申报书撰写（2016.3—2016.4）

该阶段主要是收集整理与驻渝使领馆相关的国内外资料。

3. 理论知识学习与研究（2016.4—2016.5）

该阶段主要是将前期的资料梳理汇编形成案例库。

4. 实地调查与研究（2016.5—2016.8）

该阶段主要是课题组对驻渝使领馆遗址和现址进行实地调查研究、收集数据并详细分析整理。

5. 理论建构、初步研究成果展现（2016.9—2016.10）

根据资料收集获得的理论成果和数据收集获得的现实经验，归纳其中的要点和问题，并由此提炼出基本理论框架和研究成果。

6. 形成研究报告框架（2016.11—2016.12）

通过整理后的数据材料，形成初步的研究报告。

7. 报告与论文撰写（2017.1—2017.4）

基于前期研究基础，进行专题报告和学术论文的撰写，并不断修正上述步骤。

8. 学术应用及检验（2017.5—2017.6）

进行学术成果实际应用的相关尝试。

六、项目经费使用计划（要求说明项目经费）

开支项目	预算金额	主要用途	阶段下达经费计划（元）	
			前半阶段	后半阶段
预算经费总额		整个科研项目的完成		
图书资料费		购买相关图书		
数据采集费		收集并处理所需数据		
咨询费		机构、学者咨询		
调研差旅费		课题调研的交通、住宿等		
劳务费		雇请人员协助收集资料和实地调研		
印刷费		印刷所需文本资料		
设备购买和使用费		购买或租赁调研课题所需的设备		

七、项目完成预期成果（论文级别、专利、设计、产品、服务；创新实践项目需说明公司规模、营业额等）

案例研究，即驻渝使领馆案例研究。旨在通过梳理重庆历史，挖掘驻渝使领馆典型资源，通过案例研究的方式，形成《驻渝使领馆历史案例册》和驻渝使领馆历史发展地图，以实现凝结历史、汇聚当下的目的。

学理研究，即使领馆职能、功能研究。从理论上探讨并梳理使领馆各项职能和外事资源聚集功能，形成使领馆职能一览表和使领馆功能探索研究报告，以实现更新观念、重视使领馆作用的目的。

驻渝使领馆区建设建议。首先，对驻渝使领馆遗址进行实地考察，形成驻渝使领馆遗址保护与开发研究报告；其次，通过调研兄弟省市的使领馆区建设经验，形成重庆使领馆区建设方案，形成建设"重庆特色"使领馆区报告。

三、项目建设

"驻渝使领馆历史资源整理与使领馆区建设研究"是团队成员首次接触的长期的系统性学术研究项目，指导教师和团队成员均予以高度重视。结合四川外国语大学国际关系学院关于地方外事及领事事务方面的专业课程的学习，主要经历了项目前期积累、项目实践调研、项目成果实践与延伸等步骤，慢慢形成项目成果。

（一）项目前期积累

项目的第一阶段，由于团队成员的专业领域不尽相同，学术能力与知识储备差异较大，加之本项目的研究具有很强的本土性，而团队中并没有长期生活在西南地区的成员。所以，在研究的第一阶段，指导老师制定了引导方案，就研究方法、理论知识、地方外事情况与使领馆区建设案例进行了引导学习。

研究方法学习方面，项目成员首先对重庆市社科规划办印制的《国家社科基金项目申报指导手册》（2015 年 12 月版）进行了系统的学习，并研究了国家社科基金项目以及大学生创新训练项目的各项材料，学习人文学科与社会科学一般的研究方法，并根据团队成员的特长进行了研究方向的分配。

理论知识学习方面，项目成员依托对外交学、国际政治专业必修课"领事与侨务"的培养目标与参考书目进行了学习，并在此基础上研读了近代以来国内重要的外交外事文献，深入探讨了外交外事领域国际法相关条例与案例，构建了本项目所需的理论框架基础。

地方外事状况学习方面，项目成员通过指导老师的引导，系统查阅重庆地方外事历史资源，大量收集重庆地区自开埠以来的重大涉外事件及重要的历史人物故事，并走访上海图书馆、重庆图书馆、中国第二历史档案馆、国家图书馆等地收集近代尤其是重庆"陪都"时期重要的外交事务事件的第一手、第二手资料，了解四川外国语大学国际关系学院与重庆地区外事机构关系状况，并根据国别，逐渐形成重庆地区开埠以来重大外交外事事件历史资料库。

使领馆区案例建设方面，团队成员考察了北京光华路使馆（官邸）区、北京三里屯使馆区、上海淮海中路领事馆（官邸）区、重庆大都会商厦领馆区等地，了解了国内使领馆区建设的区位特征、配套设施建设等相关情况。

在第一阶段，团队成员借助指导老师前期的研究经验，并结合自身的特长与研究方向，确定了各方向使用的研究方法，结合重庆地方外事案例，培养团队成员的发散性思维和逻辑构建能力，理论与实践并行，在大量积累的基础上逐步形成思路。

（二）项目实践调研

在第一阶段形成初步思路后，小组成员达成了共识。本研究将以驻渝使领馆为核心，包含以下三方面内容：第一，我们将对驻渝使领馆的历史资料按照国别分类并展开深入的挖掘，进而实现对相关历史资料的系统性整理；第二，我们将在前期历史资料整理的基础上厘清驻渝使领馆的具体职能，梳理总结驻渝使领馆各项功能，实现对使领馆功能的学理性总结与提升；第三，基于以上学理性的研究，我们将着眼于驻渝使领馆的现实应用价值，分析驻渝使领馆区功能开发。

1. 澳大利亚公使馆

澳大利亚驻华公使馆于 1940 年 10 月，在抗战期间的重庆鹅岭原童家花园修建，是澳大利亚在中国设立的第一个驻华公使馆，也是澳大利亚第三个派驻海外国家的外交机构，成为重庆与澳大利亚交往的标志。

团队对于澳大利亚公使馆的调研主要分为三方面：

①通过对澳大利亚公使馆的历史资料挖掘梳理澳大利亚公使馆的发展、变迁和经典事件等；

②通过史料记载还原抗战时期使馆的人员配置与主要工作职能以及日常生活；

③通过对澳大利亚公使馆遗址的实地走访，感受这座澳大利亚与重庆的

外交桥梁的历史脉络，深入挖掘在澳大利亚公使馆的辐射下中澳的外交发展成果。

基于以上调研研究，着眼澳大利亚驻华公使馆的现实应用价值，分析澳大利亚驻华使领馆功能开发。

2. 丹麦公使馆

我国与丹麦的外交经历了建交、断交、再建交并不断向更加友好、亲密的方向发展，而丹麦驻重庆公使馆作为整个外交历史见证者，对其展开研究能更好地了解与分析领事馆的现实应用价值。

因此，团队通过对丹麦驻重庆公使馆的调研，深入了解丹麦与我国的外交历史，同时回顾我国与丹麦的外交成果，并通过丹麦驻北京使馆区对朝阳社会经济文化发展的影响分析丹麦公使馆的价值（具体框架见下表）。

模块	方式	备注
丹麦公使馆概况及变迁	历史资料整理	
近代中国丹麦双边关系	通过对近代历史的深入研究	1.双边政治关系 2.双边经贸关系和经济技术合作 3.双边文化、科技、教育和军事等方面的交往与合作 4.领事关系
抗战时期中丹关系	走访、史料整理	1.中丹断交原委 2.丹麦抗战时期对华政策
案例借鉴	丹麦北京使馆区影响分析	

3. 德国大使馆

与其他的外交领事馆不同的是，由于战争时期德国的阵营问题，德国驻重庆大使馆在太平洋战争爆发后，就被当时的国民政府封闭。但经历近70年的岁月变迁，德国大使馆遗址依然被完好地保留了下来，见证了当时纷繁复杂的战争沧桑。而如今德国大使馆遗址再次面临由于保护力度不够而破败不堪的问题。

对于德国大使馆，团队的调研主要分为三方面：

①通过整理回顾德国大使馆的历史人物、历史事件以及主要贡献；

②实地走访德国大使馆遗址，深入了解当时的人文情况以及现状；

③总结分析德国大使馆的价值，并对使领馆遗址的保护提出建议。

4. 法国领事馆

设立于 1896 年的法国领事馆，几乎见证了重庆百余年的开埠史，是一幢兼容中西建筑风格的黄色洋房。在抗战时期的领事馆，车水马龙，人来人往，是人们去朝天门的必经之路，十分繁华。而如今的领事馆显然没了当时的繁华，但仍然是重庆这座百年老城的重要的文化遗产，作为一个历史文化的保留点和教育点，时时提醒着人们那一段峥嵘的历史。

鉴于法国领事馆处于修复阶段，因此团队对于法国领事馆的调研主要分为：

①考证与研究法国领事馆的建筑历史；

②回顾法国领事馆的历史人物与历史事件；

③走访法国领事馆旧址，深入了解领事馆的今昔面貌与功能变化；

④分析法国与重庆乃至中国的合作发展中法国领事馆的功能价值。

5. 美国大使馆

1938 年 8 月，美国大使馆迁渝。从"七七事变"到太平洋战争爆发，从中立到全面援助、支持中国，从詹森到高思到再赫尔利，驻华大使频频换人；从史迪威到魏德迈，中国战区美军总司令兼中国战区总参谋长前后易将；从威尔基到马歇尔，总统特使两抵重庆；副总统华莱士亲临陪都。这一切，见证了中美两国在抗日战争和世界反法西斯战争中的长期合作和重要贡献。

团队对于美国驻渝大使馆的研究主要从下列几方面进行：

①通过对美国大使馆重要人物、重要历史事件以及中美关系的深入挖掘，还原那个激情燃烧的岁月；

②通过美国驻渝大使馆的今昔对比，分析美国驻渝大使馆的功能变化。

6. 苏联大使馆

由于地理上的接邻，中国和苏联同为日本大陆政策的侵略目标。七七抗战爆发后，中苏休戚相关，关系有了长足的进步。

国民政府移驻重庆后，1938 年 1 月 19 日，新任苏联驻华大使奥莱斯基偕塔斯社通讯总社社长罗果夫及秘书梅拉美德等由汉口飞抵重庆递交国书，先遣在重庆建馆。于 2000 年 9 月由重庆市人民政府公布为重庆市级文物保护单位。

团队对于苏联大使馆的研究，主要是沿用美国大使馆的研究框架：

①通过对苏联驻渝大使馆的建筑历史、关键人物、关键事件的挖掘，分析陪都时期的中苏关系以及苏联大使馆在其中起到的作用；

②实地走访苏联大使馆旧址，感受历史痕迹；

③基于走访调研以及历史梳理，分析苏联大使馆的功能作用，并探寻有效地保护大使馆旧址的方法。

苏联大使馆不仅促进中俄关系的发展，也是当年中苏关系发展的见证者，它是中苏齐心协力、共同抗战的重要标志。

7. 印度专员公署

1942 年 5 月，印度驻华专员公署在重庆设立。2013 年 5 月 3 日，印度专员公署旧址入选第七批"国保"——同盟国驻渝外交机构旧址群。

团队对于印度专员公署的研究，主要从以下角度展开：

①结合陪都时期中印关系以及相关历史事件探索，回顾抗战时期中印关系；

②走访印度公署旧址，目前已被辟为南山植物园图书馆，现保存完好，开创了另外一种保护大使馆旧址的方式；

③结合使领馆对入驻地方的影响，分析印度专员公署的功能。

8. 英国大使馆

从外交惯例而言，只有在一国设立领事馆之后才能派任领事，但大约在 1882 年，早在重庆开埠之前，英国就干脆直接向重庆派驻"领事"。为了促成重庆开埠，英国私下不断派人员实地考察四川的市场和水路。这一行为并没有得到官方许可，可是作为被英国暗中派来的"领事"谢立三在暗中做了很多事情，他在四川游荡，进行水上勘探等，研究过往船只的大小、吃水线、船只类型等。最后通过立德乐事件（英国冒险家立德乐特制了一艘适于川江航行的"固陵"号轮船，组成川江轮船公司，准备上驶重庆，并迫使清政府答应"重庆即准作为通商口岸无异"），在重庆设立了领事馆。在这样的背景下，1890年3月31日，英国驻重庆领事馆正式建立。

在重庆的英国大使馆旧址，领事巷的旧址也只剩下"领事巷15号"的牌子，早已没有曾经大使馆的痕迹。而在南山的英国大使馆旧址，新中国成立后，为重庆陪都制药厂产权，2013年5月公布为重庆市第七批国家级文物保护单位（含于"黄山、南山陪都遗迹"）。在我们的实地考察中，已经无法在南山群山中找到使馆旧址，甚至在多方打听之后，也无法确认其位置。

由于英国领事馆保存情况较差，因此团队调整了调研策略：

①着重探究英国驻重庆大使馆的关键人物的事迹，还原英国大使馆当时的人物信息；

②走访英国大使馆现址。

9.荷兰大使馆

与英国大使馆类似，荷兰大使馆在战火中经历了建立、被夷为平地、再重建、不断扩大和最后消失在漫漫的历史长河中。但荷兰大使馆在中荷外交过程中起到至关重要的作用，笔者通过对大使馆的重点人物、重要事件的挖掘，尽量还原当时荷兰大使馆的盛况。

（三）项目再延伸

2016年4月18日，学校发布《四川外国语大学关于第二届中国"互联网+"大学生创新创业大赛重庆赛区竞赛活动的通知》。由于导师的工商管理背景，出于商业敏锐性，故建议，此项目具备一定的落地价值，可挖掘项目的创业点，从创新项目中孵化出创业项目。故本团队从实践调研的过程中衍生出

新的创业项目——"渝乐活"外国人在渝生活服务平台并参加了第二届"互联网+"比赛。上图为本平台拟注册商标。

（四）项目过程实录——项目进展表

会议时间	会议内容
2016.1.6	项目组组队完成，与指导老师进行了第一次沟通。知悉创新创业项目的活动意义，确定了主题，并初步确认了研究内容、项目拟解决的关键问题、项目预期成果以及项目初步开展的难点。 　　团队成员根据个人特长与研究兴趣进行了初步分工，并决定利用假期时间查阅与项目主题相关的资料和图书。 　　项目指导老师、院系老师以及优秀学长学姐在申报书写作中给予了指导。
2016.2.15	项目组成员整理并汇报了假期收集的资料。团队成员均认为，本项目应当从历史资料整理、使领馆职能梳理和驻渝使领馆区功能开发三个方面推进，利用政治学、历史学、经济学和城市规划学等学科的研究方法，按照"人—事—物"的历史资料整理逻辑，将学理与案例相结合，推进资料库的生成。 　　指导老师就项目整体时间规划、文献综述与技术路线的写作方法等进行了指导。
2016.3.2	在上一次的汇报与集中探讨后，项目组成员又重新梳理了一遍手中的资料，结合国际关系学院"领事与侨务"的课程学习计划，进行了各部分调研时间的安排。在多轮申报书写作学习的基础上，开始了各部分的分工。 　　项目组成员延展了本项目的研究意义与价值，并且认为项目中的各类资料应当形式多样、来源多样，避免资料收集得不全面，并结合小组成员的现实情况，打破语言界限，参考多国语言资料，如西班牙语、法语，等等。技术综合性也是本项目的一大特色，赋予课题更多科学性和合理性。
2016.4.12	本次研讨以申报书修改为主。以申报书为基础，项目组成员再次进行这一阶段的项目汇报，从以下六个方面做了详细阐述：项目实施的目的和意义、项目研究内容、拟解决的关键问题、项目研究与实施的基础条件、项目实施方案学校可提供的条件及预期成果。
2016.4.28	本次汇报内容包括项目实施目的、研究内容、研究现状与评述、项目特色与创新、现有的成果和预期成果、进度安排、经费预算。并对项目特色与创新进行重点汇报。 　　指导老师、院系老师就申报书排版结构、研究意义与技术路线侧重点方面提出了修改建议。
2016.5.28	项目组成员完成项目中期汇报后，与指导老师进行讨论。指导老师提出要对未来工作做进一步细化，落实到每一步情况的具体进展，使资料丰富翔实。项目组成员依次向老师讲述困惑，并得到老师一一解答。 　　项目组成员根据"领事与侨务"的课程培养目标分享了该课程的学习心得，并结合该课程的内容与实践，制定了进一步的地方外事研究计划。

会议时间	会议内容
2016.10.8	项目组全体成员汇报了假期期间的资料查找结果。 项目组成员根据整理的历史资料与使领馆职能,进行使领馆区建设研究探讨,开始收集国内外的使领馆区建设案例。并针对重庆使领馆区建设(包括使领馆区遗址保护和新使领馆区的开发)进行了问卷的设计。
2017.11.24	项目组成员设计好问卷并进行优化。 另外,本周项目组成员还进行了大学生创新创业项目从立项到推进的心得分享。
2017.5.20	项目组成员就项目结项材料进行探讨,并分享结项心得。

四、项目结项

(一)结题报告

一、基本情况

项目名称	驻渝使领馆历史资源整理与使领馆区建设研究					
成果形式	论文、研究报告		立项时间		2016年5月1日	
完成时间	2017年5月25日		鉴定时间		2017年6月1日	
项目 主要 研究 人员	序号	姓名	学号	专业班级	所在学院	项目分工
	1	苏洁		国际政治	国际关系学院	使领馆遗址调研
	2	李可馨		国际政治	国际关系学院	使领馆功能开发研究
	3	康巳銎		外交学	国际关系学院	历史资料汇编
	4	黄宸		英语	国际关系学院	功能职能研究

二、研究过程简介

在本次课题研究中,有四位成员分别就驻渝使领馆历史资料汇编、使领馆功能研究、使领馆开发建设研究及使领馆职能界定四个方面进行研究。在申请前后,团队成员不仅走访了重庆主城区内的使领馆遗址,还前往重庆其他的涉外遗址,如史迪威故居、飞虎队纪念馆;也走访了北京、上海、南京等地收集大量近代数据资料,整个过程虽然紧凑,但是收获满满。

整个项目的研究目的在于以下四方面:(1)梳理驻渝使领馆史料。按国别分类，从人物、建筑、大事件入手，对与驻渝使领馆相关的档案文献等第一手资料和国内外相关新闻报道、研究图书等相关资料进行系统性的梳理，形成脉络清晰的案例库，并实现驻渝使领馆历史发展的可视化。（2）驻渝使领馆的职能细化。根据整理的大量史料，选取驻渝使领馆的相关办事记录，形成办事记录表，并根据办事记录表对驻渝使领馆进行职能界定并形成相关的研究报告。（3）驻渝使领馆的功能发掘。对与驻渝使领馆功能有关的资料进行整理，形成资料汇编，并在已有资料的基础上通过数据分析等方法探索驻渝使领馆的各项功能，形成使领馆功能界定的研究报告。（4）驻渝使领馆区开发的可行性。对驻渝使领馆遗址进行实地考察，形成调研报告和使领馆遗址保护与开发建议；结合各国各地的使领馆区建设的案例，形成驻渝使领馆区建设的可行性分析报告并给出驻渝使领馆区建设的建议。

研究成果方面，我们取得了以下成果：（1）历史资料整理方面，我们发现，重庆使领馆历史资源虽然现存不多，但十分丰富，可见重庆作为西部内陆城市，对外发展历史之丰富。我们整理出十余份使领馆遗址报告，内含使领馆馆舍、使领馆重要人物以及使领馆逸事，内容生动丰富，另附有《各国驻华使馆旧影》一份，内含许多珍贵照片。（2）使领馆职能方面，我们发现，使领馆的职能随着时代的发展，公共外交的职能得到极大发展，文化交流也越来越频繁。我们不仅通过结题报告总结使领馆的职能，更通过论文就使领馆的文化外交职能和教育合作职能进行了探讨。（3）驻渝使领馆的功能发掘方面，在结题报告中提到了两种方案，就遗址而言，需要进行修缮保护，再以全新的面貌向公众开放，其中不仅需要政府与当地人民的高度配合，也需要使领馆遗址所有国派人前往进行后续工作；当代领事馆建设方面，我们认为，重庆当前的发展，非常适合建造领事馆区，但是需要高点规划，建设高品质的领事馆示范区。这对重庆市而言，既是机遇，也是挑战。

本课题研究我们的最大创新点在于：（1）将理论分析与实证分析相结合。针对本课题所涉及的三个主要研究问题，将它们细分为具体的研究内容，并根据研究内容的学理性和应用性侧重不同，相应地选用文献分析法和案例分析法等理论性方法或调查研究法等实证性方法。（2）将历史学与统计学等多学科方法相结合。本课题在研究方法方面，践行了全方位、宽领域、多层次的原则。不仅仅使用较为常规的历史学相关研究方法，更融合了社会学、统计学等学科的多种研究方法，将质化研究法与量化研究法有机结合。

三、研究总结报告

（1）按照预定项目研究计划，我们梳理了驻渝使领馆史料。按国别分类，从人物、建筑、大事件入手，对与驻渝使领馆相关的档案文献等第一手资料和国内外相关新闻报道、研究图书等相关资料进行系统性的梳理，并对重庆使领馆遗址进行走访，形成《重庆使领馆遗址调研报告》和《各国驻华使领馆旧影集》，实现了驻渝使领馆历史发展的可视化。

（2）对驻渝使领馆的职能进行了细化。根据整理的大量史料，选取驻渝使领馆的相关办事记录，形成办事记录表，根据办事记录表对驻渝使领馆进行职能界定，并以此为背景，生成论文《论使领馆文化职能在维护文化安全中的参与》和《以留法勤工俭学为例探讨外交机构对国际文化教育合作的职能发挥》。

（3）对驻渝使领馆的功能进行发掘，对与驻渝使领馆功能有关的资料进行整理，形成资料汇编。并在已有资料的基础上，通过数据分析等方法探索驻渝使领馆的各项功能，形成使领馆功能界定的研究报告。

（4）对于驻渝使领馆区开发的可行性，对驻渝使领馆遗址进行实地考察，形成调研报告和使领馆遗址保护与开发建议；鉴于当前重庆部分使领馆遗址的保护还不够，民众和相关部门的保护开发意识有待增强，而使领馆遗址作为重要的文化产物，承载着文化使命，我们从文化安全角度分析使领馆遗址的价值，生成论文《论文化安全的重要性——以陪都驻渝外交机构为例》。结合各国各地的使领馆区建设的案例，形成驻渝使领馆区建设的可行性分析报告并给出驻渝使领馆区建设的建议。

四、经费使用情况

1. 经费主要使用在图书购买、资料印刷以及实地考察的交通费方面。

（1）因为本项目需要查阅大量的文献资料或图书，因此资料的购买包括文献的复印会成为重要板块。

（2）同时项目需要走访大量的使领馆遗址、参加领事馆相关主题活动，所以部分经费用在交通费、相关门票以及活动参与上。

2. 本项目需要制作图册，在图册制作上需要专业团队的设计和制作，故需要相应经费。

（二）课题成果展示

1.驻渝使领馆遗址走访报告

在实地走访调研过程中，我们发现，重庆使领馆遗址虽然现存数量不多，但其蕴含的历史内涵和历史资源十分丰富，故在对遗址调研的基础上，挖掘更多与该遗址有关的历史事件与历史人物，探明使领馆在当时乃至其遗址在现今所存在的价值及所具备的功能。

经过遗址实地走访和对史料及使领馆相关报道的梳理，我们整理出十余份使领馆遗址报告，包括澳大利亚公使馆、丹麦公使馆、美国大使馆、德国大使馆、苏联大使馆、荷兰大使馆、法国领事馆、印度专员公署、英国大使馆等，内含使领馆馆舍、使领馆重要人物以及使领馆逸事等。

在梳理重庆使领馆遗址的过程中发现很多的老照片颇有趣味，故收集整理了《各国驻华使馆旧影》一份，内含许多珍贵照片，以直观的摄影作品呈现使领馆遗址的历史变迁。

2.学术论文

（1）《驻渝使领馆遗址保护及重庆领事馆区建设思考》

重庆自开埠以来，对外交往的历史源远流长，拥有丰富的外事资源，也拥有大量使领馆遗址，因此深度挖掘重庆驻渝使领馆的历史资源十分重要。本研究以驻渝使领馆为核心，包含以下三方面内容：第一，对驻渝使领馆的历史资料按照国别分类并展开深入的挖掘，进而实现对相关历史资料的系统性整理；第二，在前期历史资料整理的基础上厘清驻渝使领馆的具体职能，梳理总结驻渝使领馆各项功能，实现对使领馆功能的学理性总结与提升；第三，基于以上学理性的研究，着眼于驻渝使领馆的现实应用价值，分析驻渝使领馆区功能开发，以此证明在对外开放程度加深的重庆，需要跟进建设领事馆区，或提供完善的国际化保障体系。

（2）《论使领馆文化职能在维护文化安全中的参与》

相比于老生常谈的军事安全和经济安全，文化安全在国家安全中扮演着越来越重要的角色。在以和平发展为主题的当下，各国之间如何在进行文化交流的同时，既输出本国文化，又维护自己的文化安全，逐渐成为一个挑战。使领馆作为连通两国的政府机构，本身具有先天优势，更应发挥文化参与和文化传播的职能，担任起文化媒介的角色，对国家主权、外交及声望进行维护，为文化外交搭建桥梁，并得以维护自身的文化安全。本研究从他国驻华使领馆的成功案例出发，为中国使领馆妥善发挥自身文化职能提供一定的参考与建议。

（3）《以留法勤工俭学为例探讨外交机构在国际文化教育合作的职能发挥》

20世纪初的中国经历着历史的剧变，谋求社会变革的力量与追求解放的精神使得法国文化在中国的传播成为可能，有志青年对法国文化的热忱在留法勤工俭学运动中得以实现。留法勤工俭学是近代中国教育史上的标志事件，也是中法文化教育事业交流、合作的初次大规模探索与实践。在这一过程中，中法两国官方与民间实现了有效的交流，为中法关系留下了宝贵的文化遗产。留法勤工俭学实践的得与失表明，国际文化教育事业既需要民间力量的大力支持，更需要政府，特别是外交机构对其进行有效的支持与引导。

（4）《论文化安全的重要性——以陪都驻渝外交机构为例》

本文主要通过分析作为重庆抗战文化、红色文化载体的陪都时期遗址的保护现状及其作用，论述文化安全的重要性及必要性。通过以小见大，以地区辐射全国，以个案上升经验的研究方法，选取抗战时期作为战略大后方，展示陪都时期遗址现状，探讨现存遗址发挥的作用。

五、后续发展

经过一年的实地调研和文献整理，本项目产出驻渝使领馆遗址走访调研报告一册，并形成有关使领馆职能研究、驻渝使领馆遗址价值、使领馆区建设、使领馆文化价值等方面的论文。

地方所属高校推荐参会项目名单（部分）

49	四川省	四川师范大学	水溶液特性分子动力学研究
50	重庆市	长江师范学院	大学生审美生存——以海德格尔诗意栖居理论为视角
51	重庆市	四川外国语大学	论驻渝使领馆遗址保护对重庆文化安全之意义
52	重庆市	西南政法大学	金融产品交易合同中保底条款效力——基于实证的考察
53	贵州省	贵州大学	2-（1-甲基-3-吡唑基）-5-溴吡啶的合成研究
54	陕西省	西北大学	稀有人参皂苷对实验性白癜风模型的影响
55	陕西省	西安建筑科技大学	污染认知与网络围观行为逻辑分析
56	陕西省	西安外国语大学	新媒体环境下，西安鼓乐的传播发展策略

团队由使领馆遗址研究联想到外国人在渝生活会遇到的困难，并由此延伸出打造一个外国人在渝生活服务平台的想法，该平台目标受众为在渝的外国友人及重庆的外语类人才，旨在提升重庆国际形象的同时，灵活运用重庆高校的小语种资源，将创新想法转化成创业项目进行落地。但由于团队成员没有很好的经管知识储备和商业运作思维，故此创业项目在"互联网+"比赛中的表现较为平淡。

六、团队档案

姓名	苏洁	在校信息	四川外国语大学国际关系学院2018届毕业生 国际政治专业
毕业流向			毕业后就职于国内教育培训龙头企业的品牌部门，主要负责线上线下品牌推广项目的策划及执行，社会关系及地方政府关系的运营和维护。
课题感悟			"驻渝使领馆历史资源整理与使领馆区建设研究"这个项目对于我个人来说更多的是成就感的获得以及解决问题能力的提升，本项目获得了一些成就和收获，但也反映出一些问题。 首先，关于课题的选题以及导师的选择，这是本项目获得一些成就的重要因素，自己非常庆幸遇到谌华侨老师这样一位高标准、严要求、专业且负责的导师，没有谌老师前期对我们申报书极其苛刻的指导，我们的课题想必很难成功申报国家级课题。还有，课题的选题一定要以政策为导向、以时代为背景，之后再加以拓展性创新研究。

课题感悟	其次，关于团队的组合，这是本项目存在的一个问题，也是在项目进行过程中甚至自己有了工作经历后意识到的一个深刻问题。本项目成员专业实力几乎不相上下，相互间的私交也甚好，但是团队缺乏一个足够有领导力、较有信服力的人，大家都有很多想法，且不愿意听取别人的想法，所以最后往往无法进行最终方案的敲定。自己很侥幸地被选为项目负责人，但是由于个人性格因素及领导力的欠缺，所以在项目工作分配上和项目进度的把控上没有发挥好作用。所以，课题的成功与否和团队成员的构成、负责人的个人领导力和决策力都有较大关系。 　　最后，本课题对个人的发展也有了很大的帮助，相比其他同学多了一段深入且极具实操性的科研初探经历。一方面提升了自己的科研和写作能力，另一方面对个人规划及职业发展有很多潜移默化的影响，尤其是把握政策、由学理性上升到实践性的创新等理念深深印刻在自己的工作意识中。

姓名	康巳鋆	在校信息	四川外国语大学国际关系学院2018届毕业生 外交学专业
毕业流向			毕业后就职于外交与国际关系智库察哈尔学会，主要负责媒体运营与传播。
课题感悟			"驻渝使领馆历史资源整理与使领馆区建设研究"这一大创课题，于我而言是一个非常难忘的研究活动。 　　这是一个多元化的项目：既要回顾历史，更要结合政策展望未来；既要整理资料，更要结合理论知识进行政策建议；既要充分阅读国内材料，更要阅读国外的材料与案例开阔视野。 　　首先，本项目使我更加深刻地了解我所学专业的意义，让我知道外交学的应用范围并不仅仅是研究机构或是外交部门，研究领域也并不仅仅是国与国的关系及相关理论；相反，在公共外交这一概念的流行下，外交学的相关知识对于地方外事也有非常重要的实际意义，这也给我的就业带来了深刻的影响。 　　其次，本项目的学术性使我对社会科学类研究方法有了更加深刻的理解。本项目的研究方法具有强烈的跨学科色彩，在项目推进的过程中，我学习到了很多实用的研究方法，提高了我的学术素养，改正了我的学术习惯。 　　最后，本项目使我的书面写作能力有了很大的提高。在这点上，大多归功于指导老师的帮助及项目伙伴的合作。指导老师以身作则，数次指导我们书面文件的修改，从申报书撰写，到案例编写，再到论文撰写，逐字逐句推敲，文本格式也在不停调整，可谓不放过任何细节。书面写作严谨性的提高，让我在当前的工作中也非常受益。

姓名	李可馨	在校信息	四川外国语大学国际关系学院2018届毕业生 主修国际政治、辅修法语
毕业流向			毕业后选择继续深造，在本校就读研究生，现即将参加北京外国语大学与英国利兹大学合作的双硕士项目，前往利兹大学政治与国际研究学院学习。

课题感悟	参与"驻渝使领馆历史资源整理与使领馆区建设研究"这一课题，是我本科期间最有意义的经历之一。课题导师以身作则，高效率、严逻辑、新思想，为我们申报研究项目做了榜样。而我的队友们也各具优势，有善于梳理文献的，有擅长沟通的。大家彼此互补也互相学习，毕业之后也维持了深厚的友谊。 　　更重要的是，在课题研究的过程中，我挖掘了并不公开的历史资源、学习了如何搭建一个有逻辑的论文框架、强化了对政治学研究方法的理解。而由于本项目需要进行大量的实地田野调查，实践中我也领悟到"国际关系"这一看似过于理论化的学科在生活中的应用。同时，课题导师积极鼓励、带领我们参与线下的相关互动活动，这都对我之后的专业学习产生了功不可没的影响。
姓名 黄宸 在校信息	四川外国语大学国际关系学院2018届毕业生 主修英语（国际关系）专业，辅修法语
毕业流向	现于加拿大渥太华大学攻读公共政策与全球事务研究生学位。
课题感悟	"大创"是我尝试从纯语言学习思维向社科研究思维转变的启蒙研究活动。虽说起初是不想囿于略显单一枯燥的语言学习才选择参与"大创"，但在课题研究进展中才发觉语言与研究是相辅相成的，从文献阅读、资源整合、申报书撰写、案例编写，到论文撰写，都需要阅读输入和大量思考，与再次文字输出整合。尤记得当初撰写、修改申报书之时，谌老师带领我们逐字推敲每一个部分的逻辑与用词，那时便觉得即使中文为母语，要完全把握好报告的行文与逻辑也绝非易事。如今身在海外求学，大量非母语阅读与输出是常态，有一定的难度，但好在当初做课题时形成了一套思维模式与适应方法，虽谈不上直接相关，但总能找到相同的地方。社科研究领域多交叉，方法有传统也有革新，主题多变，但基本内核是相对容易领会一二的，"大创"体验告诉我该怎么用社科思维研究一个课题，设计研究方法，以及输出研究成果。虽然如今看来彼时的成品瑕疵不少，但好在那时开始得早，也培养出兴趣，故选择在社科类专业方向继续深造。 　　回顾大学四年，"大创"课题前后占据了约一学年的时间，不长不短，却又同时兼顾了学术性与实用性，说是"启蒙"不足为过。导师悉心指导，同窗挑灯夜战，是一段极为辛苦却又十分美好的体验。青山不改，绿水长流，时时与君共勉。

七、导师感悟

　　本课题是个人指导的第三个大学生国创计划课题，也是第三个主动联系我做指导老师的课题。整体而言，课题组四位同学综合实力较强，学习都有较强的自主性。虽然课题进入较高级别，也产出较多成果，但均属个人学习能力突出的结果，并非团队合作推进的成效。

在该课题的推进过程中，有以下几点给我留下了深刻印象：

第一，课题研究与专业学习的关系。团队成员来自不同专业，在进行课题研究的过程中，还承担着专业课程学习的重任，如何有效地推进课题与专业学习始终是课题成员需要解决的棘手问题。

第二，个人发展与团队合作的协调。在项目推进的过程中，团队成员专业课程学习的关键时期，同时也是大家面临未来工作、保研、考研和出国交流学习的关键时期。团队成员大多忙于个人发展的重大事件，在时间和精力上难以保证团结一致推进课程建设，这在很大程度上影响到课题立项后未能务实推动课题进展，没有产出更多高质量的研究成果。

第三，本地资源与学科专业优势。外交素来被誉为阳春白雪，内陆城市一向不是外交的主战线。重庆作为战时陪都，拥有大量的使领馆资源。四川外国语大学外交学专业作为当时西南地区第一个外交学专业，具有鲜明的学科优势。团队成员能够把这两点结合起来，并通过实地调研和文献梳理，发掘重庆的使领馆资源，助力重庆的国际化发展，意义非凡。

中欧国际组织人才培养比较研究

何国锐*

一、选题缘起

"中欧国际组织人才培养比较研究"是项目团队于本科一年级阶段开始的大学生创新训练项目。项目紧贴当前我国对于国际组织人才急需的现状与四川外国语大学"国际组织人才教改实验班"（简称川外实验班）的有益尝试，是项目团队"以问导学"的积极尝试。

就项目成员而言，四位项目成员均为四川外国语大学国际组织人才教改实验班 2016 级成员，是教改班第二届学员。其课程设置延续了国际关系学院"外语＋专业"双轮驱动的理念，同时增加了更多贴近国际事务、国际组织的课程。除完成英语、国际政治专业核心课程外，还在大一年级开设了西班牙语课程，旨在培养"英语＋西班牙语＋国际关系"的复合型国际组织储备人才。

就选题缘由而言，从项目成员角度主要可分为以下三点：

第一，能力提升的主观需求。项目准备阶段，项目成员均处于本科一年级阶段、尚缺乏相关的学术训练，对学术规范、调研方法、学术写作等方面的了解几乎处于空白。另外，大一年级阶段，课程设置主要以语言能力提升为导向，课程设置单一，体验感不强。基于丰富知识结构与提升相关学术能力的主客观需求，并借助"大学生创新创业训练"的契机，团队成员决定利用"为数不多"的课余时间开展相应的课题研究。

---

* 何国锐，曾为四川外国语大学国际关系学院国际组织人才教改班成员，现为政府部门工作人员。

第二，专业认同深化的需求。项目筹备阶段，尽管各成员已加入国际组织实验班近半年，但仍存在对个人专业定位、职业规划不明确、专业认同度不高等问题。基于上述情况，项目成员认为有必要将课题研究与当前专业定位相结合，解答以下问题：国际组织人才的能力需求是什么？我校实验班课程结构与国际组织人才所需的能力关联性如何？除课程外，还有哪些途径可以培养相关的能力？

第三，人才短缺的客观需求。在明确项目成员的困惑后，课题指导老师谌华侨与负责老师黄慧就"大学生创新创业训练"及实验班的系列问题向成员予以说明，特别指出了实验班开设的背景，即我国对国际组织人才急需的现状与对国际组织人才培养的政策支持。基于客观现状，项目成员最终决定将研究对象由川外实验班扩大到我国目前开展的国际组织人才教育，同时引入欧盟"伊拉斯谟+"项目进行对比，最终得出结论。

综上所述，本项目选题源于项目成员在日常专业学习中面临的困惑和思考，并结合实验班身份与客观现实，将相关课程进行有机串联，最终达到"以课题研究提升学术能力，加深专业认同"的目的。

二、项目申报

2017年5月9日，四川外国语大学教务处印发《关于公布2017年校级大学生创新创业训练项目的通知》(教务处〔2017〕31号)。本项目得到学校推荐，拟推荐为市级创新训练项目，项目编号201710650019，项目所属一级学科820。

2017年8月31日，重庆市教育委员会印发《重庆市教育委员会关于公布2017年大学生创新创业训练计划项目名单的通知》(渝教高发〔2017〕14号)。本项目获批为市级创新训练项目。

项目编号	项目名称	项目类型	负责人	指导老师
201710650019	中欧国际人才培养体系研究	创新训练项目	何国锐	谌华侨

（一）校级大学生创新训练计划项目申报书

1. 基本情况

项目名称	欧盟"伊拉斯谟+"与教育部国际人才培养模式对比				
所属学科	外交学、教育学				
申请金额		起止年月			
主持人姓名	何国锐	性别		民族	出生年月
学号		联系电话			
指导老师		联系电话			
主持人曾经参与科研的情况					
指导教师承担科研课题情况					
指导教师对本项目的支持情况					

项目组主要成员	姓名	学号	专业班级	所在学院	项目中的分工
	楚霄霄			国际关系学院	组员
	李其航			国际关系学院	组员
	任子懿			国际关系学院	组员

2. 立项依据

（一）研究目的

本项目旨在通过对两种国际人才的培养模式的比较，得出在国际人才培养方面的启示，并拟定一份国际人才培养方案。为我国教育部及高校的国际人才培养方案提供更多的思路，为当前严峻就业形势下的大学生提供参考和启示，从而最终达到为国际组织培养、输送更多的中国人才，更好地服务国际事务的目的。

具体可分为以下三点：

（1）寻找培养国际人才的一般性规律

选取欧盟"伊拉斯谟+"计划与我国教育部国际人才培养计划进行比较，从培养人才的方向、培养案例内容等方面寻找差异，挖掘出两个不同模式的共通之处，最终总结出培养国际人才的一般性规律，推进有关领域国际人才培养。

（2）填补国际人才培养研究的空缺

教育部自2013年起就把"加快培养国际组织人才"列为当年工作要点，在中共中央办公厅、国务院办公厅印发的《关于做好新时期教育对外开放工作的若干意见》中明确提出要"加快培养国际组织人才"。

但从现况上看我国关于国际人才培养领域的研究较少。"中国知网"数据显示，自 2011 年以来，有关"国际人才"的相关文献数量有一定增长，但相比传统的研究领域仍存在一定的差距。涉及欧盟"伊拉斯谟＋"计划的研究成果有限，原有的研究多停留在"伊拉斯谟"计划上。同时，相关对比研究较少。通过本项目的研究，可以填补我国在国际人才培养及上述领域研究的空缺。

（3）提供国际人才培养方案改进的参考

通过本项目的开展，希望研究成果能对我国高校国际人才培养模式提供一定的参考，对固有的人才培养方案进行一定的改进。

当今国内外就业形势严峻。在 2013 年全国教育工作会议上，时任教育部部长袁贵仁指出，"在国际竞争背景下，当今培养的人才还不能很好地适应国际化需求"。通过对国际人才培养方案的研究，希望能运用研究得出的一般性规律，对当今就业所需的人才进行一定的指导，更好地促进就业问题的解决。

（二）研究内容

本项目围绕欧盟"伊拉斯谟＋"计划和中国教育部高校国际人才培养方案进行对比。具体选取高校的人才培养方案进行比较和分析。

1. 欧盟"伊拉斯谟＋"计划

欧盟"伊拉斯谟＋"计划启动于 2014 年，实施时间为 2014—2020 年。该计划直接源于 1987 年 6 月开展的"伊拉斯谟"计划。原计划借助了"促进欧洲高等教育结构和谐统一"的博洛尼亚进程，旨在鼓励欧盟内部大学跨国合作，促进教育资源的流通，最终提升整个欧盟高等教育的质量。

在 2012 年，"伊拉斯谟"计划实施 25 周年之际，为更加积极主动地应对多变的世界局势以及深化高等教育资源的改革，欧盟适时推出了"伊拉斯谟＋"计划，并计划在实施期间累计投入 147 亿欧元（约合 1047.04 亿元人民币）。

相比于原有的"伊拉斯谟"计划，新的计划有以下的不同之处：

	"伊拉斯谟"计划	"伊拉斯谟＋"计划
学生范围	欧洲学生	欧洲学生 第三国（欧洲外）的留学生和访问学者

	"伊拉斯谟"计划	"伊拉斯谟+"计划
学校范围	欧洲学校	欧洲学校 部分亚洲、非洲、美洲高校 （复旦大学、南非斯泰伦博斯大学、 美国加州大学圣芭芭拉分校）
学科范围	基础学科	基础学科 体育事业
培养能力	专业素养 学科素养	专业素养 学科素养 跨文化适应能力
计划目标	促进欧洲高等教育资源流通	促进青年人的就业 加强青年人参与社会的能力

由上表不难得出，新的计划受众范围更广，拓展到以高校学生为主的从业人员（即以青年为主体的成人教育领域）。同时，新计划面向国际。除了招收欧洲内部的学生，还接纳第三国（欧洲外）的留学生和访问学者。除了学生范围的扩大，还拓展了学校的范围。新计划不局限于欧洲，还新增了亚洲、非洲、美洲等具有一定实力的高等院校，有利于促进不同高校间的优势互补，加快了欧洲发展的国际化进程。同时在学科领域上，积极地拓展了体育事业，以期借助体育事业的发展促进相关人员的交流，以及各国在体育事业领域的政治合作。力图通过体育事业的发展和教育事业的整合，有效提高欧洲人口的综合素质。新计划在培养能力上增加了"跨文化适应能力"，这是全球化背景下对人才的必然要求。本计划的目标也更贴近当今的现实，全球受金融危机的影响，就业形势严峻。欧盟力求通过人才的培养，从根本上解决就业问题、促进就业。

"伊拉斯谟+"计划下的三所高校		
高校	英国牛津大学 Oxford University	荷兰蒂尔堡大学 Tilburg University	马德里康普顿斯大学 Universidad Complutense
对象	教职工、本科生、 研究生（包括实习生）	教职工、本科生、研究生	教职工、本科生、研究生
目的	提高国际流动性	增加国际输出	提高国际流动性

续表

"伊拉斯谟+"计划下的三所高校			
培养模式	本科： 中世纪和现代语言 （交换学习、实习）、 生物化学（交换学习） 研究生： 德语（交换学习）、 历史（交换学习）、 难民和强制性移民研究 （交换学习）	相关活动： 学期交换、暑期课程、 与国内外高校合作。 联合项目： 针对研究生、博士生 博士生建议进行国际实习 （主要是研究，也需要参加 国际会议或者交换研究伙 伴）	相关课程研讨班、暑期学院等

2. 中国高校国际人才培养方案

我国教育部高校国际人才培养最早启动于 2007 年。最初由上海外国语大学英语学院结合自身的语言优势创立"国际公务员班"。在 2011 年，北京外国语大学依托国家教育体制改革试点项目"探索国际组织需要的复合型人才培养模式"，积极探索"复合型高端外语人才培养新模式"。上述两校开展的项目，均取得了一定的成效。

党的十八大以来，我国已有以北京外国语大学、浙江大学、上海外国语大学、四川外国语大学为代表的国际人才培养实验高校。

高校及项目名称	时间	项目特色
北京外国语大学 国际组织学院	2017.04	全程三导师联合指导机制
浙江大学 国际组织精英人才班	2015.10	项目式教学　参加实习实践
上海外国语大学 卓越学院	2015.12	一半以上为国际教师 汉语、英语和另一门外语之间的多语种翻译
四川外国语大学 国际组织人才教改实验班	2015.09	与英国Essex大学合作，引入英国先进教育理念 5年本科、硕士研究生的连续性培养

北京外国语大学在 2017 年 4 月成立了"国际组织学院"。依托于 2011 年开展的"复合型高端外语人才培养新模式"研究成果，借助自身在外国语言文学方面的优势，积极开展国际人才培养。

浙江大学"国际组织精英人才班"隶属于外国语学院，开办于 2015 年 10 月。依托于外国语学院外语多语种优势、国别文化和跨文化课程优势以及与中国联合国协会、国际劳工组织等机构的合作。

上海外国语大学"卓越学院"成立于2015年12月。依托于2007年上海外国语大学英语学院开办的"国际公务员班"的成果和学校强大的多语种学科与高水平师资优势。采用多元化培养模式和个性化培养方案，面向未来，培养"多语种+"卓越国际化人才。分别开设了"多语种高级翻译实验班"和"多语种国别区域实验班"两个项目班。

四川外国语大学"国际组织人才教改实验班"隶属于国际关系学院。依托于国际关系学院在英语、外交学、国际政治三个方面的优势，同时凭借多年国际交流的经验，与英国埃塞克斯（Essex）大学开展合作，联合培养。

以上四所高校均已开展国际人才的培养工作，并积累了相关的成果。

3. 对比分析

目前对于"伊拉斯谟+"计划与我国国际高校培养方案对比的研究较少，现有的研究涉及的领域较窄。针对上述情况，我们将具体选取以下几个方面进行研究。

	欧盟"伊拉斯谟+"计划	中国高校国际人才培养方案
出台背景	经济发展速度较缓 就业形势严峻	原有培养模式不适应现状 国际组织人才缺口
培养对象	访问学者、研究生	本科生、研究生
培养形式	内部两所大学联合培养	高校单一培养
培养模式	"专业+跨文化适应能力"	"外语+国际关系+X"
院校类型	综合性大学	外语外贸院校
预期成果	提升欧洲高等教育整体竞争力 解决就业问题	创新现有人才培养模式 服务中国国际事务

每一所参与计划的学校培养方案可能有所不同，此处我们主要对两个计划（方案）进行总体上的比较。首先，两计划（方案）出台的时间近似，"伊拉斯谟+"计划于2012—2013年筹备，在2014年起正式实施，实施时间为2014—2020年。我国的高校培养方案最早产生于2011年，2014—2015年在全国部分高校开展实验。其次，出台的背景类似，均由于原有培养模式出现问题，对就业产生了实际影响。但我国的培养计划还涉及在国际组织中增加中国人比例，更好发出"中国声音"，更好服务国际事务。

在学生的层次上，欧盟"伊拉斯谟+"计划涉及访问学者、研究生方面，而我国主要针对本科生、研究生开展。培养形式的不同是最为明显的。欧盟"伊拉斯谟+"计划要求学生至少在两所不同的大学完成研究生课程（一般为四所大学），而我国的高校培养形式主要集中在高校内部，由开设项目的高校单一培养。

在培养方案上，欧盟"伊拉斯谟+"计划凭借语言优势，主要开展的是"专业+跨文化适应能力"，涉及的学科领域广泛。就我国而言，目前培养方案可以称为"外语+国际关系+X"战略。该计划要求学生在熟练掌握汉语、英语的基础上，学习第二门外语。同时学习关于国际关系方面的理论知识，形成一定的知识体系。部分高校还要求学生选择"X"（除语言、国际关系外的专业学科）。两者在培养目标上具有相似点，均要求创新现有的人才培养模式，更好地适应当今的就业、国际形势。

（一）国内外研究现状和发展

本部分将对国内外研究现状进行综述。

1. 国内研究现状和发展

本部分将从"国际人才培养"、"伊拉斯谟+"计划和"中外人才培养模式比较"这三个方面对目前国内研究现状和发展进行阐释。

（1）"国际人才培养"研究

研究分布于目标定位、培养学科结构、综合素质、国际合作方面。但目前我国承担"国际人才培养"的主要是外语外贸类院校，对其在培养方面的特殊要求研究较少，且缺乏对职业技术院校国际人才培养的研究。

在目标定位方面，《高校国际化人才培养探析》《国际化人才培养的认识及对策研究》对国际化人才概念进行了简要说明。

在学科结构方面，《国际人才竞争与高校人才培养模式的构建》《试论高等学校国际化人才的培养》提出，需要面向世界调整学科专业结构，要坚持突出重点和非均衡发展战略。《复合型外语人才培养模式研究》强调，要打造"复合型外语人才培养的课程模块"。《全球治理视域下我国的国际组织人才发展战略》提出，随着"一带一路"倡议的推动，需要更加侧重培养能够胜任在各领域国际组织工作的专门人才。

在综合素质的培养方面，在2008年6月召开的"注重质量的全民教育：掌握21世纪所需的能力和技能"的第四次亚太经济合作会议（APEC）教育部部长会议中，各经济体均就21世纪每个学生必须掌握的核心能力和技能达成一致意见。在《试论全球化与跨文化人才培养问题》中，从跨文化角度进行了分析。要从语言教育推进到文化教育，人才综合素质的培养推进到社会的文化包容力和中华文化的整合优化能力的高度。

在国际合作方面，《高校国际化人才培养探析》《国际人才培养与高等教育国际化》建议高校国际化应主动，同时也应对外籍教师的职能进行调整。《培养高端国际人才高校应该有大作为》中，针对外语类特色大学提出了国际化建设的要求。

（2）"伊拉斯谟+"计划研究

"伊拉斯谟"计划是"伊拉斯谟+"计划的前身，"伊拉斯谟+"计划是"伊拉斯谟"计划在新时期的发展。目前我国对"伊拉斯谟"计划研究主要分布在历史发展、体制机制和国际合作三个方面，而对其大学内部培养模式、具体运作研究较少。

在领域范围上，《欧盟"新伊拉斯谟计划"及成人教育》中提到，该计划涵盖的领域涉及高等教育、职业教育、成人教育等。

在课程范围上，据《"伊拉斯谟+"计划：欧洲高等教育政策新进展》提及，该计划涵盖领域较广泛，预算重点在于对高等教育领域的支持。《欧洲"新伊拉斯谟"计划述评》从范围和质量两个维度入手整合和改善教育相关资源。

在机制体制上，《欧盟伊拉斯谟计划"ERASMUS"的发展及成效研究》中提及，欧洲高等教育质量保障体系以及欧洲资格证书框架为该计划提供质量保证。

（3）"中外人才培养模式比较"研究

目前对于"中外人才培养模式"研究较多，但将"伊拉斯谟+"计划和"教育部国际人才培养方案"进行对比的研究较少。

《浅谈国际型人才培养——参加欧盟Erasmus Mundus国际合作项目的一点体会》是较少的关于体验报告的文献，从教师参与的角度对该计划进行了分析。

2. 国外研究现状和发展

针对国外的研究，将对"国际人才培养"（Global Talent Development）以及"伊拉斯谟作用"（the Role of Erasmus）进行探讨。

（1）"国际人才培养"研究

国外的研究大致分为"人才目标"和"人才培养"两个方面。缺少师资、教学等方面的研究。

在人才目标方面，*The Global "war for talent"* 提及在全球一体化下文化多样化对人才提出了更高的要求。在针对全球的研究 *Quality of talent development systems: results from an international study* 中，提出了"目标、资源、机遇"三者的重要性。在人才培养方面，*Talent development during the high school years* 提出了针对部分学生应开展增量的培养，为后阶段的人才培养做准备。

（2）"伊拉斯谟作用"研究

本部分选取的文献均是对"伊拉斯谟"计划作用的分析，分为对机制的影响和人的影响两方面。但缺乏对具体领域影响结果的研究，缺乏对政治、经济地位影响的研究。

在对机制的影响上，*Developing a Robust Self Evaluation Framework for Active Learning: The First Stage of an Erasmus+ Project* 强调"伊拉斯谟"计划在改进、完善评价体系上的积极作用。

在对人的影响上，*Studying Abroad and the Effect on International Labour Market Mobility* 表明海外学习的经历能在一定程度上增加在海外工作的可行性。*A Bourdieusian analysis of the participation of Polish students in the ERASMUS Programme: Cultural and Social capital perspectives* 通过对参与项目的学生进行研究，得出"伊拉斯谟"计划对学生学术成就、语言能力有积极影响。*The Role of the Erasmus Programme in Enhancing Intercultural Dialogue* 是一篇会议综述，具体的作用在于"伊拉斯谟"计划在跨文化交际能力培养方面的共享。*Becoming more European after ERASMUS*？着重就"伊拉斯谟"计划对学生文化政治认同感的影响进行研究。

（二）创新点与项目特色

本项目创新点与项目特色如下：

1. 立足学生角度

学生和教师是人才培养的两大主体。以往的人才培养方案研究多从教师角度出发，对课程设置、体系保障进行研究。

本项目研究者同样是国际组织人才班的参与者，参与者从学生角度出发，联合老师、学校进行研究。因此，本项目的研究更具有实践意义。

2. 对比培养方案

以往的研究多集中于宏观的角度，对体系制度保障等方面进行研究。本项目着眼于各高校的具体培养方案，从各学期课程安排、实践活动等方面进行研究。

3. 运用研究成果

通过对研究成果的分析，最终形成一份报告，对我国高校国际人才培养模式进行相应的优化提供参考，对以往相关研究中涉及的培养模式进行优化，并着眼于国内外形势，做出总体分析。

（三）技术路线、拟解决的问题及预期成果

1. 技术路线

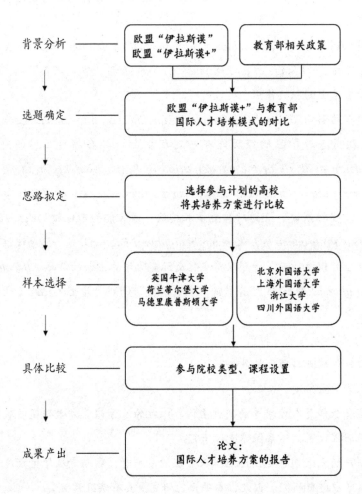

2. 拟解决的问题

核心问题：优化我国高校的国际人才培养方案

（1）增加我国国际人才的数量

优化相关培养方案，得出具有普遍规律的成果，并将其运用于更多的院校，增加今后我国国际人才的数量。

（2）提升我国国际人才的质量

我国高校在国际人才的培养方面，尤其是综合素质的提升方面还有很多工作要做。就目前的情况看，中国高校在国际人才培养方面存在一些不足，在一定程度上不适应新形势的发展。

通过对于欧盟"伊拉斯谟 +"计划的研究和学习，有助于帮助我国高校解决在国际人才的跨文化交流、快速适应多元文化及分析并解决复杂事务等综合素质培养方面的问题。

（3）拓宽我国国际人才的领域

就欧盟而言，其国际人才培养方案启动较早，有 25 年的经验依托，已较为系统、成熟并涉及多方面多领域。通过本项目的开展，可对我国国际人才领域进行拓展，由传统国际关系类学科拓展到更多范畴，甚至是体育领域。

3. 预期成果

以论文的形式呈现一份欧盟和中国有关国际人才培养方案比较研究成果，发掘培养国际人才的一般性规律、总结相关启示并撰写高校国际人才培养的相关报告。

（四）项目研究进度安排

项目进度	项目阶段	项目内容
2017.6—2017.7	前期资料收集	整理项目相关资料，确定研究角度及方法
2017.7—2017.8	研究方案制定	确定项目研究思路及具体步骤、研究方法，并列出大纲
2017.8—2017.9	实证案例分析	对涉及的高校的具体方案和我国现阶段国际人才培养模式进行分析
2017.10—2018.2	比较研究	结合当时当地的国情进行分析对比，找出我国在相关方面的不足并制定可行方案
2018.2—2018.3	项目总结	调整、修改并总结，拟定国际人才培养方案
2018.4—2018.6	项目申报	撰写项目研究论文

（五）已有基础

1. 与本项目有关的研究积累和已取得的成绩

（1）相关研究积累

已对"伊拉斯谟+"进行初步的了解，且已经对2014年欧盟发布的相关说明性文件进行初步的整理，并形成相关的中文译本。

已初步了解我国国际人才培养方面的背景。收集并整理关于国际人才培养的政策方针，以及在教育部及相关政策的指导下留学基金委员会设立并出台的相关配套政策等有关国际人才培养的指导意见。

在对我国高校的实践教学成果收集方面，已形成相关的文字资料。我们初步了解开展相关项目的各高校的培养模式，对全国范围内开展相关培养的外语外贸院校进行初步的筛选与比较，整理出相关培养方案文字资料。

（2）已取得的成绩

已收集部分参与"伊拉斯谟"及"伊拉斯谟+"计划的中欧学生的心得与感受，现已进入相应的整理、分析阶段。

在我国国际人才培养高校培养方案上，已初步完成了对案例选取的四所高校相关项目的发展历程、培养目标、专业设置等方面的资料收集。

2. 已具备的条件、尚缺少的条件及解决方法

（1）已具备的条件

四川外国语大学国际关系学院外事外交实验中心历经多年发展，目前已成为全国唯一的集外交外事人才培养、师资培训、社会服务于一体的跨学科实验中心，为全校其他10个语言专业培养复合型人才提供了实验教学服务，带动了学校其他专业理论课和实践课的发展。

四川外国语大学国际关系学院致力于培养专业知识深厚、语言功底扎实、实践能力过硬的国际事务人才，同时与相关政府机构、境外高校开展了广泛合作。

（2）尚缺少的条件及解决办法

①由于研究领域较新，相关领域研究成果相对于传统领域具有一定的数量差距，这使得对该领域更深层次的研究存在一定的困难。

解决办法：我们应拓宽研究视野，从官方文件、政策等多方面入手，同时也可以从第一手资料入手，寻找项目的不同参与方，直接获取资料。

②部分高校的相关培养计划出台时间较晚。部分文件及培养方案公开信息较

少，对后期相关的对比研究造成了一定的困难。

解决办法：我们目前应从公开资源入手，并利用好学校交流的平台，互换资源，同时借助网络平台，对项目参与者进行调查与访谈。

③我们自身对研究过程中需要采取的研究方法不够了解，可能导致在后期项目研究方案制定中不能够全面科学地分析问题。

解决办法：我们应在前期资料准备的同时进行相关研究方法的理论学习，以更好地服务项目的理论研究。

4.经费预算

开支科目	预算经费（元）	主要用途
印刷费		印刷、复印，问卷调查的印刷和分发等
资料费		购买图书，订阅有关报纸、杂志、档案、文献等材料
数据采集费		数据的采集
合作交流费		与外校研究者合作交流
差旅费		外出考察、出差交通、住宿等
专家咨询费		项目研究过程中咨询专家需要

（二）重庆市级大学生创新训练计划项目申报书

项目名称		中欧国际人才培养体系研究					
项目类型		（√）创新创业项目（ ）创业训练项目（ ）创业实践项目					
项目实施时间		起始时间：2017年5月　　完成时间：2018年5月					
申请人或申请团队		姓名	年级	学校	所在院系/专业	联系电话	E-mail
	主持人	何国锐					
	成员	任子懿					
		楚霄霄					
		李其航					
指导老师				行政职务			

一、项目实施的目的、意义

本项目旨在通过对两种国际人才的培养模式的比较，得出在国际人才培养方面的启示，并拟定一份国际人才培养方案。为我国教育部下属高校的国际人才培养方案提供更多的思路，从而最终达到为国际组织培养、输送更多的中国人才，更好地服务国际事务的目的。

培养国际人才是我国目前加强多边外交下的战略考虑，有利于增强我国在国际事务中的话语权，维护国家利益，提升综合国力。

国际人才的培养目前已成为我国人才培养的重点。习近平总书记在中共中央政治局第二十七次集体学习时强调，要"高度重视全球治理方面的人才培养"；在中共中央印发的《关于深化人才发展体制机制改革的意见》中明确提出，"完善国际组织人才培养推送机制"；在教育部《2015—2017 留学工作行动计划》中，提出"要加大国际组织人才培养力度"。

具体可分为以下三点：

（1）填补国际人才培养研究的空缺

教育部自 2013 年起就把"加快培养国际组织人才"列为当年工作要点，在中共中央办公厅、国务院办公厅印发的《关于做好新时期教育对外开放工作的若干意见》中强调，通过加大留学工作行动计划实施力度，加快培养国际组织人才。

但从现况来看，我国关于国际人才培养领域的研究较少。"中国知网"数据显示，自 2011 年以来，有关"国际人才"的相关文献数量有一定增长，但相比传统的研究领域仍存在一定的差距。涉及欧盟"伊拉斯谟＋"计划的研究成果有限，原有的研究停留在"伊拉斯谟"计划上。同时，相关对比研究较少。通过本项目的研究，可以填补我国在国际人才培养及上述领域研究上的空缺。

（2）寻找出培养国际人才的一般性规律

选取欧盟"伊拉斯谟＋"计划与我国教育部下属高校的国际人才培养计划、培养方案进行比较，从培养人才的方向、培养案例内容等方面寻找差异，挖掘出两个不同模式的共通之处，最终总结出培养国际人才的一般性规律，推进有关领域国际人才培养。

（3）提供国际人才培养方案改进的参考

通过本项目的开展，希望研究成果能对我国高校国际人才培养模式提供一定的参考，对固有的人才培养方案进行一定的改进，积极响应关于"完善国际组织人才培养推送机制""加大国际组织人才培养力度"的政策。

二、项目研究内容和拟解决的关键问题

（一）项目研究内容

本项目围绕欧盟"伊拉斯谟＋"计划和中国教育部下属高校国际人才培养方

案进行对比。具体选取其中部分参与高校的人才培养方案进行比较、分析。

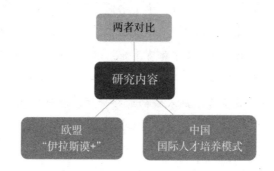

1. 欧盟"伊拉斯谟 +"计划

欧盟"伊拉斯谟 +"计划启动于 2014 年，实施时间为 2014—2020 年。该计划直接源于 1987 年 6 月开展的"伊拉斯谟"计划。原计划借助了"促进欧洲高等教育结构和谐统一"的博洛尼亚进程，旨在鼓励欧盟内部大学跨国合作，促进教育资源的流通，最终提升整个欧盟高等教育的质量。

在 2012 年，"伊拉斯谟"计划实施 25 周年之际，为更加积极主动地应对多变的世界局势以及深化高等教育资源的改革，欧盟适时推出了"伊拉斯谟 +"计划，并计划在实施期间累计投入 147 亿欧元（约合 1047.04 亿元人民币）。

相比于原有的"伊拉斯谟"计划，新的计划有以下的不同之处：

	"伊拉斯谟"计划	"伊拉斯谟+"计划
学生范围	欧洲学生	欧洲学生 第三国（欧洲外）的留学生和访问学者
学校范围	欧洲学校	欧洲学校 部分亚洲、非洲、美洲高校 （复旦大学、南非斯泰伦博斯大学、 美国加州大学圣芭芭拉分校）
学科范围	基础学科	基础学科 体育事业
培养能力	专业素养 学科素养	专业素养 学科素养 跨文化适应能力
计划目标	促进欧洲高等教育资源 流通	促进青年人的就业 加强青年人参与社会的能力

由上表不难得出，新计划面向国际。除了招收欧洲内部的学生，还接纳第三国（欧洲外）的留学生和访问学者。除了学生范围的扩大，新计划还拓展了学校的范围。这有利于促进不同高校间的优势互补，加快了欧洲发展的国际化进程。同时在学科领域上，积极地拓展了体育事业，以期借助体育事业的发展促进相关人员的交流，以及各国在体育事业领域的政治合作。力图通过体育事业的发展和教育事业的整合，有效提高欧洲人口的综合素质。新计划在培养能力上增加了"跨文化适应能力"，这是全球化背景下对人才的必然要求。

具体的培养方案：

以下我们选择了三所高校培养方案中"招生对象"与"课程体系"的分析。

"伊拉斯谟+"计划下的三所高校培养方案			
	英国牛津大学	荷兰蒂尔堡大学	马德里康普顿斯大学
招生对象	教职工、本科生、研究生（包括实习生）	教职工、本科生、研究生	教职工、本科生、研究生
课程体系	中世纪和现代语言 生物化学、德语、历史 难民和强制性移民研究	学期交换、暑期课程	相关课程研讨班、暑期学院

2. 中国高校国际人才培养方案

我国教育部高校国际人才培养最早启动于 2007 年。最初由上海外国语大学英语学院结合自身的语言优势创立"国际公务员班"。在 2011 年，北京外国语大学依托国家教育体制改革试点项目"探索国际组织需要的复合型人才培养模式"，积极探索"复合型高端外语人才培养新模式"。上述两校开展的项目，均取得了一定的成效。

党的十八大以来，我国目前已有以北京外国语大学、浙江大学、上海外国语大学、四川外国语大学为代表的国际人才培养实验高校。

高校及项目名称	时间	项目特色
北京外国语大学 国际组织学院	2017.04	全程三导师联合指导机制
浙江大学 国际组织精英人才班	2015.10	项目式教学　参加实习实践
上海外国语大学 卓越学院	2015.12	一半以上为国际教师 汉语、英语和另一门外语之间的多语种翻译

续表

高校及项目名称	时间	项目特色
四川外国语大学 国际组织人才教改实验班	2015.09	与英国Essex大学合作，引入英国先进教育理念 5年本科、硕士研究生的连续性培养

北京外国语大学在 2017 年 4 月成立了"国际组织学院"。依托于 2011 年开展的"复合型高端外语人才培养新模式"研究成果，借助自身在外国语言文学方面的优势，积极开展国际人才培养。

浙江大学"国际组织精英人才班"隶属于外国语学院，开办于 2015 年 10 月。依托于外国语学院外语多语种优势、国别文化和跨文化课程优势以及与中国联合国协会、国际劳工组织等机构的合作。

上海外国语大学"卓越学院"成立于 2015 年 12 月。依托于 2007 年上海外国语大学英语学院开办的"国际公务员班"的成果和学校强大的多语种学科与高水平师资优势。采用多元化培养模式和个性化培养方案，面向未来，培养"多语种 +"卓越国际化人才。分别开设了"多语种高级翻译实验班"和"多语种国别区域实验班"两个项目班。

四川外国语大学"国际组织人才教改实验班"隶属于国际关系学院。依托于国际关系学院在英语、外交学、国际政治三个方面的优势。同时凭借多年国际交流的经验，与英国 Essex 大学开展合作，联合培养。

以上四所高校均已开展国际人才的培养工作，并积累了相关的成果。

具体的培养方案：

我们选取了上述四所高校培养方案中"人才培养目标"以及"课程体系的架构"两个方面进行梳理。

高校	人才培养目标	课程体系的架构
北京外国语大学国际组织学院	具有"中国情怀、世界眼光、青年责任、人类福祉"全球领袖人才	语言专业课程 国际法/经济等专业知识
浙江大学国际组织精英人才班	具有国际政治的基础知识以及某一领域的专业知识人才	外语专业课程 国际组织课程 社科类/理学/工学等
上海外国语大学卓越学院	具有政治学研究视野或国别研究专长的多语种人才	语言专业课程 研究方法课程

续表

高校	人才培养目标	课程体系的架构
四川外国语大学国际组织人才教改实验班	具有广博人文素养和深厚国际关系知识，熟练运用两门以上外语的跨学科人才	英语、西班牙语专业课程 国际关系等社科类课程 模拟国际组织实践课程

3. 两者的对比

目前对于"伊拉斯谟+"计划与我国国际高校培养方案对比的研究较少，现有的研究涉及的领域较窄。针对上述情况，我们将具体选取以下几个方面进行研究。

	欧盟"伊拉斯谟+"计划	中国高校国际人才培养方案
出台背景	就业形势严峻	国际组织人才缺口
培养形式	内部两所大学联合培养	高校单一培养
培养模式	"专业+跨文化适应能力"	"外语+国际关系+X"
院校类型	综合性大学	外语外贸院校
预期成果	提升欧洲高等教育整体竞争力	服务中国国际事务

由于每一所参与计划的学校培养方案可能有所不同，此处我们主要对两个计划（方案）进行总体上的比较。首先，两计划（方案）出台的时间近似，"伊拉斯谟+"计划于2012—2013年筹备，在2014年起正式实施，预计实施时间为2014—2020年。我国的高校培养方案最早产生于2011年，2014—2015年在全国部分高校开展实验。其次，出台的背景类似，均由于原有培养模式出现问题，对就业产生了实际影响。但我国的培养计划还涉及在国际组织中增加中国人比例、更好发出"中国声音"，更好服务国际事务。

在学生的层次上，欧盟"伊拉斯谟+"计划涉及访问学者、研究生方面，而我国主要针对我国的本科生、研究生开展。培养形式的不同是最为明显的。欧盟"伊拉斯谟+"计划要求学生至少在两所不同的大学完成研究生课程（一般为四所大学），而我国的高校培养形式主要集中在高校内部，由开设项目的高校单一培养。

在培养方案上，欧盟"伊拉斯谟+"计划凭借语言优势，主要开展的是"专业+跨文化适应能力"，涉及的学科领域广泛。就我国而言，目前培养方案可以称为"外语+国际关系+X"战略。该计划要求学生在熟练掌握汉语、英语的基础上，学习第二门外语。同时学习关于国际关系方面的理论知识，形成一定的知识体系。部分高校还要求学生选择"X"（除语言、国际关系外的专业学科）。两者在培养目标上具有相似点，均要求创新现有的人才培养模式，更好地适应当今的就业、国际形势。

（二）拟解决的关键问题

借鉴欧洲国家高校国际人才培养方案，优化我国高校的国际人才培养方案，加大培养中国国际组织人才力度。

1. 总结欧洲国家高校国际人才培养方案

欧洲"伊拉斯谟"和"伊拉斯谟＋"计划促进了欧盟内部各大学校跨国合作，促进了教育资源的交流、教育结构的和谐，提高了欧盟高等教育质量。欧盟"伊拉斯谟＋"计划在原计划的基础上，对学生、学校、学科范围、培养能力、计划目标等方面做出的改变，都是在全球化背景下的调整。

通过对欧洲国家高校国际人才培养方案的分析，进而作用于我国国际人才的培养。

2. 优化我国高校的国际人才培养方案

就欧盟而言，其国际人才培养方案启动较早，有25年的经验依托，已较为系统、成熟并涉及多方面多领域。

而我国对国际人才的培养启动相对较晚，可以部分借鉴欧洲国家的培养方案，再根据我国国情进行相应调整，从而优化我国高校的国际人才培养方案。

3. 提高我国培养国际人才的力度

优化相关培养方案，加大落实力度，严格按照方案设计，得出具有普遍规律的成果，并将其运用于更多的院校。增加今后我国国际人才的数量，扩展我国国际人才的领域，更好地服务国际事务。

三、项目研究与实施的基础条件、与本项目有关的研究积累和已取得的成绩

（一）项目研究与实施的基础条件

1. 国内研究现状和发展

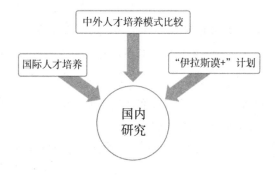

（1）"国际人才培养"研究

在目标定位方面，《高校国际化人才培养探析》《国际化人才培养的认识及对策研究》对国际化人才概念进行了简要说明。

在学科结构方面，《国际人才竞争与高校人才培养模式的构建》《试论高等学校国际化人才的培养》提出，需要面向世界调整学科专业结构，要坚持突出重点和非均衡发展战略。《复合型外语人才培养模式研究》强调，要打造"复合型外语人才培养的课程模块"。《全球治理视域下我国的国际组织人才发展战略》提出，随着"一带一路"倡议的实施，需要更加侧重培养能够胜任在各领域国际组织工作的专门人才。

在综合素质的培养方面，在 2008 年 6 月召开的"注重质量的全民教育：掌握 21 世纪所需的能力和技能"的第四次亚太经济合作会议（APEC）教育部部长会议中，各经济体均就 21 世纪每个学生必须掌握的核心能力和技能达成一致意见。在《试论全球化与跨文化人才培养问题》中，从跨文化角度进行了分析。要从语言教育推进到文化教育，人才综合素质的培养推进到社会的文化包容力和中华文化的整合优化能力的高度。

在国际合作方面，《高校国际化人才培养探析》《国际人才培养与高等教育国际化》建议高校国际化应主动，同时也应对外籍教师的职能进行调整。《培养高端国际人才高校应该有大作为》中，针对外语类特色大学提出了国际化建设的要求。

（2）"伊拉斯谟+"计划研究

"伊拉斯谟"计划是"伊拉斯谟+"计划的前身，"伊拉斯谟+"计划是"伊拉斯谟"计划在新时期的发展。

在领域范围上，《欧盟"新伊拉斯谟计划"及成人教育》中提到，该计划涵盖的领域涉及高等教育、职业教育、成人教育等。

在课程范围上，据《"伊拉斯谟+"计划：欧洲高等教育政策新进展》提及，该计划涵盖领域较广泛，预算重点在于对高等教育领域的支持。《欧洲"新伊拉斯谟"计划述评》提及，从范围和质量两个维度入手整合和改善教育相关资源。

在机制体制上，《欧盟伊拉斯谟计划"ERASMUS"的发展及成效研究》中提及，欧洲高等教育质量保障体系以及欧洲资格证书框架为该计划提供质量保证。

（3）"中外人才培养模式比较"研究

目前对于"中外人才培养模式"研究较多，但将"伊拉斯谟+"计划和"教育部国际人才培养方案"进行对比的研究较少。

《浅谈国际型人才培养 ——参加欧盟 Erasmus Mundus 国际合作项目的一点体会》是较少的关于体验报告的文献,从教师参与的角度对该计划进行了分析。

2. 国外研究现状和发展

(1)"国际人才培养"研究

国外的研究大致分为"人才目标"和"人才培养"两个方面。缺少师资、教学等方面的研究。

在人才目标方面,*The Global "war for talent"* 提及在全球一体化下文化多样化对人才有了更高的要求。在针对全球的研究 *Quality of talent development systems: results from an international study* 中,提出了"目标、资源、机遇"三者的重要性。在人才培养方面,*Talent development during the high school years* 提出了针对部分学生应开展增量的培养,为后阶段的人才培养做准备。

(2)"伊拉斯谟作用"研究

本部分选取的文献均是对"伊拉斯谟"计划作用的分析,分为对机制影响和人的影响两方面。

在对机制的影响上,*Developing a Robust Self Evaluation Framework for Active Learning: The First Stage of an Erasmus+ Project* 强调"伊拉斯谟"计划在改进、完善评价体系上的积极作用。在对人的影响上,*Studying Abroad and the Effect on International Labour Market Mobility* 表明海外学习的经历能在一定程度上增加在海外工作的可行性。*A Bourdieusian analysis of the participation of Polish students in the ERASMUS Programme: Cultural and Social capital perspectives* 通过对参与项目的学生进行研究,得出"伊拉斯谟"计划对学生学术成就、语言能力有积极影响。*The Role of the Erasmus Programme in Enhancing Intercultural Dialogue* 是一篇会议的综述,具体的作用在于该计划在跨文化交际能力培养方面的共享。*Becoming more European after ERASMUS*？着重就"伊拉斯谟"计划对学生文化政治认同感的影响进行研究，这是目前较新的角度。

3. 国内外研究现状和发展评述

目前国内外关于"国际人才培养"的相关研究已较为成熟、系统，且研究分布于目标定位、培养学科结构、综合素质、国际合作方面。但目前我国承担"国际人才培养"的主要是外语外贸类院校，对其在培养方面的特殊要求研究较少，缺乏对职业技术院校国际人才培养的研究，缺少完整性。目前我国就"伊拉斯谟"计划对大学内部培养模式、具体运作研究较少。

我国未来研究应关注：外语类院校国际人才培养的创新，综合类高校国际人才培养，职业技术院校国际人才培养，高校国际人才评价体系，国际人才培养体系对一般教育体系的改进。

（二）相关研究积累

在欧洲国际人才培养体系方面，我们已对"伊拉斯谟+"进行了初步的了解，且已经对 2014 年欧盟发布的相关说明性文件进行了初步的整理，并形成相关的中文译本。

就中国国际人才培养体系而言，初步了解了我国关于国际人才培养方面的背景，收集并整理了关于国际人才培养的政策方针，以及在教育部及相关政策的指导下留学基金委员会设立并出台了相关配套政策等有关国际人才培养的指导意见。在对我国高校的实践教学成果收集方面，已形成相关的文字资料。我们初步了解了开展相关项目的各高校的培养模式，对全国范围内开展相关培养的外语外贸院校进行初步的筛选与比较，整理并写出相关培养方案文字资料。

（三）已取得的成绩

1. 欧洲国际人才培养体系

已完成对"伊拉斯谟+"计划相关官方文献的翻译；

已完成对案例选取高校的具体人才培养方案的整理，并形成相关文献资料；

已整理参与"伊拉斯谟"及"伊拉斯谟+"计划的中欧学生的心得，并形成相关的文献资料。

2. 中国国际人才培养体系

已完成对我国"国际人才培养"相关政策文献的整理；

已完成对我国"国际人才培养"相关研究文献的整理；

已完成对案例选取的四所高校相关项目的发展历程、培养目标、专业设置等方面的资料收集，并形成相关文献资料。

四、项目实施方案

（一）技术路线

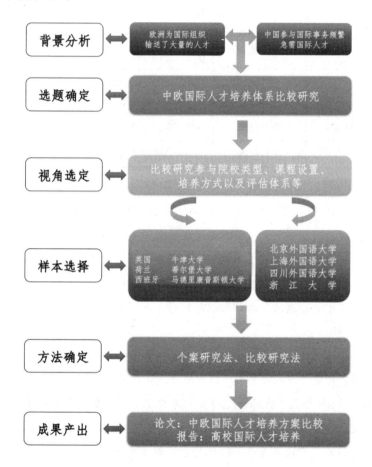

本研究从我国目前急需国际人才的现状出发，选择了较为成熟的欧洲国际人才培养体系为研究对象，将其与我国高校国际人才的培养体系进行比较。

在研究的方法上，选择"个案研究法"与"比较研究法"。选择两种不同模式下的部分高校，并对各高校国际人才培养方案进行对比分析。

先从计划参与院校类型等宏观层面进行对比，再选取"课程设置""培养方式""评估体系"等微观角度进行横向的比较。最后，通过比较发现两者的差异，得出"中欧国际人才培养方案比较"的论文，以及"高校国际人才培养"的报告。

（二）项目研究进度安排

项目进度	项目阶段	项目内容
2017.6—2017.7	前期资料收集	整理项目相关资料，确定研究角度及方法
2017.7—2017.8	研究方案制定	确定项目研究思路及具体步骤、研究方法，并列出大纲
2017.8—2017.9	实证案例分析	对涉及的高校的具体方案和我国现阶段国际人才培养模式进行分析
2017.10—2018.2	比较研究	结合当时当地的国情进行分析对比，找出我国在相关方面的不足并制定可行方案
2018.2—2018.3	项目总结	调整、修改并总结，拟定国际人才培养方案
2018.4—2018.6	项目申报	撰写项目研究论文

五、学校可以提供的条件

四川外国语大学国际关系学院配有多种语言实验室、网络实验室、多媒体计算机实验室、同传实验室、外交外事实验教学中心和资源丰富的图书馆，为学生们创造了优良的学习环境。同时，学院近年来陆续创建了"时政聚焦与新闻发布""国际时事论坛""模拟联合国大会""外交外事风采"等独立的实践教学平台，在增加学生国际政治与外语知识的同时，也为学生综合能力的提升提供了良好的平台。

四川外国语大学国际关系学院外事外交实验中心历经多年发展，目前已成为全国唯一的集外交外事人才培养、师资培训、社会服务于一体的跨学科实验中心，为全校其他10个语言专业培养复合型人才提供了实验教学服务，带动了学校其他专业理论课和实践课的发展。

四川外国语大学国际关系学院致力于培养专业知识深厚、语言功底扎实、实践能力过硬的国际事务人才，同时与相关政府机构、境外高校开展了广泛合作。

六、预期成果

以论文的形式呈现一份欧盟和中国有关国际人才培养方案比较的研究成果，发掘培养国际人才的一般性规律、总结相关启示并撰写高校国际人才培养的相关报告。

七、经费预算

开支科目	预算经费（元）	主要用途
印刷费		印刷、复印，问卷调查的印刷和分发等
资料费		购买图书，订阅有关报纸、杂志、档案、文献等材料
数据采集费		数据的采集
专家咨询费		用于课题完成过程中的集体论证及课题实施过程中专家咨询

三、项目建设

（一）项目建设的一般思路

本项目选题源于项目组成员的学习问题与项目班的培养特色，从实际问题出发，以亲历者角度试图找到相关问题的答案，同时也是项目成员进行的一次有益的学术训练。基于上述情况，本项目在开展中基本遵循了"发现问题—分析问题—解决问题—反思问题"的一般思路。

本课题围绕以下问题展开：国际组织人才的能力需求是什么？我校实验班课程结构与国际组织人才所需的能力关联性如何？除课程外，还有哪些途径可以培养相关的能力？

一般而言，在发现问题后，寻找相关理论解释，并从我国国际组织人才培养、"伊拉斯谟+"项目及国际组织高层人员等领域寻找有关例证，然后结合项目班的实际情况和课程安排，最终将所得结论应用或反馈，以期得到进一步的提升。"以问导学"是本项目各阶段的实施目标，设置相应的核心问题或阶段问题，有助于使项目成员明确各阶段的工作或研究方向，同时将所学应用于实践，加深专业认同度。

（二）研究过程一览

时间	过程记录
第2周	申报书提交后第一次召集全体组员。先行讨论了关于6月的项目分工安排。 　安排任子懿、何国锐对我国高校国际组织人才培养的概况进行资料收集，余下三位组员对2016年12月31日更新的四份伊拉斯谟官方文件进行初步阅读。 　　项目记录人：何国锐　　2017年6月3日
第5周	对项目任务进行初步的验收。 　任子懿、何国锐已对截至2017年6月我国高校开展的有关"国际组织人才"培养项目进行整理、存档。 　"体育项目"部分进展缓慢，组员对英文材料阅读出现倦怠感，仅了解了部分概念性内容，缺乏关于课程体系、学分互换、教师流通等方面的知识。同时临近期末，故决定暂缓实施该部分的内容。 　　项目记录人：何国锐　　2017年6月21日
第8周	主要讨论了暑假各自的相关任务，同时增加了新的职位设置。 　暑假的阅读材料为三份，分别为伊拉斯谟官方指导文件、伊拉斯谟2015年度报告、伊拉斯谟2014—2020年预期资金。各成员将采用通读的方式，在开学后对报告开展整体的梳理。同时，确认何国锐对项目的经费予以管理，楚霄霄记录。 　　项目记录人：楚霄霄　　2017年7月15日
第12周	本次主要是对暑期任务进行督促。 　了解各组员的阅读情况，发现了部分问题。仅何国锐开展了相关的阅读，已进行至最后一个文件中"伊拉斯谟"支持系统的章节。其余各成员开展的阅读量较小，一位成员甚至未开始阅读，严重影响了整体的效率。 　就国内研究整理方面，已将三所高校的国际组织人才培养模式绘制为表格。 　最后，再次督促开展阅读，并将于开学后检查成果。 　　项目记录人：任子懿　　2017年8月9日
第15周	新学期第一次召集相关组员，对暑期任务予以回顾，同时开展9月的任务布置。 　检查组内暑期任务完成情况时，仅任子懿、何国锐完成了阅读，楚霄霄进行了部分阅读，其余阅读量较小甚至不及项目初期。根据这一情况，决定在开学初期确定两个集体阅读的时间点，安排2—3个上午进行集体阅读，地点选在山下博文楼院系实验室。 　暂缓本月计划安排。 　　项目记录人：何国锐　　2017年9月2日

时间	过程记录
第19周	第16、17周分别开展了两次集体阅读，有一定的成效，但是对于研究而言效果不明显，任子懿缺席。 　　本周与学院朱天祥博士会面。后期全体组员将依托"伊拉斯谟"的相关研究协助朱天祥博士的《世界主要国家国际组织人才培养概览》书稿的编写，就此布置相关任务，收集各国际组织高层人员的国籍信息。由于大部分组员将在1—3周内参加雅思考试，何国锐、任子懿任务暂缓。 　　项目记录人：何国锐　　2017年9月25日
第22周	本次主要就各国际组织高层人员的国籍信息进行了汇总，讨论了暴露出的一系列问题。 　　本次就五位同学所收集的信息进行汇总，发现吴雨晴收集的资料与大部分同学的资料有较大出入，且人数不匹配，决定不采用其数据。同时就官网资料的部分数据情况进行交流，特别在"谁是国际组织职员"这一问题上。例如WTO一部分官员为国家派驻的常务代表，这一类人群应该从本次统计的数据中删除。一些名誉的职务，例如UNWTO旅游组织授予一部分皇室成员、社会名流的形象大使不算在内。 　　项目记录人：何国锐　　2017年10月21日
第24周	本次主要开展了第二次的信息汇总。 　　根据第一次信息汇总中出现的问题，对各自的内容进行了一系列调整。最终采取除吴雨晴外四位成员的数据，确定把以阿根廷、西班牙、巴西、日本、韩国、英国、法国、美国、加拿大、澳大利亚、印度为代表的11个国家作为写作对象。同时对各国的具体负责人予以了安排。日本、韩国由何国锐负责，巴西、阿根廷、西班牙由李其航负责，印度、澳大利亚由任子懿负责，英国、法国由楚霄霄负责，加拿大、美国由吴雨晴负责。 　　同时各负责人开展10天的资料初步收集工作，从政府、高校、社会协同三方面对相关信息进行检索。 　　项目记录人：任子懿　　2017年10月31日

续表

时间	过程记录
第25周	本次会议因何国锐在马尼拉参加活动，由任子懿主持，何国锐前期提交相关讨论文件。 　　主要就初步的资料检索进行汇总。日本、韩国方面的进展顺利，可行性较高；巴西方面的资料寻找有一定阻碍，发现其网站多为葡萄牙语或西班牙语，阅读障碍大；印度方面资料较少；阿根廷的资料出现收费的情况，部分资料无法阅读；加拿大的资料较少。 　　根据何国锐前期提交的讨论文件，就部分检索的技巧予以分享。例如在网站寻找时，输入的关键词可为"UN""United Nations"，而"International Organization"能找到的相关资料偏少。 　　确认由任子懿、何国锐负责完成中期报告。 　　　　项目记录人：任子懿　　2017年11月12日
第28周	朱天祥博士参与本次会议并讨论了相关的著作写作情况，吴雨晴、李其航缺席。 　　首先，就写作的国家进行确定，删除了巴西、阿根廷和澳大利亚三个国家，并对目录进行了讨论。前期确认为从"政府、高校、社会协同"三个部分展开，现根据各成员的资料收集显示"社会协同"方面困难较大，予以删除。 　　其次，对各成员的资料收集进行系列讨论。发现如下问题：李其航资料收集局限在一个国家，数量少；吴雨晴资料收集均为中文，部分资料来源不明；楚霄霄资料收集中出现"法国协同中国培养人才"的内容，与整体内容有较大的出入。 　　最后，就中期报告提交后发现的一系列问题进行讨论。例如目前除何国锐、任子懿外，其余三位成员的行动较为迟缓、不积极。在对材料的阅读上缺乏反馈和思考，对整体项目的实施效率有消极的影响。 　　　　项目记录人：楚霄霄　　2017年12月4日
第30周	本次讨论主要集中在对伊拉斯谟的研究上。 　　鉴于部分成员对伊拉斯谟的研究一直处于停滞状态，对前期选取的材料进行反思发现，前期材料均为英文阅读文本，部分成员的畏难情绪未能克服。因此对材料进行了一系列调整。 　　第一个改进是增加了一部分中文材料，特别是一系列中文的研究成果。第二个改进是增加了一系列影像资料，成员需观看伊拉斯谟相关的英文视频、采访。第三个改进是鼓励成员在研究时转换角色，从先前的研究者向申请者转换，假想自己是一位申请该项目的学生，思考自己将在这一项目中的哪一个领域获益。最后增加了一系列的资料来源渠道，增加知乎社区，鼓励成员可通过伊拉斯谟的相关帖子对这一项目予以了解。 　　　　项目记录人：楚霄霄　　2017年12月18日

续表

时间	过程记录
第33周	本次讨论围绕寒假的任务布置开展。 任子懿、何国锐将负责相关论文的写作，对2017年的研究成果予以一定的梳理。何国锐在本月末将第一章样稿发给全体组员参考，并开始写作。任子懿将负责伊拉斯谟支持系统的相关写作。 其余三位成员将着手伊拉斯谟项目的其他方面，侧重于"经费补贴""参与学校""英国脱欧后高校与伊拉斯谟""中国高校的参与情况"。 项目记录人：任子懿　　2018年1月14日
第36周	本次会议为电话会议，讨论文本为何国锐提交的日本方面的情况。 何国锐分享了一些在写作方面的体会，如在高校收集时可通过 Times 的全球排名予以梳理，选取第1—20位的高校进行官网查找。同时需要借助新闻的帮助，例如 Japan Times 就曾开展过有关"日本国际组织人才"的专题报道，通过这一专题下的数篇文章便可寻找到相关的信息源并展开资料的收集。并提出，各成员在进行资料收集的同时需要注明信息的来源、最后登录时间，以便后期进行查证与核对。 项目记录人：楚霄霄　　2018年2月4日
第37周	本次会议为电话会议，讨论了有关成员在资料收集方面的情况。 就寒假的任务完成情况进行汇报。任子懿的论文相关写作已初步完成；楚霄霄的翻译已整理为Word文档并发送；余下两位成员的翻译未完成。督促在2月22日前完成相关的翻译任务。 项目记录人：何国锐　　2018年2月7日
第41周	本次会议为开学后第一次线下全体会议，对寒假的各项任务进行总结。 何国锐提交了第一次修改稿，对部分资料来源少的内容予以删除。确定最后的规格，字数在11k—14k，确保各资料有来源、有登录时间。 发现三位同学关于伊拉斯谟的内容仅停留在翻译阶段，并未对前后的内容展开阅读。距结题时间近，原设定的相关方案却未得到执行。此次讨论对人员的分工进行了分配，吴雨晴、楚霄霄、李其航由对伊拉斯谟的研究转为协助朱天祥博士的写作工作。 项目记录人：何国锐　　2018年3月1日

时间	过程记录
第42周	本次与朱天祥博士共同讨论第一稿中存在的问题，吴雨晴缺席。 朱博士首先肯定了样稿的价值，肯定其在资料收集、内容和形式上的价值，之后的章节可以此为模板展开写作。 但也存在一些问题。例如"国际人才"和"国际组织人才"方面的细微区别。同时，对于部分主观论断的合理性值得探讨，若这一系列观点正确，则需要一定的资料予以支持，并注明来源。最后是章节的可读性，因本书定位的特殊性，在数据分析部分可适当利用一些数据图表增加其可读性。 项目记录人：任子懿　2018年3月8日
第44周	本次讨论的主题为第一稿的写作。 楚霄霄根据自己的写作情况确定将前期备选国家意大利、德国删除，将备选国家瑞士作为新的写作国家，同时根据伊拉斯谟的研究状况增加欧盟为写作对象。 敦促任子懿、吴雨晴、李其航展开相关内容的写作。 项目记录人：楚霄霄　2018年3月20日
第45周	本次会议集中讨论各成员第一稿的写作时间安排。 楚霄霄反映了部分在写作中存在的问题。特别是时间方面，缺乏连续的2~3天的写作时间，很容易导致写作思路的中断。同时，受到部分网页访问的限制和语言的限制，部分文件无法查看。 根据这一情况，提出一些具有可行性的建议。例如，在写作时可以通过专题进行开展，如政府层面、高校层面，避免写作因时间的缘故而产生断层的现象。同时，采用一些翻译软件进行辅助。一些重要的图表可按照原语言直接插入，同时确保信息的准确性。 确认各成员在清明节期间完成第一章第一部分的书写，并进行资料的收集工作。 项目记录人：何国锐　2018年3月26日
第46周	本次就资料的收集和第一章第一部分的书写工作进行了讨论。 楚霄霄和任子懿提交了第一部分的书写，吴雨晴和李其航并未开展。从已提交的内容中发现部分国家的数据存在偏差，并决定对各国际组织高层人员的任职情况进行梳理。 项目记录人：任子懿　2018年4月7日

续表

时间	过程记录
第47周	本次会议就国际组织高层人员的任职情况进行了讨论。 何国锐在讨论前提交了联合国框架内近40个国际组织的高层人员任职情况，包括国籍，同时也涵盖3—4个非政府国际组织，如国际红十字会、无国界医生组织。 发现中国高层人员任职情况和预期中相差较大，在查证的资料中中国高层人员任职人数排名第二，次于美国，但与领先第三名的差距较小。 同时决定由何国锐完成结题报告的撰写。 项目记录人：任子懿　　2018年4月18日
第48周	本次会议讨论了成员的任务分配问题。 会前，吴雨晴因个人原因退出了本项目，其写作任务暂时交由何国锐。何国锐共负责日本、韩国、美国、印度四国的撰写任务。 其余成员负责各章节的写作，何国锐继续完成国内各高校的培养方案初探，确定余下成员在五一劳动节前提交各自第一章第一部分修改稿。 项目记录人：任子懿　　2018年4月23日
第49周	本次会议讨论了各成员在假期内的写作情况。 任子懿和楚霄霄提交了第一部分的修改稿，李其航未提交。在已提交的部分中发现，楚霄霄的第一部分人物介绍过于简单，未展开相应的分析。任子懿的第一部分字数过多，部分资料仅停留于翻译阶段。 同时，确定了实践周的写作计划，确定在实践周周二提交第一章的第一稿。 项目记录人：何国锐　　2018年5月1日
第50周	本次会议讨论了结题报告的附件论文部分。 结题报告论文部分已开始撰写，相关内容均由何国锐负责。讨论了部分内容资料不全的问题，例如中国部分高校的培养方案涉及版权无法查阅，并拟定最终的论文形式。 项目记录人：何国锐　　2018年5月4日
第51周	本次会议就写作中遇见的相关问题进行了讨论。 楚霄霄在进行法国一章的写作时发现部分高校的资源极度缺乏，同时搜索功能有局限。任子懿在进行写作时发现章节的比例控制困难，受到资料的限制。经过研究，决定大家统一控制各部分的比例，第一部分需控制在1k—2k内。其余的资料需详细、具体，不采用套话形式的描述，争取达到图文并茂的效果。 项目记录人：任子懿　　2018年5月7日

续表

时间	过程记录
第52周	本次会议汇总了本期的写作内容。 　　本期楚霄霄、任子懿提交了各自负责的写作内容，李其航未提交且并未说明相关情况。同时提出相关的修改意见：第一，在比例上，两稿第一部分的比例过大；第二，在内容上，部分内容停留在翻译阶段，衔接度不高；第三，在材料的选用上，呈现出材料堆积的感觉，并未完整或客观地反映培养方案的具体体系。 　　同时对结题附件进行了讨论。 　　项目记录人：何国锐　　2018年5月9日
第53周	本次会议是本项目结题前的最后一次集体讨论。主要就项目结束后写作的任务、项目的回顾各抒己见。 　　项目总体进展曲折，各组员的任务多次调整；中期开始，部分组员并未投入课题的研究中，导致课题的进展较缓慢；后期随着不断的督促，以及集体学习的开展，有了一定的成效。 　　项目结题后需继续开展相关的写作活动，预期在6—7月完成所有章节的写作。 　　项目记录人：何国锐　　2018年5月14日

（三）项目中期报告

1.项目主要进展

（一）相关文献的收集

1."伊拉斯谟+"计划研究相关情况

在中国知网上共收集相关文献14篇，涉及历史发展、体制机制和国际合作三个方面。目前正在进行相关文献综述的写作。

《欧盟"新伊拉斯谟计划"及成人教育》《欧盟"ERASMUS计划"的发展》《欧洲创建超越国界的大学》《从"伊拉斯谟项目"到"伊拉斯谟世界项目"欧盟高等教育的国际化发展》涵盖了"伊拉斯谟+"计划的历史发展。

《"伊拉斯谟+"计划：欧洲高等教育政策新进展》《欧洲"伊拉斯谟"计划述评》《欧洲学分转换系统》《欧洲"新伊拉斯谟"计划述评》《青年跨国学习机制之研究——以欧盟Erasmus计划为例》《欧盟"伊拉斯谟世界项目"对我国高等教育国际化的启示》《欧洲创建超越国界的大学》则涉及"伊拉斯谟+"计划的体制机制。其中在课程范围上，该计划涵盖领域较广泛，并拓展到体育运动领域。且该计划的预算重点在于对高等教育领域的支持。

《欧盟伊拉斯谟计划"ERASMUS"的发展及成效研究》《伊拉斯谟教师流动项目的概况、特色及启示》《欧盟委员会发布EMMC毕业生影响调查结果》《"伊拉斯谟世界计划"研究生跨国联合课程探析》《浅谈国际型人才培养——参加欧盟Erasmus Mundus国际合作项目的一点体会》则涉及该计划的国际合作方面。其国际合作包含学生流动、教师流动、大学合作项目、多边合作项目、主题网络和伊拉斯谟全球计划等多方面。

2. 官方文件收集相关情况

已收集的官方文件涉及中共中央《关于深化人才发展体制机制改革的意见》，教育部《2015—2017留学工作行动计划》，中共中央办公厅、国务院办公厅《关于做好新时期教育对外开放工作的若干意见》及教育部《推进共建"一带一路"教育行动》等文件。

目前正在收集党的十九大后"国际人才培养"的相关指导意见。

3. 国内研究相关情况

在中国知网上共收集"国际人才培养"研究相关文献18篇，涉及国际人才定位和培养目标两个方面。目前正在增加相关文献收集数量，计划进行相关文献综述的写作。

在国际人才定位方面，《国际人才培养刍议》《全球人才战争新趋势》《高校国际化人才培养探析》《现代社会呼唤国际化人才的培养》均提出了不同的观点。

而在培养目标上，《复合型外语人才培养模式研究》《国际人才培养与高等教育国际化》《国际人才培养与人才流动的特点》《试论高等学校国际化人才的培养》《优势学科与国际化人才培养路径》《国际化人才培养的认识及对策研究》《试论全球化与跨文化人才培养问题》《培养高端国际人才高校应该有大作为》《国际人才竞争与高校人才培养模式的构建》《全球治理视域下我国的国际组织人才发展战略》《聚焦21世纪人才基本技能的培养——美国的政策转换与实践》《"中英共同培养国际组织人才期待下一个5年合作"英国埃塞克斯校长访问四川外国语大学》《办出高校特色发展人才个性实施人才强国战略——2004年高等教育国际论坛论文综述》则提出培养"复合型外语人才""外语＋专业学科人才"等多种培养目标。

4."伊拉斯谟＋"官方文献相关情况

截至 2017 年 11 月 25 日，共收集"伊拉斯谟＋"官方文献 5 篇，涉及官方指导阅读文件、2015 年项目年报、2014—2020 年计划指导文件及相关宣传资料。

通过阅读由欧盟执委会监督出版的"伊拉斯谟＋"项目导读，整理出"伊拉斯谟＋"项目的整体框架，此项目由三个主要行动组成，第一，个体流动；第二，创新合作和良好实践的交流；第三，政府改革的支持。

第一个行动设置了对于职业教育与学习的学习者及工作人员、学校教育工作人员、成人教育工作人员以及青年和青年工作者的不同的流动项目，并且列出不同人群参加项目的不同活动培养的不同能力；第二个行动的目的在于对高等教育领域和青年领域的能力建设及培养，同时指出"伊拉斯谟＋"计划的实施对高等教育和青年领域带来的影响；第三个行动阐述了政府在政策方面对"伊拉斯谟＋"项目应做出的改革与支持，要求参与项目的青年与青年政策制定者会面，讨论相关政策制订计划与准备、活动的实施情况、后续的评估，以此让项目中的青年有机会参与欧洲相关政策的执行与实施。

最后，梳理了培养体系中不同机构对此项目在政策、经济等方面的支持。

5.国内高校相关情况

目前已收集浙江大学、北京外国语大学、上海外国语大学、四川外国语大学及中国科学技术大学有关国际人才培养的相关资料。

浙江大学外国语学院"国际组织精英人才班"	
培养对象	外语学院本科生、硕士生
培养目标	外语基础扎实，中国文化底蕴深厚，具备国际政治、国际关系的基础知识以及某一领域的专业知识； 具有国际视野、交叉学科知识、优秀人文素养及创新能力的复合型外语人才
培养特色	本科生：外语第一专业+国际组织课程模块+X 研究生：1+1+1方式 项目式教学，本科生、研究生均要求参加实习实践

北京外国语大学"国际组织学院"	
培养对象	本、硕、博贯通式培养
培养目标	具有中国情怀，通晓国际规则，精通两种以上联合国工作语言； 具有出色专业能力和跨文化沟通能力的高端复合型、复语型国际组织人才
培养特色	全程三导师联合指导机制

上海外国语大学"卓越学院"	
培养对象	全校本科生
培养目标	1.多语种高级翻译实验班 具有熟练的多语转换能力，高素质、通识型、多语种高级翻译人才 2.多语种国别区域实验班 具有政治学研究视野或国别区域研究专长的多语种人才
培养特色	授课教师一半以上为国际师资 汉语、英语和另一门外语之间的多语种翻译

四川外国语大学国际关系学院"国际组织人才教改实验班"	
培养对象	全校本科生
培养目标	具有广博人文素养和深厚国际关系专业知识，并能够熟练运用两门以上外语，且能进行国际事务沟通和处理的跨学科卓越人才
培养特色	三种语言（汉、英、西）互译能力培养 与英国Essex大学合作，引入英国教育理念 5年本科、硕士研究生的连续性培养

（二）调研情况

通过电子邮件、Skype 等多种方式对参与过"伊拉斯谟 +"的中国留学生进行采访与了解。

了解到"伊拉斯谟 +"中的"Joint Master Degree"活动是目前唯一一个有中国高校参与的"伊拉斯谟 +"硕士项目 MARIHE: Master of Research and Innovation in Higher Education Management。

据了解，在此项目的课程设置中，学生的四个学期将在四所不同的大学就读，前三学期注重理论，最后一学期根据论文方向和个人意愿等分派学校，毕业后拿到联合学位。任课教师来自欧洲不同国家，给项目班学生单独授课，所以课程非常集中。对于中国学生来说，语言是首要障碍，掌握流利的英语是先决条件，能够掌握第二门外语会更有优势。文科项目的阅读材料与论文尤其多而杂，需要培养较高的阅读与写作能力。并且注重对国际视野、多维度思考的能力和跨文化沟通的能力等方面的培养。学生可以申请全额奖学金、学费减半或助学金。

（三）集体学习与督促

鉴于成员均为第一次参与有关文献综述的写作，故使用了社会科学研究指导丛书《怎样做文献综述——六步走向成功》，并在 9 月至 11 月开展了相关的集体学习。组内借助社团、课堂等渠道，以"奥巴马政府对朝核问题政策""我国女性公务员的职业发展研究"为案例进行辅助学习，为下一阶段相关论文写作做好准备。

同时，在暑期及月末借助 TIM 在线文档编辑平台，对课题研究进行督促，同时进行及时的调整。项目开始时文献的阅读与整理采用将一本文献划分为多个部分，再将任务布置给不同的组员。例如，我们在 6 月将"2015 年项目年报"根据其章节编排划分成五个部分，不同的成员负责不同部分的翻译及整理，但汇总时发现各章节的连贯性不强。因此，我们在暑期对"2014—2020 年计划指导文件"进行阅读时，采用全体成员通读整本的方式。在 9 月返校后的第一次日常会议中，集体对文件第一部分进行梳理，同时对下一部分阅读提出"关注执行机构，关注各目标之间的差异，利用树状图或表格进行整理"的计划。10 月后，由于参与学院朱天祥博士《世界主要国家国际组织人才培养概览》图书的编写，对相关的计划进行了调整，更多关注该书目的资料收集。并在 10 月末对各成员关于该项目的进展进行汇总。本周末（12 月 2 日）将对各成员的情况进行梳理，并汇总 11 月月度情况报告。

2. 下一步工作计划

（一）进行论文写作

预计共进行 3—4 篇相关论文的写作，写作方向为"国内伊拉斯谟＋计划研究的文献综述""国内国际人才培养的文献综述""伊拉斯谟＋支持系统的研究"。

我国关于国际人才培养领域的研究较少。"中国知网"数据显示，自 2011 年以来，有关"国际人才"的相关文献数量有一定增长，但与传统的研究领域相比仍存在一定的差距。

涉及欧盟"伊拉斯谟＋"计划的研究成果有限，原有的研究停留在"伊拉斯谟"计划上。

通过对"伊拉斯谟＋"计划文献资料的收集整理，做出文献综述，以此展现国内对"伊拉斯谟＋"计划的研究成果。

（二）整理相关文献

在欧洲以及国内政府官网中收集整理有关"伊拉斯谟＋"计划和国际组织人才培养的官方文件，将此类文件与欧洲及国内高校出台的相关政策进行比较，找出实施过程中的优点与缺点。

（三）参与学院的书目编写

参与学院朱天祥博士《世界主要国家国际组织人才培养概览》图书的编写。跨出欧盟范围，根据图书内容梗概，研究世界各国对国际组织人才的培养情况，有全球范围更广阔的视野。在调查过程中，关注各个国家政策层面、高校培养层面以及社会各界对国际人才培养的支持情况。

目前已完成对图书中涉及的主要国家确定，各研究组成员已完成相关国家的分配，正在进行相关国家的资料收集及整合。但受语言障碍影响，如法语、意大利语、韩语等，部分国家资料收集、整理困难。

除了对相关国家政策层面的资料收集，成员还关注各国在国际组织中任职的高级官员的概况。收集相关简历，进而从简历中了解其在本科、研究生时的学习情况，学校或专业的选择、学术研究或科研的方向、实习或社会工作的经验、所具备的能力等，对日后进入国际组织工作的帮助。

将除欧盟外国家对此类人才培养的方案以及实施情况与欧盟参与"伊拉斯谟+"的国家进行对比，更有助于本项目组对欧盟"伊拉斯谟+"计划和中国教育部高校国际人才培养方案的对比研究。

（四）整合调研成果，探讨下一阶段调研的可行性

根据成员实际情况，并结合研究进度与成果，针对大家对不同国家资料收集的情况，探讨下一阶段调研的可行性，并及时做出适当调整。

3. 存在的问题及建议

（一）存在的问题

1. 成员的学习生活与目前项目研究时间上有冲突。目前成员的课程安排较为紧张，在课题研究上投入的时间相对不足。

2. 论文写作方面缺乏经验。成员大多对论文写作、文献综述等缺乏经验，对计划中所制定的文献写作存在一定的难度。

3. 文献量大，阅读整理难度大。相关的文献篇幅都较大，例如"伊拉斯谟+"官方文献长达 340 页，客观上造成一定的困难。

4. 国内官方支持系统方面资料的缺乏。

（二）建议

1. 通过相关的专业书目，集中进行论文阅读、整理及写作方面的学习。后期将继续使用有关论文写作的指导图书，开展集中学习，加强成员关于文献写作的

能力。

2. 关于成员的学习生活与目前研究时间冲突，对每周阅读任务进行调整，并进行月度总结，督促全组的研究。

四、项目结项

（一）结题报告

1. 基本情况

项目名称	中欧国际人才培养体系研究				
成果形式	论文及研究报告		立项时间	2017年5月21日	
完成时间	2018年5月3日		鉴定时间	2018年6月1日	
项目 主要 研究 人员	序号	姓名	学号	专业班级	所在学院	项目分工
	1	何国锐				第一负责人
	2	任子懿				第二负责人
	3	楚霄霄				组员
	4	李其航				组员

2. 研究过程简介

内容提示：团队成员分工和合作情况，研究报告、研究日记的完整性，项目研究的目的、意义，研究成果的主要内容、重要观点或对策建议，创新特色、实践意义和社会影响，发表论文及获得专利情况，研究过程中财务执行情况等（限定在1500字左右，附件另附）。

本项目初始共五位成员，后期吴雨晴因个人原因退出项目组。

任务分工方面，何国锐主要负责每周的任务制定，协同任子懿、楚霄霄共同撰写过程记录册，同时楚霄霄负责经费使用情况的记录。

本研究过程记录册完整记录了项目执行期内遇到的问题、研究的进展以及针对上述问题所采用的一系列解决方法，包括开展集体学习、督促等方式促进项目的进行。

本项目着眼于中欧国际人才培养体系的比较，立项初期选择"欧盟伊拉斯谟+"计划和中国高校国际组织人才培养方案为研究对象，以期得出两种培养体系的不同点，最终完善我国的培养方案。项目实施过程中发现了一系列问题，例如"伊拉斯谟＋"体系庞大且涵盖面广，对国际组织人才培养的定义不明确。在这一情况下，本研究根据具体的实施进度和现实状况进行了相应的调整。首先，在对象的选择上，除"伊拉斯谟＋"计划外增加了法国、英国等欧洲国家，分析其政府、高校在国际组织人才培养上的举措，以期回应"中国高校国际组织人才培养体系"的研究。资料收集阶段发现部分高校的培养体系与课程设置受知识产权的保护客观上无法公开，因此对该部分的研究造成一定的困难。后期，本研究将研究范围进一步聚焦，将我国高校的国际组织人才培养研究聚焦于课程框架上，着重体现共性，同时从成功的经验入手；将"伊拉斯谟＋"研究集中于支持体系上。同时，借协助朱天祥博士撰写书目之契机，增加对日本的研究，作为本项目的拓展。

最终，本项目研究成果集中于以下方面：

第一，中国高校的国际组织人才培养。目前我国共16所高校开展了相关人才的培养，我国高校的国际组织人才培养总体呈现出"外语＋国际政治"的模式，承担培养的院校或系部多为语言教学单位，地域分布上呈现出一线城市占据主导的局面。同时部分课程的设置上存在"缺乏实践性"的问题，部分学校的学生较缺乏积极性。

第二，"伊拉斯谟"三十年回顾及"伊拉斯谟＋"支持体系。"伊拉斯谟"计划作为欧盟框架下的教育流动项目，由欧盟委员会执行，在国家层面设立国家机构进行协调。同时，设立相关的专门机构，例如NARC处理学位认证、NHERF进行项目评估。总体呈现出较为完整的"策划—执行—评估—修订"体系。

第三，英国和法国的国际组织人才培养概况。英国、法国在国际组织中职员较多，在政府层面出台了相关政策文件支持，特别是对学生参加海外实习予以一定的资金补助，同时借助本国的海外志愿者项目培养青年群体的国际工作能力；在高校培养方面，针对不同层次的人才开展短期、长期培养课程，且开设历史较长。

第四，日本的国际组织人才培养概况。日本的国际组织人才培养主要从政府和高校两个层面展开，政府层面与上述欧洲国家的差异不大，高校培养层面则具有自身的特色。人才培养着力于管理能力与科研能力两方面，日本高校多次与联合国等国际组织开展研究人员的交换、培训项目，助力部分科研人员进入国际组织工作；同时，与中国高校的培养差异在于，聘请了较多的国内外在国际组织或外交领域具有卓越成就的外交官员作为任课人员，将理论知识与丰富的实践经验有机地融合，并借助相关人员在某一领域的人脉关系网络为学生提供较多的实习、工作机会。

本项目相较于以往的同类研究涉及范围更广，同时中国高校国际组织人才培养方案的整体研究尚属首例。从研究范围来看，涉及欧盟成员国之间的互动，同时也将成员国单列确保其独立性。就我国高校的国际组织人才培养体系而言，目前国内学界的研究集中在单个高校的案例分析，本研究创新将16所高校汇总，进行整体分析，得出存在的普遍性规律。同时将中日的高校体系予以对比，作为拓展和补充，丰富了本研究的内容和成果。

3. 研究总结报告

内容提示：预定计划执行情况，项目研究和实践情况，研究工作中取得的主要成绩和收获，研究工作有哪些不足，有哪些问题尚需深入研究，研究工作中的困难、问题和建议。

本项目初期既定以3—4周为一周期，在执行过程中发现部分成员具有一定的倦怠感，对既定计划执行较差。中期对项目的计划执行过程采用"个性化定制"的方案，按照各成员的进度予以有序的安排，但仍存在执行效率低下的问题。同时，部分成员缺乏论文写作经验，对大量的英文文献阅读具有畏难情绪，项目后期进行写作资料收集不全面，效率低，进度慢。而后采取了一系列的举措，例如开展集体写作与督促，在同一时间召集全体成员进行写作，发现问题后予以讨论、解决。

本项目的研究主要为理论研究，采用的方法多为文本分析法，针对所收集的文本资料予以分析。后期在对国家政策、高校策略予以分析时，采用了整体分析的思路，研究结果以可视化的方式呈现。

同时，本研究所选用的资料并未局限于某时间段内，而是随时更新，成员在研究过程中对相关资料予以及时更新并整合、建立数据资源库。前期的资料收集缺乏深度，相关度较低，在随后的多次集体学习后，多位成员的能力得到有效提升，特别是在政府政策的资料收集上更加高效，利用从"平台型媒体"入手的方法，将资料来源的渠道进一步扩展。

但本项目在研究后期发现了一些问题。首先，在概念定义方面，目前学界对"国际人才"和"国际组织人才"概念的定义模糊，研究中参考的有关文献在该视域下具有"刻意模糊"的嫌疑；后期对部分高校资料予以整理时，同样发生此种情况。其次，资料信息源出现问题。部分高校或项目的课程培养体系涉及知识产权保护，无法公开，客观上为研究造成一定的困难。最后，本研究缺少部分的理论与工具支持，经费涵盖有明显的缺陷。项目中期试图采用"Python 爬虫"将开源数据予以统计，以节约资料收集的时间，但因项目实施方无法开具相关报销凭证，同时我方受技术限制无法应用相关技术，因此不得不放弃。这一问题客观上增加了全组成员的资料收集难度，延长了资料收集的时间，在总时间不变的情况下，大大减少了相关引证、研讨和论证的时间。

针对上述问题及困难，本项目组提出如下的建议：第一，继续执行本项研究，通过全网分析、语义分析、关联度分析等多种方法明确界定有关"国际人才"与"国际组织人才"的相关概念；第二，在资源选择和前期调查中主动回避；第三，在本项目完成后，需进行数据爬虫方面的应用学习，为其后的相关研究做准备。

（二）成果展示

具体成果展示如下：

1. 调研报告《中国高校国际组织人才培养研究报告》

2015 年，教育部等五部门印发了《2015—2017 留学工作行动计划》（教外〔2015〕52 号），明确将"加强国际组织人才培养"作为主要任务，要"由各级学校组织万名学生参与国际组织模拟竞赛，成梯队遴选和培育国际组织后备人才"。在相关政策的鼓励下，我国部分高校展开了一系列积极的尝试。

从我国的政策梳理、历史回顾、培养现状三个维度对我国高校在国际组织人才培养中的情况予以说明，最后进行一定的总结，对未来我国高校国际组织人才培养予以展望。

（1）政策梳理

笔者从"中华人民共和国中央人民政府"网站对"国际组织人才"进行完整不拆分的关键词搜索（2018 年 1 月检索），共收集到 20 条相关内容。

教育部办公厅最早于 2012 年 12 月下发《教育部办公厅关于直属高校国家教育体制改革试点项目及"三重一大"决策制度执行情况检查的通报》（教监厅〔2012〕4 号）文件，就北京外国语大学在高校人才培养模式改革领域开展的"国际组织人才"培养予以赞赏。2014年10月，国家留学基金管理委员会在就2015年国家公派出国留学选拔计划答记者问时表明，将于2015年设立"国际组织人才培养项目"，支持优秀青年人才赴国际组织实习。

2015年2月，教育部发布2015年教育工作重点，明确提出加快外语非通用语种人才和国际组织人才培养。同年，教育部等五部门印发《2015—2017留学工作行动计划》（教外〔2015〕52号），支持相关优秀人才赴国际组织实习。

2016年3月，中共中央印发《关于深化人才发展体制机制改革的意见》，提出要"完善国际组织人才培养推送机制"。3月，《中华人民共和国国民经济和社会发展第十三个五年规划纲要》第九章实施人才优先发展战略中提出，培养推荐优秀人才到国际组织任职。同年4月，中共中央办公厅、国务院办公厅印发《关于做好新时期教育对外开放工作的若干意见》对做好新时期教育对外开放工作进行了重点部署，要求加快留学事业发展，提高留学教育质量，加快培养国际组织人才等五类人才。当年11月，教育部发布《教育部关于做好2017届全国普通高等学校毕业生就业创业工作的通知》（教学〔2016〕11号），强调各高校要支持高校毕业生到国际组织实习任职，同时将国际组织基本情况、招聘要求、职业发展路径等内容，纳入大学生就业指导教材和课程，为毕业生到国际组织实习任职和参加志愿活动等，提供信息、咨询、培训等服务。

2017年7月，教育部党组印发了《关于加快直属高校高层次人才发展的指导意见》，意见强调，需"强化高层次人才培育支持"，加强国际组织人才培养，加强培训指导与信息服务，加快相关学科和人才培养基地建设。同时，大力实施国家留学基金"国际组织实习项目"，扩大国家公派出国留学相关专业人员选派规模。

由上述一系列政策，我们不难发现，我国在国际组织人才培养方面的政策制定有如下的特征。首先，由试点到推广，相关的国际组织人才培养开始于北京外国语大学。在得到相关的引荐后，向直属高校推广，倡导更多有实力的高校开展类似的培养项目。其次，理论与实践相结合。在倡导高校开展相关培养后，教育部留学基金管理委员会出台相关的政策、项目支持、鼓励优秀青年人才赴国际组织实习，与联合国教科文组织等签订协议，为相关学生提供实习机会。同时，将国际组织人才培养与我国教育改革结合。在推动国际组织人才培养相关项目实施的过程中，就人才培养中的课程设置等多因素进行改进，推动高校教育的改革。

（2）历史回顾

在 2015 年前，我国国际组织人才的培养工作主要由外语类院校承担。在此之后，开展的院校类型得到了一定的拓展。目前，可查证的最早开设相关培养工作的院校是上海外国语大学（简称上外）。其于 2007 年开设了"国际公务员班"，该班挂靠上外英语学院，本科录取专业为翻译专业，实行单独编班，单独设置教学计划。国际公务员班的课程分为四大模块：英语专业课程、第二外语专业课程（德语、日语、俄语、法语、西班牙语）、普通教育课程、国际公务员培养方向核心课程。毕业时授予翻译专业文学学士学位。据文汇报资料显示，第一届项目班学员均来自上外附中，2011 年毕业时无一人进入联合国等国际组织工作，多数就职于著名跨国公司。此后，关于该项目班的报道较少。

上外在国际组织人才培养方面充分利用丰厚的教学资源，对经过选拔的学生予以小班的培养。据其后参与该项目的学生回忆，课程设置上以语言类为多，政治类较少。在一段时间内，上外对其培养课程体系进行了一定的调整。

除上述院校外，北京外国语大学于 2012 年创办了"探索国际组织需要的复合型人才培养模式"项目。该项目计划在 2011 年 11 月—2017 年 7 月，从 985 高校、211 高校、外语类院校英语、法语、国际政治、国际法、国际经济等专业中择优选拔具有复语 / 复合型人才培养前途的优秀拔尖应届本科毕业生，通过北京外国语大学与欧美一流大学联合搭建的国际化、多语种、跨学科培养平台，培养三届约 90 名（每届约 30 名）精通英语和法语，具有国际政治与国际关系、国际法、国际经济与金融专业知识及专业技能，具有在国际组织实习经验的高端外语专门人才。据项目工作简报（2012 年 1—7 月）显示，2012 年 7 月 15—23 日，项目夏令营在北外举行，共有来自全国 50 余所高校的 121 名学生参与。最终选拔了 35 位学员进入项目。2015 年通过夏令营方式最终选拔出 20 名左右学生，以推荐免试的方式入选"国际组织项目班"研究生，同时还将为相关院系选拔 65 名优秀硕士生。

上述两所院校分别在本科和研究生阶段开展了国际组织人才的培养探索，均运用了强大的资源优势，强化了学生的语言能力，同时，提供了相关国外访学、交流的机会。但值得注意的是，这两所开展培养工作的院校均为我国顶尖的外语院校，培养目标主要在翻译、语言能力上，相比于其他综合性院校而言，整体的综合能力较弱，或存在语言能力强但业务能力较弱的困难。同时两校较为特殊，若要向其他高校进行推广，则困难较大。

（3）培养现状

2015 年，外交学院召开"国际组织人才培养"学术研讨会，来自外交部、世界卫生组织、外交学院等机构的官员、国际公务员、学者就该问题进行了研讨。从参会的高等院校上看，既有外语外贸类院校——对外经贸大学、四川外国语大学，又有传统工科院校——西北工业大学，还有一部分综合性大学——清华大学、复旦大学。此次研讨活动的开展，在一定程度上表明，截至 2015 年，我国高等院校的国际组织人才培养已经出现了一系列的变化，针对第一阶段"上外、北外"的探索予以积极的评价。

成员对目前开展"国际组织人才"培养项目的高等院校进行一定的梳理，从基本情况到项目特色进行总结，力求从客观的角度展现现状。此阶段的资料均采用人工录入的方式以确保相关数据的准确性、真实性（下列顺序按高校名称的拼音首字母顺序排列）。

高校	项目名称
北京大学	IO Courses
北京外国语大学	国际组织学院
对外经贸大学	国际组织人才基地班
复旦大学	"荣昶学者"全球治理人才培养项目
广东外语外贸大学	国际治理创新硕士研究生项目
海南大学	国际组织人才培养基地班

续表

高校	项目名称
华中科技大学	国际组织后备人才班
清华大学	国际组织人才训练营
四川大学	国际组织人才训练营
四川外国语大学	国际组织人才教改实验班
山东大学	国际组织人才培养实验班
上海财经大学	国际组织人才培养基地班
上海外国语大学	卓越学院
浙江大学	国际组织精英班
中国科学技术大学	文理复合英才班
中国人民大学	国际组织人才新星计划

据统计资料显示，目前我国共有 16 所高校开展"国际组织人才"培养的相关项目。涉及综合性大学与外语外贸类院校，学生层次涵盖本科与硕士两个阶段。

成员就相关学校的培养项目进行分析，涉及培养院校类型、地域分布、培养方式等多方面，最终得出如下结论。

第一，培养方式呈现"专门项目班"与"训练营"两种形式。"专门项目班"指由单独学院培养，持续时间长，例如四川外国语大学"国际组织人才教改实验班"、对外经贸大学"国际组织人才基地班"；"训练营"指由学校招生就业处主办的短期系列讲座、研讨活动，例如四川大学"国际组织人才训练营"、清华大学"国际组织人才训练营"。

第二，培养院校呈现"外语外贸院校执行时间早，综合性大学、工科院校紧随其后"的特点。例如，上海外国语大学、北京外国语大学、对外经贸大学早在 2007 年、2011 年及 2013 年就开展了一系列的探索；海南大学等综合性院校于 2016 年及以后开始相关研究；华中科技大学、中国科学技术大学于 2017 年开始实施相关培养项目。

第三，在培养院校的地域分布上，主要集中在北京、上海两城市，共计 8 所院校。西部地区仅四川大学、四川外国语大学。其余分布在合肥、武汉、海口、杭州等城市。相关院校开设此类项目班的意愿程度与当地外事活动、外事机构等有一定联系，当地外事资源越丰富，为学生提供的机会就越多。

第四，在培养方式及相关的课程设置上体现"语言 +X"的特点。开设"专门项目班"的学校除了开设专门的语言课程，还开设其他专业课程，例如四川外国语大学"国际政治"、浙江大学"自选辅修模块"等。体现国际公务员的跨学科、复合性特色，满足今后的工作需求，同时，提供相应的"国外访学"和"实习"的机会，例如广东外语外贸大学"美国马里兰大学"。

2. 论文《"伊拉斯谟"三十年 ——回顾我国高校与伊拉斯谟》《"伊拉斯谟"支持机构研究》

欧盟"伊拉斯谟 +"计划是本项目的研究重点，但在前期调研、资料收集阶段发现，当前国内在"伊拉斯谟 +"计划的具体落实原则、支持机构、与我国高校之间的交往等方面研究较少。因此，在了解"伊拉斯谟 +"计划如何培养国际化人才前，有必要对该计划进行较为详细的梳理。

研究发现，我国 9 所高校于 2009 年就已加入伊拉斯谟世界计划，截至 2013 年，共有 1339 位中国学生经过选拔参加了该项目。我国高校与"伊拉斯谟 +"项目还在一定基础上与框架内高校共同完成相应的课题研究。目前，我国共有三个（中国人民大学、复旦大学、四川大学）获欧盟批准的欧盟"让 – 莫内最佳欧洲研究中心"。其中四川大学"让 – 莫内最佳欧洲研究中心""欧洲研究中心"承担了有关伊拉斯谟等教育国际化的研究。

3. 数据库——主要国际组织高管信息库

国际组织高级官员是本文研究的一大重点。通过分析高级官员的个人履历，能对相关培养体系的改进起到积极作用。基于此，本团队以联合国框架内 40 余个国际组织高级官员为导向，收集他们的公开履历，按照组织、国籍、性别、职位等进行分类，建立高级官员信息数据库，并定时更新。目前，本数据库已在"国际公务员制度"等课程或研究中得到应用。

4. 主要国家国际组织人才培养概况研究

研究中期发现，"伊拉斯谟 +"体系庞大且涵盖面广，对国际组织人才培养的定义尚不明确。在这一情况下，本研究根据具体的实施进度和现实状况进行了相应的调整。首先，在对象的选择上，除"伊拉斯谟+"计划外增加了法国、英国等欧洲国家，分析其政府、高校在国际组织人才培养上的举措，以期回应"中国高校国际组织人才培养体系"的研究。其次，将研究范围进一步聚焦，将我国高校的国际组织人才培养研究聚焦于课程框架上，着重体现共性，并借助学院朱天祥博士撰写《世界主要国家国际组织人才培养概览》契机，增加日本研究，作为本项目的拓展。

全书共分为十章，以国际组织与多边外交为出发点，通过分析日本、韩国、印度、阿根廷、美国、英国、法国、瑞士、西班牙、欧盟在国际组织人才培养方面的成果、政策支持、教育实践、社会支持，探讨国外经验对中国国际组织人才培养的启示。何国锐负责统筹各章节编写，主要负责日本、韩国、美国、欧盟章节，任子懿主要负责印度、英国章节，楚霄霄主要负责法国、瑞士章节，李其航主要负责阿根廷、西班牙章节。目前全书已完成初稿阶段，主要章节约9万字。

五、后续发展

本项目最终形成四项研究成果。总体而言，涉及多个方面，不仅有传统意义上以论文为代表的学术成果，还有相关数据库的建立。最终项目成果应用到相关图书的编写中，并在相关课程中得以实践。

尽管回看先前的系列成果在学术规范、内容创新与深度等方面稍显稚嫩，但对于当时处于本科一年级阶段的项目成员而言，无疑是一次大胆而且富有成效的课堂延伸与学术训练。在课题指导老师与实验班指导老师的协助下，项目成员将外语应用于资料搜索中，大胆地尝试了实地调查、访谈调查等研究方法，不仅将所学的外交学、国际政治的专业知识应用到实践中，还接触了教育学、统计学、人力资源、跨文化交际、Python爬虫等专业领域。这为今后升学、继续深造奠定了能力基础，同时也将"理论与实践"相结合，为实验班提供了宝贵的经验。

六、团队档案

本团队共由四位成员组成，均来自四川外国语大学2016级国际组织人才实验班，涵盖国际政治、英语两个专业。四位成员分别负责中国国际组织人才培养研究和欧洲国际组织人才培养研究。组内三位成员选择升学，其中楚霄霄继续有关国际组织与国际关系类的研究。

姓名	何国锐	在校信息	四川外国语大学2016级国际政治专业毕业生，第二届国际组织人才教改班成员，项目负责人
课题 感悟			1.加入大创的原因 　　回想起大一的时候，往往从早到晚、一周五天，甚至中午也有课。尽管课程安排紧凑，但内心却是极度迷茫的，没有方向。不知道今后能做什么、不知道学了什么、不知道该学什么。困惑之中，黄慧老师邀请华侨老师给大家分享了自己做研究的体会，并鼓励大家参加大创项目。分享会后便和几个同学商量，一同参与了大创项目。华侨老师的学术水平和能力是有口皆碑的，也想着如果能跟随这样的老师学习，定会收获颇丰。总的来说，基于自己学习的困惑与疲劳，再加上指导老师的鼓励，我们选择了参加大创项目。 　　2.过程中面临的最大困难 　　项目正式开启后，几乎所有成员都面临着巨大的压力。最主要的困难还是缺少时间。因为课程设置紧凑，大家经常晚上还有课。索性所有人每天都带着电脑，谁有空就写写。下了晚课便又开始讨论，经常是到教学楼关门、食堂关灯才匆匆离开，又回寝室继续修改。 　　项目进行中，作为项目的主要负责人，也观察到大家渐渐疲惫。资料收集与整理、新知识板块的学习、学术能力的训练，等等，都让成员渐渐在忙碌的学习和项目间失去了平衡。项目一度进展缓慢，中期之后有很长一段时间处于停滞的状态。此后，花了很多时间了解组员的需求、遇到的困惑，并对目标进行调整，将研究对象更为具象化。现在看来，当时这样做是有益的。 　　3.个人收获 　　回想起那段经常凌晨三点睡、早上七点起的日子，心里还是有些不舍。大创项目是我入校以来的第一次较为完整、系统的学术训练。尽管目前暂时远离学术，但从中收获的写作能力、沟通能力以及团队协作能力，却能在如今的工作中得到应用。 　　大创带给我的不单单是能力的训练，更是一次对所学专业的全新审视。回想起来，初入校时对实验班几乎一无所知，更不用说国际组织、国际组织人才之类，像是天方夜谭，因此也对专业提不上太多的兴趣。本着"为读研做准备"的伪初心，便开始大创训练。但随着项目的开展，接触了更多的学科领域，也逐渐发现所谓的国际组织人才具备的能力并非空中楼阁，而是在各领域都可通行的。渐渐地开始对国际组织、外交等有了兴趣。 　　总的来讲，大创项目像是一扇门。推开门需要勇气，走出门需要毅力。推开门便是新的领域，走出门便是接触与应用新的知识与能力，而再回头便是对自己所处领域的全新审视。

续表

姓名	任子懿	在校信息	四川外国语大学2016级英语专业毕业生，第二届国际组织人才教改班成员，项目成员
课题感悟			**1.加入大创的原因** 首先，想通过此次大创项目锻炼自己的学术研究能力。这次的大创项目是本人本科阶段第一次学术课题经历，在能力有限、经验不足的情况下参与大创项目，最大的目标就是挑战自己，提升自己的学术研究能力，为本科阶段以及硕士阶段的课题研究做铺垫。 其次，想借助中欧高等教育体系的对比研究，更加深刻地了解自己所处的教育体系。通过课题研究，可以从政策层面，更加理性地理解和分析当今中国的高等教育体系，以及国家的培养目标等。 最后，通过对比研究，对自身学术或职业发展进行定位与调整。在对比研究中国与欧盟国家高等教育体系之后，能更准确地认识当今世界培养人才的走向和趋势，这也有助于我们的自身发展。 **2.过程中面临的最大困难** 缺乏资料收集与整理能力。由于团队成员都是第一次接触到科研项目，第一次面对如此大量的资料收集任务，尤其对英文文献的阅读速度较慢且归纳能力较差，这使得团队对资料的收集与整理效率较低且质量不高，起初，很多内容都仅仅是简单地翻译，并没有做到归纳总结。 在意识到此问题后，团队各成员都在空闲时间有意识地锻炼自身英文文献阅读能力，并且各成员在完成自己部分的撰写后，会第一时间相互检查并对语言、文章结构等提出修改意见。 **3.个人收获** 首先，提升了自身的英文文献阅读能力。由于大量地阅读英文文献，自己的词汇量、阅读速度、阅读效率都有所提高。这给本科四年英语的学习以及毕业论文的写作都打下了良好的基础。 其次，锻炼了学术研究能力。这次大创项目让我明白了什么是学术研究、如何开展学术研究、如何撰写规范的学术文章等。虽然仅仅一次大创项目不可能使科研能力有质的飞跃，但对于我来说却是从无到有的自我突破。 最后，提高了团队协作能力。整个项目进行期间，从最初的组队、讨论选题，到中期的撰写、讨论、修改，再到最后的定稿，无时无刻不在沟通、交流、合作、协调，我们也逐渐学会如何处理各成员间的分歧甚至争执，这对于我们进入社会、进入职场有很大帮助。

姓名	楚霄霄	在校信息	四川外国语大学2016级英语专业毕业生，第二届国际组织人才教改班成员，项目成员
课题感悟			1.加入大创的原因 　大一课程紧，虽每日忙忙碌碌，却总觉得生活缺少些滋味，大学时光不应都浪费在死读书上。这个时候，黄慧老师积极鼓励教改班的同学参加大学生创新创业项目，并邀请谌华侨老师进班介绍。那时谌老师刚刚大病初愈，从医院回来，就立马着手指导学生完成大创项目，有感于老师勤奋敬业的精神，也是对当前我国国际人才培养与国外差距这一话题深感兴趣，就自愿加入这个项目。 　2.过程中面临的最大困难 　在项目进行过程中面临的困难除了初次接触到如此大量的外文阅读外，还有资料搜索的问题。资料搜索有一定难度，很多需要的内容都找不到，缺乏搜索渠道。后来经同学和老师的建议，我们通过各个外交部、教育部官网，搜索到我们需要的资料。 　3.个人收获 　项目开始初期，需要提交申请书，还要收集整理项目资料，因为项目开始较晚，时间又紧，项目组的五位成员除了每天上课，还要加班加点完成任务。从最初的思路混乱，懵懵懂懂，不知如何写申请书、做思维导图，到收集整理大量中外文资料。一次一次讨论，一遍一遍整理，一遍一遍修改，熬到深夜是常事。集中写申请书的那短短一周，如今回想起竟像过了一个月似的那么漫长，可当时却总觉得为什么时间那么短暂，转眼间又凌晨2点了。 　通过这次项目，收集和整理资料的能力得到很大提升，也体会到团结合作的温暖。每次熬到深夜的时候，总有其他成员陪着你，所以并不觉得很累很孤单。项目遇到瓶颈的时候，大家互相加油打气，顿时重新充满动力。

七、导师感悟

本项目受学院委派，第一次对大一新生进行学生科研指导。此时的教改班正进入建设的关键期，发展过程中面临许多新问题，其中最为突出的问题是，学生学业负担较重，课程较多，学习积极性不高，情绪低落。学生这般学习状态，与该项目的设计初衷相去甚远。为解决教改班同学学习积极性不高，有必要选拔部分优秀同学，进行科研项目实践，在学生中营造积极向上的精神风貌，带领学风和班风的改变。

因为是大一新生，尚无基本规范训练。在研究选题上，建议同学们关注国际组织人才培养问题，考虑到同学们正在学习西班牙语，就建议同学们关注欧洲，尤其是西语国家的国际组织人才培养。在研究选题基本确定后，立即转入申报书写作。在申报书写作过程中，着重于研习既有优秀申报书范文，然后进行申报书写作思路讲解、申报书集中写作、申报书修改等步骤。

项目获批后，不断鼓励同学们分解申报书的建设任务，根据个性化发展实际，进行有针对性的任务建设。在这个过程中，成员普遍表现出学习劲头不足，项目参与积极性不高的问题。结合课题成员课程学习的实际，鼓励课题负责人继续以重大现实问题为突破口，持续推进课题建设，激励成员逐步参与到项目中来。

总体而言，由于学业负担较重，专业认同较弱，在尚无学术基本训练的背景下，大一新生在项目建设周期较短的情况下，发挥团队优势，联合攻坚克难，实属不易。该项目为后续低年级的学生科研团队建设积累了多方面有益经验。

总体而言，在该团队的建设过程中，有以下几点值得关注：

第一，低年级学生的科研项目选题策略问题。从学生在校学习实际状况出发，以本专业发展建设中的重大问题为突破口，进行广泛的实地调研和文献阅读，进而分析相关问题。

第二，团队管理问题。低年级同学对于科研项目普遍抱有畏惧心理。针对学生的畏难情绪，有必要在项目建设过程中给予更多的引导，帮助学生调整心态，明确项目的推进过程就是不断克服困难的过程。同时，帮助学生合理安排不同课程的学习与课题建设的协调推进问题。